Lacan to the Letter

Reading *Écrits* Closely

Bruce Fink

「エクリ」を読む

文字に添って

ブルース・フィンク

上尾真道、小倉拓也、渋谷亮=訳

人文書院

凡例

- 「 」は原書での引用符を示している。また、文意を明確にするために必要に応じて地の文にも「 」を用いた。
- [ ] は原書での著者による補足を示している。
- 〔 〕は訳者による挿入を示している。
- 〈 〉は原書での大文字による強調を示している。
- 傍点は原書でのイタリック体による強調を示している。

- ラカン『エクリ』への参照は、原則として1966年にスイユ社から刊行されたオリジナルテクスト Jacques Lacan, *Écrits*, Paris: Édition du Seuil, 1966の頁番号のみを略号 E によって示す。邦訳『エクリ』(I, II, III, 弘文堂、1972, 1977, 1981) および完全版英訳『エクリ』(W. W. Norton & Company, New York - London, 2006) にあたる際には、いずれも欄外に同オリジナルテクストの頁番号が示されているので、それを参考にしていただきたい。ただし、原注の頁番号は対応していないので、邦訳の該当頁番号を〔 〕で示す。

- ラカンのセミネールへの参照で、邦訳のあるものについては、原則として岩波書店から刊行されているものの該当頁番号を、〔書名頁番号〕、というかたちで補足する。たとえば、Seminar I, 41／31〔『技法論』上52頁〕、というように。フィンク自身による凡例(序の原注1) も参照のこと。なお、邦題は省略して表記しているので、これについては別途設けている文献目録を参照されたい。

- 当時書籍として刊行されておらず、本書では日付のみが記載されているセミネールのうち、現在は刊行されているものについては、その該当頁番号を、〔頁番号〕、というかたちで補足する。たとえば、Seminar XIX, March 8, 1972〔114〕、というように。新たに刊行されたセミネールの文献情報については、別途設けている文献目録を参照されたい。

- フロイトの著作への参照で、邦訳のあるものについては、原則として岩波書店から刊行されている『フロイト全集』の該当頁番号を、〔全集巻数頁番号〕、というかたちで補足する。たとえば、SE XXIII, 175〔全集22巻213頁〕、というように。

- その他本文および注での引用については、邦訳があるものは参照し、文献情報を〔 〕で補った。いずれの場合も、既訳を参考にしながら、訳文は適宜変更している。訳者諸氏に感謝申し上げる。

序

> 分析共同体がフロイトの霊感を散り失せるがままにしているなか、フロイトの教えを記す文字によらねば、いったいどうやってこの共同体は体をなしていられるだろうか。
> ——ラカン「1956年における精神分析の状況」

　私の友人であり以前は先生でもあったコーネル大学のリチャード・クラインがこう述べたことがあった。ラカンに取り組んでいるひとびとは、実際の書きものよりも理論装置を注釈することばかりに気をとられ、テクストを詳細に説明しようと苦労しているひとがほとんどいない、と。この言葉を聴いて、私は即座にそのとおりだと思い、そのことが私自身の出版物にも当てはまることに気がついた。それゆえ本書は初の試みとして、ひとつの暗黙の挑戦に取り組もうとするものである。すなわち、ラカンをラカンの言葉にもとづいて読むこと、ラカンのテクストを文字に添って *à la lettre*——つまり文字どおりに、かつ文字に向きあって——読むことである。
　私がここで提供する読解は少なくとも二つの意味で文字に添うものである。
　1．ラカンを文字どおりに受け取る。つまり、多くの場合ラカンは自分が言いたいことをはっきり述べている（つまり、彼が語っていることを把握するために別のところをいつも探し回らなくてもよい）、そのように信じる、あるいは賭けるのである。もちろん、論証の大部分は、テクストを一行一行丁寧に読んで、彼の様々な主張から再構成し、まとめてやらねばならない。だが思うに、最初は意味不明で馬鹿げているように見えることも、文脈に即して理解すれば腑に落ちるようになるし、さらには理に適ったものにもなってくる。私は出典と引用を大量に提示しているので、読者は、私が「ラカンはこう言っている」と主張することを実際にラカンが言っているということ、さらにそれが私の示した箇所でまさしく言われているということを検証することができる。

2．私は、彼が用いる特殊な言葉や表現が、彼が言わんとしていることの理解と無関係ではないと思っている。このような考えから私は、彼のテクストの「文字性 literality」と呼びうるもの、すなわちテクストの文字的性質と文学的性質を強調している。彼の書きものには何かを喚起する側面がある。それはまず言語一般の中心的側面である（「というのも、発話における言語の機能とは、情報を伝えることではなく、喚起することだからである」[E 299]）(1)。しかし同時にそれはまた、将来の分析家‐批評家の訓練にとって中心的なものでもある。ラカンは、独特な書きものを通じてこうした分析家‐批評家に何らかの効果を及ぼそうとしているのであり、それゆえ彼はときどき、いくつか異なる仕方で理解することのできる言い回しを、あえて用いているのである。とはいえ、こうした喚起を重視しているからといって、それを明瞭さの欠如と混同してはならない。ラカンはきわめて明瞭な書き手であると言ってよい。ただし確かに彼の著作の翻訳のいくつか、とりわけ初期の翻訳においては、このことが見えにくくなってはいる。

特に『エクリ』の翻訳には実に様々な不明瞭さが見られる。しかし、これが元のテクストの難解さのせいだと言える場合はかぎられている。それら不明瞭さの例をあげていこう。たとえば "*souvenir-écran*〔遮蔽記憶／スクリーンメモリー〕" (E 518) のような複合語を訳す際に、典型的なフランス語語順（名詞の後ろに形容詞がくる）を捉え損なっているということがある。そのため、すでによく知られた適切な訳語 "screen-memory〔スクリーンメモリー〕" ではなく、"memory-screen〔メモリースクリーン〕" などと訳されてしまっている。また、"*rosière*〔貞淑な少女〕" と "*rosée*〔露〕" (E 502) のような綴りの似た言葉が混同されている場合がある。"*rosière*" が "dew〔露〕" と訳されてしまっているが、こちらは "*rosée*" のほうの意味であって、本来は "virgin〔処女〕" なり "virtuous maiden〔貞淑なる乙女〕" と訳さねばならない。さらに、英語 "physician〔内科医〕" とフランス語 "*physicien*〔物理学者〕" のような、形態は似ているが成り立ちが異なる語を取り違えている場合がある。"*les méfaites [...] du [...] physicien*" (E 217) は、"the physicist's crimes〔物理学者の悪行〕"——おそらく原爆というかたちでの人間性に対する悪行——を意味するのに、"errors [...] of the physician〔内科医の間違い〕" などと翻訳されている。あげく、"*ici*〔ここ〕" と "*là-bas*〔そこ〕" のような単純な並列を見落としている場合は、滑稽ですらある。"*La plasir donc [...] de la volonté là-bas rival qui stimuli, n'est pas plus ici que*…" (E 773) というテクストのな

かの *là-bas* は、あたかも性器部位を差すかのように "down there〔アソコ〕" と訳されているのだ。しかし実際は、マルキ・ド・サドの体系（*ici*）と並列に置かれたものとしてのカントの体系を指し示している。それゆえ、次のように訳したほうがよいだろう。"Pleasure, a rival of the will in Kant's system that provides a stimulus, is thus in the Marquis de Sade's work no more than...〔快、すなわちカントの体系では意志の敵——刺激の供給源——であったものは、こちらマルキ・ド・サドの作品においては他でもなく……〕"

こうした不明瞭さのいくつか——もっと複雑なラカンの文法構成の扱われ方についてはここで示す気すらしなかった——には、おかしみもある。とはいえ、やはりそのせいで、ラカンは、意欲の高い読者にすら伝わらないもやもやした言い回しを弄する、きわめて胡乱な書き手との評判に与ってきたのである。望むらくは、読者の方々は私が手がけた『エクリ』の新訳 *Écrits: A Selection* (2002)、そして完全版英訳の *Écrits*（近刊[訳註i]）をお読みになり、ぼんやりして伝わりにくいのはラカン本人ではなく初期の翻訳者たちであったことを確かめていただきたい。

私がここに収録した読解のいくつかは、直接に臨床を念頭に置いたものであり、「治療の指針とその力の諸原則」や『エクリ』の他のテクストで取り上げられている臨床問題に焦点が当てられている。しかしテクストの文字は、そうした臨床問題を検討しているときも、視野から消えてはいない。というのも、初期の翻訳を訂正する必要があるからである。初期の翻訳では、ラカンは、分析を〔トランプの〕ブリッジに喩えながら、分析家に分析主体の手札を「あらわにする」よう勧めていることになっている。しかし実際のところラカンは、「分析家は、何とかして分析主体に」彼自身の手札——すなわち無意識のカード／内容——を「推測させる［*lui faire deviner*］」（E 589）ようにと勧めているのだ。これら二つの取り組みのあいだには大きな開きがある。支配という開きである。それは小さな間違いかもしれないが、ラカンが踏み出した偉大な一歩を消し去っている。すなわち、自分自身のことを知の支配者とみなしており、見事な「洞察力」があるおかげで、主体を動かして

訳註i—現在は既刊である。Jacques Lacan, *Écrits: The First Complete Edition in English*, Translated by Bruce Fink in Collaboration with Héloïse Fink and Russell Grigg (W. W. Norton & Company, New York - London, 2006).

いるものを突きとめ明らかにする素養と力が自分にあると考えているような分析家から、ラカンをきっぱりと分かつ一歩である。分析家が分析主体に自分の手札を推測させようとするとき、分析家は全知の主体ではなく、対象 a の役割を果たしていなければならない。

第1章では、ラカンの精神分析治療アプローチの最も基本的な特徴のいくつかを解説する。また、印刷されたものでは最も長い説明をラカンが行なっている、彼自身の症例のひとつ(「治療の指針」で論じられている強迫症男性)を詳細に検討する。さらに、「女性同性愛の一事例の心的成因」で論じられている若い女性に対しフロイトが転移のなかでとった立場を、ラカンがどのように批判しているか紹介する。

第2章では、「あるテクストを注釈することは、分析を行なうようなものである」というラカンの主張について詳しく述べる。そのうえでラカンによるフロイトのテクストの読解が、どのようにそしてなぜ、他の多くの分析家たちと大いに異なるのかについて概説する。そこではまた、臨床実践で多くの分析家が抱える困難は、彼らがフロイトの理論のいくつかの側面を拒絶していることから直に生じている、というラカンの議論を解説する。特に注目されるのは、情動の問題(ラカンはそれを無視しているとの批判がときになされる)であり、特殊な症例研究で観察されるアクティングアウトであり、精神分析を精神分析するというラカンの試みである。

第3章はより理論的な射程を持つものであり、「無意識における文字の審級、あるいはフロイト以後の理性」の地道な読解を提示する。そのなかで私は、ラカンが「シニフィアン」と対照をなすものとしての「文字」によって何を言わんとしているのかを明確にするよう試みる。私は、このテクストの最初の数頁が、他のテクストと比べても特に修辞的な分かりにくさを備えている点を取り上げ、これをラカンのより広い修辞的戦略に照らして考察する。そしてこれ以降の彼の書きものの多くが、読者を訓練することを意図したひとつの分析主体のディスクールとして(少なくともある水準では)理解できることを示す。私の考えでは、ラカンはその著作の多くを通じて新たな聴衆をつくろうとしていた。すなわち、分析主体のディスクールと文学テクストの両方(これらは多くの場合多かれ少なかれ絡み合う傾向がある)の読解に精通した新種の分析家‐批評家をつくりだそうとしていた。私は、修辞的文彩や転義法が防衛機制に関係しているという彼の主張を詳しく説明することによって、一見すると最も理論的に思える議論でさえ臨床に直に関わっていること

を示そうと思う。まさにラカンの仕事を理論（言語学、修辞学、トポロジー、論理学）と実践（臨床精神分析、技法）に分割する試みは、ここで破綻するのが見られるだろう。

　第4章では、とりわけ〈欲望のグラフ〉がつくり込まれる過程に注目しながら、「フロイトの無意識における主体の転覆と欲望の弁証法」の詳細な読解を行う。グラフについて、まずはラカンがフェルディナン・ド・ソシュールの図式を「転覆」することからそれが生まれたことが示される。また、ここで知、真理、去勢、享楽のすべてがきわめて詳細に探究される。この章では、グラフに組み込まれた精神分析療法理論が、分析家にどのような任務を課すかが探究される。

　ラカン理論における「ファルス」という用語の意味は、第4章ですでに言及されているが、第5章で詳細に検討され、第6章でいわゆるファルス関数との関係から入念に論じられる。第5章では、ラカンによるファルスとルートマイナス1との等式を理解し（それはアラン・ソーカルやジャン・ブリクモンが認めるのよりも豊かな意味を持っている）、象徴的ファルス、想像的ファルス、現実的ファルスのあいだの区別を明確にすることを試みる。

　第6章では、シニフィアンとシニフィエのあいだの横棒としてのファルスの定義へ目を向ける。私は、ラカンの着想に倣い、ファルスに内在する可謬性を強調する。すなわちファルス享楽の可謬性、および〈他なる〉享楽の不可謬性を強調したい。セミネール第20巻『アンコール』を詳細に注釈することで、知と享楽の関係を検討し、「愛について」語ることがいかにして「それ自体ひとつの享楽である」のか、また、ラカンが「魂愛 soulove」と名づけるような愛について考察する。

　ここでの私の関心は、ラカンが後年これらのテクストのなかで論じられる各々の概念とともにどこへ向かったのかを示すことではなく──すなわち、時間が経つにつれて彼がどのように自身の考えを改訂したのかを示すことではなく──むしろ、その理論と臨床の形成過程のそれぞれの時期を独立に扱うことにあった。私は、「シニフィアンの下でのシニフィエの横滑り」（E 502）といった、特に誤解される傾向があるように思える言葉や、「自我は欲望の換喩である」（E 640）といった、これまで顧みられてこなかったように思える言葉を詳細に説明するために、かなりのスペースを割いた。

　これらの諸論はほとんど、私がラカンの『エクリ』の訳し直しをしている

最中（1997-2000）に書かれたものである。第1章は、リチャード・シンプソンとラリー・ライオンズに招待された、2000年4月のトロント精神分析協会でのワークショップのために準備された。第2章は、2000年2月にオランダのナイメーヘン・カトリック大学にて開催された「ラカンとアングロ＝サクソンの伝統」という学会で、基調講演として発表された。第3章は、アリシア・アレナスに招待された、マイアミのLOGOS精神分析グループのワークショップのために準備され、2000年5月にエモリー大学の精神分析研究プログラムの支援によって開催された精神分析合同ワークグループスの第二回年次大会での基調講演として発表された。第4章の初期バージョンは、精神分析と文化プログラムに招待されて1998年5月のニューヨーク州立大学バッファロー校で、また、サンフランシスコ・ラカン学会に招待されて1998年8月にカリフォルニア大学サンフランシスコ校メディカルスクールで発表された。第5章は、ソーカルとブリクモンの『知の欺瞞』への応答として企画されたが結局はボツになったある雑誌の特別号のために書かれた。第6章は、ブライアンクル・チャンに招待されて、1998年にアマーストのマサチューセッツ大学コミュニケーション学部で発表された。

目　次

凡例
序

第1章　「治療の指針」におけるラカンの精神分析技法

- 自我はすでに十分強い……………………………………………………15
- 分析は二項的な関係性ではない…………………………………………18
- なぜ自らの存在を用いて分析すべきではないのか：
  　　マーガレット・リトルが論じる解釈について………………26
- なぜ私たちは転移を解釈すべきではないのか：
  　　フロイトの同性愛女性の症例……………………………………31
- 無意識的な欲望を意識的な欲望と混同してはならない：
  　　機知のきいた肉屋の妻……………………………………………37
- 不在を喚起すること：強迫症の男に関するラカンの症例……………43
- 出来事………………………………………………………………………49
- 隠されたカード……………………………………………………………50
- 夢……………………………………………………………………………51
- 欲望とその欲望への軽蔑のあいだを潜り抜ける………………………56
- なぜ私たちは分析主体に私たちへの同一化を推奨すべきではないのか……60

第2章　ラカンによる自我心理学三人衆(トロイカ)の批判：ハルトマン、クリス、レーヴェンシュタイン

- 精神分析を精神分析する…………………………………………………63
- 自我心理学の理論的基礎…………………………………………………64
- 自我心理学の臨床的アプローチ…………………………………………73
  　　アンナ・フロイトの侮辱的な分析主体
- 情動についての補説………………………………………………………78
- エルンスト・クリス、あるいは私たちが主体の防衛を分析すべきでない理由：
  　　新鮮な脳を渇望する男の症例……………………………………81
  　　セミネール第3巻でのクリス／「フロイトの「否定」についてのジャン・イポ

リットによる評釈への応答」におけるクリス／「治療の指針」におけるクリス
　　結論 ……………………………………………………………………… 95

第3章　「無意識における文字の審級」を読む

　ラカンの修辞学 ………………………………………………………… 97
　書きもの ………………………………………………………………… 99
　発話 ……………………………………………………………………… 104
　文彩 ……………………………………………………………………… 109
　第1節：文字の意味 …………………………………………………… 114
　散らかった文字くず …………………………………………………… 114
　言語学を基礎づけるアルゴリズム …………………………………… 119
　思考の連なり：
　　いかなる意味作用も持たない（しかし多くの意義を持った）差異 ……… 125
　シニフィアンの「仕様書」…………………………………………… 127
　「シニフィエの横滑り」……………………………………………… 130
　ラカンの「引用」……………………………………………………… 135
　言語によって自分が言っていることの真逆のことを伝えることができる … 136
　父性の謎めいたシニフィアン ………………………………………… 137
　隠喩について …………………………………………………………… 139
　第2節：無意識における文字 ………………………………………… 141
　無意識の局所論 ………………………………………………………… 145
　シニフィアンの主体、あるいはシニフィエの主体 ………………… 149
　隠喩と症状 ……………………………………………………………… 152

第4章　「主体の転覆」を読む

　主体と知の関係 ………………………………………………………… 156
　知の体制と真理の体制をひとつに結びつける ……………………… 159
　欲望のグラフ …………………………………………………………… 161
　グラフ1の注解 ………………………………………………………… 165
　グラフ2の注解 ………………………………………………………… 168
　グラフ3の注解 ………………………………………………………… 171

完全版グラフの注解……………………………………………… 174
　　グラフの頂点を横断する運動…………………………………… 178
　　結論………………………………………………………………… 182

第5章　ラカン的ファルスとルートマイナス1
　　ファルスの強調…………………………………………………… 187
　　なぜファルスのことでそんなに心穏やかでないのか………… 193
　　ラカン的「代数」………………………………………………… 195

第6章　テクストの外で──知と享楽：セミネール第20巻の注釈
　　発話………………………………………………………………… 205
　　ラカンの初期の仕事を再訪する………………………………… 206
　　前科学的な文脈における知……………………………………… 208
　　知と全体…………………………………………………………… 213
　　数学化なしの形式化……………………………………………… 216
　　知は享楽の欠乏からはじまる…………………………………… 219
　　性別化……………………………………………………………… 222
　　性別化の公式……………………………………………………… 225
　　主体と〈他者〉…………………………………………………… 230
　　結論………………………………………………………………… 232

原注……………………………………………………………………… 234
『セミネール』文献目録……………………………………………… 258
訳者解説………………………………………………………………… 261
索引……………………………………………………………………… 278

第1章 「治療の指針」におけるラカンの精神分析技法

> たいていの場合、ひとが助言を求めるのは、ただそれに従わないためである。あるいはもし助言に従うのだとすれば、それは助言をくれたそのひとを責めるためだ。
>
> ——アレクサンドル・デュマ『三銃士』

　ラカンの主要な論文がすべてそうであるように、「治療の指針とその力の諸原則」はある論争への介入である。それは、当時の様々な精神分析の協会、そして様々な実践家や理論家のあいだで生じていた、分析家を訓練する正しい方法とフロイトの仕事の重要性をめぐる論争であった。「治療の指針」の最も直接的な背景は、フランスで最大の権威である出版社のひとつ、フランス大学出版会から1956年に出された『現代の精神分析』 *La psychanalyse d'aujourd'hui* というタイトルの論文集である。ラカンはこの論文集をある種の侮辱とみなしており、そのことはセミネール第4巻の最初の章におけるこの本へのコメントにも見てとれる。この論文集はアーネスト・ジョーンズによる序文で幕を開ける。それはすなわち、国際精神分析協会（ＩＰＡ）のお墨付きが与えられているということだ。パリ精神分析協会でラカンの同僚だったサーシャ・ナシュトが編集を行い、ナシュト、モーリス・ブーヴェやその他のラカンの同僚たちが論文を寄稿している。さて、ラカンはこの本に関して次のように言わずにいられなかった。

> 　私が［本論文〔「治療の指針」〕で、この本に］言及するのは、単にその素朴な単純さのためである。この本には、その単純さのために精神分析における治療の指針とその力の諸原則を蔑ろにする傾向が見られる。この本はおそらく、精神分析共同体の外側で流通することを意図されている。しかしそれは、その共同体の内部では、ひとつの障害となっている。それゆえ私は、この本の著者たちの名前は述べない。彼らはここで厳密に科学的な貢献を何ひとつ行っていない。（E 643）

これはラカンに非常に典型的な振る舞いである。彼はその価値がある論敵だけ、すなわち読者が彼と比較しても構わない、少なくともそう彼自身が考える敵だけ、名前をあげて言及した。自らと同じ水準にないひとびとに関しては、彼らの名前をあげることさえなしに、冷淡な批判を展開した。そうすることで一層効果的に、彼らを読者の記憶から抹消することができるからである。

　私はしばらくのあいだ、こうした名前のない著者たちの見解を論じるつもりである。しかし、その前に次のことを確認しておこう。ラカンのこの論文は、当時の精神分析運動全体という広い背景のもとで書かれており、論文の末尾の参照では沢山の著名な著者たちがあげられている。アンナ・フロイト、エルンスト・クリス、ルドルフ・レーヴェンシュタイン、ハインツ・ハルトマン、エラ・シャープ、メリッタ・シュミデバーグ、そしてD・W・ウィニコットである。

　それゆえこの論文は、ラカンの代表的な「立場表明論文」である。すなわちそこで彼は、治療に関する多くの論点について自らの立場を定めている。大部分の同僚の分析家に反対の態度を取り、さらには自らのかつての立場のいくつかに対立することさえしている（たとえば彼は1950年には、分析家の医学的な訓練の必要性を認めていた。だがこの論文では医学にはまったく言及せず、その代わりに分析家は人文学の素養のあるひとでなければならないと示唆している）。この論文は、おそらく公刊されたラカンの論文のなかで唯一、その頃比較的に標準となっていた『国際精神分析ジャーナル』のフォーマットに従ったものであり、テクストを括弧内の番号で参照している。したがってこの論文は、特に広範囲のＩＰＡ読者に向けて書かれたものであろう。確かにそれは、ラカンが最もわかりやすく書いたテクストのひとつである。彼の他の論文の多くは、同時期のものでさえ、いまだ誰ともつかない読者に向けて書かれたものだと思われる。おそらく、後世のために書かれているか、あるいは新たな聴衆を、すなわち分析家／哲学者／文芸批評家といった聴衆をつくりだすよう意図されている（あるいは、少なくともそうした仕方で書かれている）。だがこの論文は、このうえなく明白に臨床家へと宛てられており、ほとんどの箇所で、長く詳細にわたる理論的な議論は避けられている。

　『現代の精神分析』において、ラカンの同僚たちは、次のようないくつかのはっきりした見方を採用している。何よりもまず精神病、倒錯、神経症には根本的な区別はほとんどない。その代わりにそれらは、早期の対象関係の

堅固さにもとづいた連続性のうちに位置づけられる。神経症者はなかなか良い対象関係を、倒錯者はあまり良くない対象関係を、精神病者は悲惨な対象関係を、そして正常なひとは完璧な対象関係をかつて持っていたというのである。ここでひとつ注記しておこう。現在の傾向では、ポリティカルコレクトネスの運動から『精神疾患の診断・統計マニュアル』の第4版(DSM-IV)⁽¹⁾に至るまで、精神病、倒錯、神経症には根本的ないし構造的な区別はまったくないという見解が好まれている。DSM-IVによれば、精神病エピソードを持ったひとでも、その前後において正常でありうる。厳密に言えばいかなる構造もない（おそらくⅡ軸の「パーソナリティ障害」は例外である訳注i）。

もし何らかの区別がなされるとしても、『現代の精神分析』の著書たちによれば、それは「前性器型」（精神病者と倒錯者）と「性器型」（神経症者）のあいだでのことである。治療の目標は、十分予想できることだが、前性器型を性器型へ変えることだ。そして幸運にも分析を受ける以前から性器型だった者は、分析をとおして、「かつて彼らが性的な楽しみであると信じていたものが、いま経験しているものと大きく違うことを自覚する」(55) だろう、というわけだ。ここでは、前性器型は弱い自我を持ち、性器型は強い自我を持っているとされる⁽²⁾。したがって目標は自我を強化することである。

自我はすでに十分強い

> ここでひとは治療行為における判断の誤りをしばしば犯す。それは、過度に強い自我の構造が引き起こす多くの神経症において、自我を強化しようとするといった誤りである。そこには袋小路しかない。
> ——ラカン「発話と言語の機能と領野」

思うにラカンが1950年代に採用した立場は次のものだ。圧倒的多数の症例

訳注 i ― DSM は Ⅲ から Ⅳ-T-T まで、多軸評定を採用し、五つの軸によって診断を記述した。そのうちⅠ軸は主要な疾患、Ⅱ軸は見落としがちな補填的疾患を記録するためのものとされている。Ⅱ軸が具体的に参照する疾患カテゴリーは版ごとに変化している。Ⅳ では「パーソナリティ障害」と「精神遅滞」が該当する。2013年に出た Ⅴ では多軸評定は廃止された。

において自我はすでに、十分強いどころではない。彼は「精神分析とその教育」では、自我は少しも弱くないと述べている（E 453）。自我はきわめて強く、硬直している。その結果、神経症者においては、自分の性的ないし攻撃的な衝動のうちに、自分自身に対する見方と調和しないものがあるときはいつでも抑圧が生じ、また抑圧されたものは症状として回帰する。もし神経症者の自我が十分弱く、そうした衝動を自らの外側へ追いだすことができないなら、いかなる症状も生じないだろう。

　それゆえ神経症者の自我は、必ずしも分析家の自我より弱いわけではない。だから分析の目標は、分析家のより強い自我をモデルに分析主体の自我を形成することではない（E 425）。実際には分析の目標は、自我の固定性と硬直性を緩和することだと言えよう。というのもこうした硬直性のせいで、多くの事柄を精神から追いださねばならなくなるからである（E 826）。この「過度に強い構造」こそが、多くの抑圧をもたらす（E 250, note 1〔『エクリⅠ』441頁原註6〕）。神経症者が今後、数々の抑圧を引き起こさなくても済むように、私たちは自我理想の緩和を目指す。分析を受ける以前は、無意識になるよう、また無意識に留まるよう強いられていたはずの事柄は、代わりに意識的なものとなる。それらを、不適切なものないし嫌なものとして拒絶する必要はもはやなくなる。確かに分析過程で無意識がすべて汲みつくされ、完全に空っぽになることはない。しかし欲動（エス）と自我と超自我との新たな関係が発展し、それ以後の抑圧が生じなくても済むのである。

　もしかしたら私は少し先取りしすぎているのかもしれない。だがここで、二つの点を明確にしておきたい。

・ラカンは明らかに、フロイトの初期の仕事の多くの側面を後期の仕事よりも好み、また第二局所論をそれほど好みはしなかった。そして第二局所論におけるエス、自我、超自我こそ、運動としての自我心理学が自らの導きの糸としたものである。フロイトの死後に出版された『精神分析概説』（1940）のある部分は、ラカンが「治療の指針」で批判する『現代の精神分析』所収のテクストであるかのように読むことができる。そこでフロイトは、患者の弱い自我について、そしてまたその自我を強化するために精神分析ではどのように作業を行なうかについて語っている。しかし彼は決して、分析家の自我をモデルに患者の自我を形成すべきだとは述べてはいない。実のところフロイトは、

自分が患者のモデルになるといった誘惑には警告を発している（SE XXIII, 175〔全集22巻213頁〕）[3]。
・フロイトはときおり、次のように示唆している。自我をエスの衝動に直面させる必要があり、これを受け入れるか拒絶するか自我にはっきり決断させなければならない、と（たとえばSE XXIII, 199〔全集22巻242頁〕）。これに対してラカンは、「本能の放棄」といった用語を決して用いなかった。また（私の知るかぎりでは）自我が欲動を昇華するか、さもなくば完全に放棄するかしなければならないと主張することもない。その代わりに、彼は享楽の喪失に焦点を当て、主体はこれと折り合いをつけねばならないとする。ラカンは、フロイトが高尚にもそうしたのとは異なり、欲動を「粗野なもの」とはしなかった。すなわち、克服する必要があるものとして特徴づけることは決してなかった。むしろ主体こそ、何らかの重要な水準で欲動であり、分析の終わりには欲動との新たな関係を築かなければならない（Seminar XI, 245-46／273〔『四基本概念』368頁〕）。すなわち主体は欲動を、これまでとは異なった仕方で考慮できるようになる必要があるのだ[4]。

　実のところラカンにおける自我の概念はすべて、フロイトのいくつかのテクスト、とりわけ後期のテクストに見いだされるものとはまったく異なっている。それが、たとえば『自我とエス』（1923）に見られるような、自我を身体の表面の投影として捉える定式とうまく一致するとしてもである[5]。ラカンは、誰か他のひとの仕事にコメントする場合は別として、自分からは決して自我を、三つの主人のあいだ、すなわちエス、超自我、そして外的現実のあいだでもがきながら、主人たちの違いを取りなし、その要求を満足させようと試みる、そのようなものとして語ることはなかった。その代わりに「治療の指針」では、フロイトの立場とは一見はるかに隔たった定式が見いだされる。「自我は欲望の換喩である」（E 640）というものだ。この定式が表面上はいかに暗号めいたものに見えようと（この暗号を第3章の「無意識の局所論」と題された節で解読するつもりである）、分析作業における自我の役割に関するラカンの見解は、彼の同時代人の多くのそれとは明らかに異なっている。彼らの仕事は大概、フロイトの晩年の定式に関するある種の解釈、主としてアンナ・フロイト流の解釈にもとづくものだからである（第2章を参照）。

分析は二項的な関係性ではない

ここで次のことに目を向けてみよう。フランスのラカンの同僚たちがどのようにフロイトの後期の仕事の解釈に取り組んだかである。ナシュトは前述の論文集『現代の精神分析』で、精神分析を二者関係として、すなわち二人の人間だけを含む関係性として理解できると示唆している。これに対してラカンは、この論文〔「治療の指針」〕のはじめで、分析にはつねに少なくとも四つの陣営があることを明らかにしている（この先、読者が私とともに「治療の指針」の節を1頁ずつ追いながら読んでいくことを想定している）。自我としての分析家、およびダミーとしての分析家（あるいは死者、すなわち本質的には大文字ではじまる〈他者〉としての分析家）、そして自我としての分析主体、および無意識の主体としての分析主体である（E 589; 図1.1を参照）。

図1.1　簡略化したシェーマL

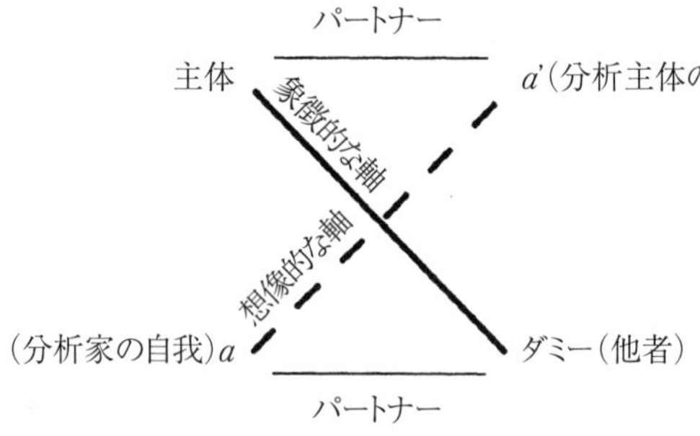

```
              パートナー
   主体                    a'（分析主体の自我）
         \      象徴的な軸    /
          \               /
           \    ×       /
            \           /
         想像的な軸
   （分析家の自我）a         ダミー（他者）
              パートナー
```

このように分析というゲームのうちには、いつも四つの異なるプレイヤーがおり、そのことをラカンはここで、シェーマLで描きうるブリッジゲーム[訳注ii]になぞらえている[6]。自我としての分析家はダミー（あるいは言語としての〈他者〉）をパートナーに持つ。自我としての分析主体も自らの無意識を、その持ち札を知らないままにパートナーに持つ。分析家の目標は、自我としての分析主体が、自らのパートナーの持ち札を推測できるように、すなわち自分自身のなかの無意識的なものを予見できるようにすることである[7]。（ラカンが分析的ブリッジというゲームについて、シェーマLを使って考えていることは、E 590の「四分割」やE 591の「レスポンスの分配」といった用語の使用

訳注ii―四人のプレイヤーが、二対二に別れ、それぞれのチームで札を取りあうトランプのゲーム。

から明らかだ。)

　ラカンはここで、分析家が分析において解釈するとき、いつでも同じひとつの位置から解釈すると主張している。すなわち〈他者〉の位置、ダミーの位置である。たとえ分析家が転移を解釈するとしても、換言すれば、分析主体が分析家へ何かを投影しているさまを解釈するとしても、その解釈は、固有のパーソナリティや自我を備えた、生身の生きて呼吸する人間である分析家が与えるものとして聞き取られるわけではない（分析家がそれまでの分析でこのような仕方でしか自分を示してこなかった場合はそのかぎりではない。こうした不慮の事態については後で詳しく取り上げよう）。むしろ解釈は、転移関係のなかで分析主体が分析家に転嫁する人物からのものとして聞き取られる（E 591）。転移のなかで分析主体から分析家に押しつけられている位置づけを、転移解釈によって脱することができるというわけではない。また転移関係のなかでもっと自分らしく、もっと真の自分になることができるというわけでもない。

　ラカンは、様々な理由から転移解釈を避けるよう推奨している。しかしその第一の理由としては、転移を解釈しても転移の外側の一種のメタ的な位置に到達することはない、ということを明らかにしようとしたからであった。分析家はどうあれ転移のうちに抜き差しならず巻き込まれたままである。彼がセミネール第15巻で述べているように（Seminar XV, Novemver 29, 1967）、「転移を転移することは」できない。〈他者〉の〈他者〉はない、言い換えれば、議論の際に言語それ自体に依拠することなく言語全体を論じることができるような言語の外側の位置はない。それと同様に、転移状況の外側へと完全に踏みだすことを可能にする方法などない。そしてまた、転移それ自体のうちで何が生じているかを論じるために、分析主体を促して私たちとともに転移状況から踏みださせる方法もない[8]。というのもこうした仕方では、どうあっても転移状況から自由になれないからである。転移は消える代わりに、単にその対象を変える。こうした変化をどのように描きだすことができるだろうか。

　分析主体に対して、私たちとともに転移の外側へと踏みだすよう促す試み（それは「精神力動的な」治療に対する多くの現代的アプローチの核心部である）は、分析主体のうちに「自己観察」を、言い換えれば患者の振る舞いと情動を論評し批判する観察自我の発達を促進する。この観察自我のモデルとなるのは、治療のあいだに患者をそうした仕方で観察する分析家だ。こうした治

療へのアプローチは、セラピーの終わりにしばしば繰り返される不満、すなわち「自分のことを以前よりも分かるようになった。けれどもまだ同じ行動をしてしまう」という不満へ帰結するだけではない（「知」が主体の変容の代わりに獲得される）。さらにそれは、他の誰かのように、つまりは分析家のようになる（同一化する）のを促すことで、分析主体を疎外しさえする。分析家は分析主体を、特定の観点から観察する。そこには一連の個人的な理想や価値や批判が含まれよう。一言で言えば分析家自身のパーソナリティが反映されるのだ。転移は消えるのではなく、単に分析主体に似た他者（他我ないしは「同類 semblable」）[9]へと誘導されていくだけである。ただしこの他者は、治療をはじめる前の分析主体本人よりもはるかに、彼を対象のように扱うことになる。

　これはしたがって、想像的な軸に位置づけられる転移の形式に等しく、象徴的な軸のそれとは対極にある（この点はすぐ後で見ていこう）。後者の転移は、ひとりの〈他者〉への転移である。それは、分析主体が、自らを動かす何かに関する、自分にはアクセスできない知がそこにあると想定するところの〈他者〉である。一方、想像的な転移の基礎は、分析主体を何らかの仕方で見るないし眺める誰かとしての分析家である。分析家は、親と同様に、自らの価値、信念、感情、そして悲嘆に従って、分析主体をときに承認し、ときに批判しながら眺める。それゆえ想像的な転移は、バランスがとれていようとなかろうと、彼自身のパーソナリティを備えた分析家、固有の欠点や特性、そして明察と盲目を備えた個人としての分析家に対する転移である。

　象徴的な転移は、これとはまったく異なっている。それは、分析家が聞き取るもの、すなわち分析主体のディスクールのうちで聞き取られうるものを基礎としている。こうした象徴的な位置において、分析家は自らのパーソナリティ（価値、信念、感情、悲嘆、欠点や特性、明察と盲目）を基礎としてではなく、むしろ〈他者〉を基礎として、分析主体を分析しようと努める。以下で、詳しく見ていこう。

　「転移を転移することは」できないという事実が意味するのは次のことである。上記のような仕方（分析主体の観察自我の発達を促進し、その助けを得ようと試みる仕方）で実践を行う分析家は、最も「バランスのとれた」、公平な分析家でさえ、分析主体による意図しない投影を完全に避けることはできない。分析主体に話しかける際、私情を一切はさまない声のトーンを用いていると信じる分析家が、厳しすぎると責められ、後でそれが分析主体の父に

似ていたことが分かるということもある。それゆえ、転移の別の次元、すなわち象徴的な次元は、これを取り除くすべての試みにもかかわらずしつこく存続する。分析家の発言は、分析主体が分析家に転嫁する人物によって発せられたものとして聞き取られる。たとえそれが、分析家自身は自分にそんなところがあると思っていないとしても、また分析のなかでそのような位置を占めようとしていなくても、そうである。分析主体が分析家に転嫁する人物、それは自我としての分析家ではなく、〈他者〉である（両親や文化の理想・価値観の代表人物、たとえば権威的な人物や裁判官のようなもの）。

このように分析家が、分析主体に解釈を行う際に「中立的な」自我の役割を引き受けようと慎重に努めるときでさえ、分析家が言うことは、分析主体によって何らかの〈他なる〉場所から来たものとして聞き取られる。さらに言えばそれは、分析主体の観察自我を超える何かに呼びかけるものとして聞き取られる。言い換えればセラピー関係において分析主体が演じようとする役割である「協力的な」自我を超える何かに呼びかけられるのだ（図1.2を参照）。

図1.2 シェーマLにおける解釈

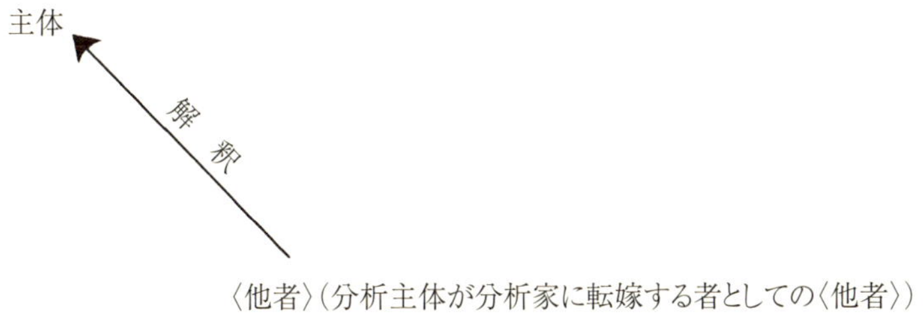

主体 ←

解釈

〈他者〉（分析主体が分析家に転嫁する者としての〈他者〉）

それゆえラカンの見解によれば、分析家はそもそも自分自身の自我やパーソナリティを基礎として解釈を試みるべきではない（そもそもなぜ、基礎となる自我やパーソナリティがその分析家のものであって、他の誰かのものではないと言えるのか）。というのも（1）そのような解釈は、分析主体が自らの無意識を明らかにする助けとなる代わりに、分析主体に対して観察自我である分析家に同一化するよう促し、それによって主体の疎外を長引かせることになるからである。また（2）それは、象徴的な転移の手に負えない、コントロール不可能な側面を取り除こうとしながら、少なくともある面ではその失敗を運命づけられているからである。

ラカンは次のように主張する。分析家はこれまで、〈他者〉の位置から解

釈すること、すなわち自らを〈他者〉として位置づけることが何を意味するのか知らなかった。そしておそらくそれゆえ、分析家は自らを〈他者〉の代わりに自我として、すなわち固有のパーソナリティを備えたひとして、そして建前上は現実と良好な接触を持つひとして位置づけることに頼ってきた。これによって分析家は、ラカンが言うように、「〈私が〉、〈私に〉、〈私を〉の水準に〔Ⅰとmeの水準に〕」分析主体とともに留まってしまう（E 591）。それは、「あなたは私をわざと傷つけようとしている、そう私には思える」とか「あなたは私が以前に言ったことで私に対して怒っている、そう私が感じる」とかを口にする水準であり、すなわち想像的な関係の水準である（図1.3を参照）。

図1.3　自我と自我（二者関係）のシェーマ

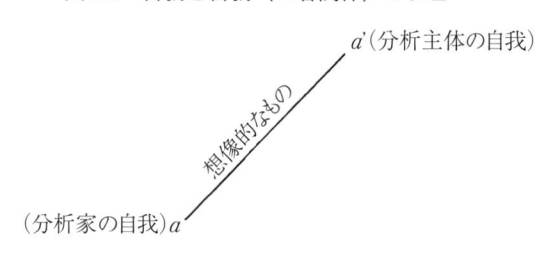

　神経症の分析主体は、故意にであろうとなかろうと、分析家を〈他者〉の位置に置く試みを続ける。しかしある種の分析家は、すべてを自分自身へと引き戻し、象徴的な転移を想像的なものへと貶めてしまう。そうした分析家は、「自我の健康な部分」（それは、間違いなく観察自我である）に訴える。これをラカンは皮肉をこめて、「私たちのように考える部分」（E 591）と呼んでいる。彼らは患者の自我の一部にはたらきかけ、分析家の自我を見習わせようとするが、これはラカンが大々的に批判した考えである。ここで分析家たちは、自己を複製するというナルシスティックな企図に携わっており、自分自身のイメージのうちで新たな分析家をつくりあげることで、自分自身のクローンを生みだそうとしているのだ。ラカンの主張によれば、こうした分析家は、「解釈を行うとき、分析家とは誰であり、何であるか」という問い（私の考えでは、これはラカンが「変化した問い」と呼ぶものであり、「誰が話しているのか」という分析主体に対する問いと対応する）に対して、ただひとつの答えしか持っていない。それは、「私だ me」という答えであり、すなわち自我だという答えである。言い換えればそうした分析家たちは、自らの

パーソナリティを用いて解釈しているのだ (E 592)。

　そのような仕方で分析家の作業が行われるなら、解釈の出番がなくってしまうとさえラカンは示唆している。解釈する代わりに、自分たちと同じ仕方で現実を見るよう分析主体に強いるのだ。分析家は解釈ではなく洞察を与え、分析主体に彼らが見るのを拒んでいると思われる現実と直面させ、そして暗示にかけるのだ。ラカンによれば、フロイトが行った類の解釈は、現代の分析家が提示するものよりもはるかに先を行くものだった。たとえば鼠男の症例でフロイトは危ない橋を渡り、起こったに違いない鼠男の過去の出来事を言い当てた。そうした神がかった推察は、本来的には転移状況の「いま - ここ *hic et nunc*」とは、ほとんど関係がない。むしろ、鼠男の人生という、より大きな象徴的枠組みにもとづいている。ラカンが論じるところでは、フロイトはどのようにすれば自らを〈他者〉として位置づけ、その場所から解釈できるのかを知っていた。ラカン自身はこれをやがて、どのようにしてその場所が「死者」つまりダミーによって占有されうるのかをめぐる考察として発展させるのである。

　〈他者〉の場所を占有するとは何を意味するのだろうか。ここで再びブリッジのメタファーを考えてみよう (E 598)。ブリッジでは、ビッド（獲得数の宣言）がなされ、ダミーが誰か決まった後で、そのダミー（ないし〈他者〉）は、すべてのプレイヤーに見えるよう自分のカード全部を表向きにしてプレイを行う。そこでは〈他者〉のうちに推測すべきものは何もない。ある意味、分析主体と分析家が話す言語は、表向きにされたカードのように、公的な知である。分析主体が言うことの二重の意味や、分析主体の言い間違いの意味は、すでに〈他者〉のうちにある。その場に居合わせなかったひとも、録音されたものを聞いたり記録を読んだりするだけで、まったく同じ二重の意味を聞き取り、おそらくときとして言い間違いの意味を何かしら言い当てることができる。〈他者〉のうちには何も隠されていないのだ。

　こうした〈他者〉は、クルアーン〔コーラン〕の掟と同様に抽象的な何かを含んでいるのかもしれない。この点をラカンがセミネール第1巻で提示する事例から見ていこう (221-22／196-98〔『技法論』下60-62頁〕)。そこでは、手と関わる症状を抱えた患者が、他のひとの分析を受け失敗に終わった後で、ラカンのもとにやってくる。患者が生まれた北アフリカの国ではクルアーンが非常に重要であった。クルアーンでは泥棒は自らの手を切らなければならないと定められている。そして分析主体の家庭背景には、彼の父がある時期

に盗みを咎められ、そのせいで職を失いさえしたという事実があった。クルアーンの掟は、分析主体が大人になって生活しているフランスで効力を持つわけではない。けれどもそれは、彼の社会的、文化的、宗教的背景の一部として、そこでも作動し続けたのである。それは患者の生活において、彼には知られないままひとつの役割を果たし、彼の無意識に書き込まれ（「刻印され」）ている。彼の無意識のこの部分は、ある意味では、公的に手に入るものと一致する。すなわちそれは、ある文化圏出身のひとほとんどすべてに知られている法の場としての〈他者〉である。この意味で〈他者〉は、実在する象徴的なコードと関わり、言語における語句どうしの相互関係と関わる。

　分析家は、分析主体の背景の多くの側面について知らないかもしれない。そのことは状況の理解を歪めるだろう。分析家はつねに分析主体の文化や言葉についてより多くのことを学ぶよう努力しなければならない。そうでなければ、「不適切な情報」が分析作業のうちに介入するのを許すことになる。不適切な情報とは、分析家による逆転移のひとつの側面である。ラカンは逆転移を、「弁証法的なプロセスのある時点での、分析家の諸々の偏見、情熱、困難、さらには不適切な情報さえも含んだ総計」（E 225）と定義している。たとえば、ラカンは単に、目の前で演じられた分析的な知を患者の手に関わる症状に適用してみせたのであったが、それに対してこの北アフリカ出身の患者が以前に作業を行っていた分析家は、その症状をマスターベーション、さらにおそらくはその禁止によるものであるとした。繰り返そう、〈他者〉を無視することは、分析家を誤った方向へと導く（〈他者〉とは精神分析の理論それ自体ではない）。

　〈他者〉は、分析家が自らを位置づけなければならない水準である。言い間違い、意味ありげな慣用表現、二重の意味といったものに耳を傾けなければならない。それらはすべて適切な言語訓練と分析訓練を受けた者なら誰でも聞き取り、理解することができる。言い間違いを聞き取ることは、パーソナリティとはほとんど関わりがない！　それが関わっているのは、象徴的な位置を採用し、そこから耳を傾けることである。個人として分析主体にどのように受け入れられ、扱われているのか、すなわち良い対象としてか、悪い対象としてか、はたまた懲罰的な親のような人物としてか、愛情深い人物としてかなど、そうしたことをつねに考え続けることとは関わりがないのだ。言い換えれば言い間違いの聞き取りが関わっているのは、自らの自我やパーソナリティの位置からではなく、〈他者〉の観点から耳を傾けることである。

これは、ラカンが述べるように、分析家が取るべき一般的な戦略である。ラカンの示唆によれば、分析家は、分析的ブリッジのなかで第四のプレイヤー（分析主体の無意識）より前にプレイするか、後にプレイするかに応じて、自らの位置を定めることができる。ここに分析家の戦術面での自由がある程度残されている。戦術においては、全般的な戦略においてよりも自由度が高い（E 589）。戦術の二つの可能性は、図1.4と図1.5に表される。そこでは二組のパートナーどうしが直線で結びつけられ、矢印がプレイの順番を示している。

図1.4　分析的ブリッジの戦術Ⅰ：主体よりも前にダミーがプレイする場合

（自我としての）分析家

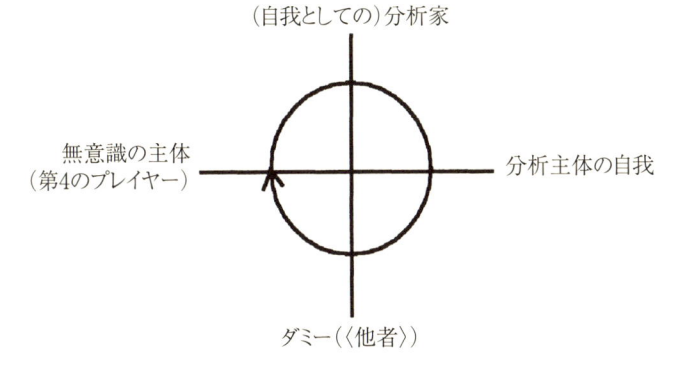

無意識の主体
（第4のプレイヤー）　　　　　分析主体の自我

ダミー（〈他者〉）

図1.5　分析的ブリッジの戦術Ⅱ：主体よりも後にダミーがプレイする場合

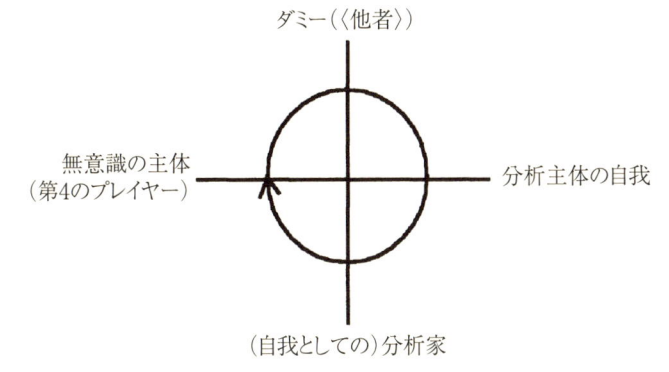

ダミー（〈他者〉）

無意識の主体
（第4のプレイヤー）　　　　　分析主体の自我

（自我としての）分析家

これらの戦術の違いは具体的にはどのようなものになるのだろうか。おそらく第一の場合（図1.4）、分析家は〈他者〉を当てにして何かを言う。すな

わち分析家は、同じ言語を話す者ならほとんど誰でも二つまたはそれ以上の意味を把握する、そうした示唆的ないし予言的な事柄を口にする。そしてその言葉が分析主体の無意識にもたらす効果が、自然と浮かぶ連想の形式であれ、もっと後で生みだされる思考や夢の形式であれ、何らかの仕方で現れるのを待つ。もうひとつの場合（図1.5）、分析家は、分析主体が多価性を持つ事柄を意図せず口にするのを待ち、さらにその後、たとえば分析主体が口にしたひとつないしそれ以上の語を繰り返し、二重ないし三重の意味をそこに響かせることで、〈他者〉に手を進めさせる。両方の場合とも、分析家の一般的な戦略は変わらない。すなわち分析において自らを、自我としてではなく、〈他者〉として位置づけることである。これは完全に実現できない理想だ。それゆえ分析家は可能なかぎり、〈他者〉の位置を占有する能力に自らの自我が介入しないよう努めなければならない。

なぜ自らの存在を用いて分析すべきではないのか：マーガレット・リトルが論じる解釈について

> もし私たちが分析家を訓練するなら、そこに生じるのは主体であろうし、その主体は自我を欠いているだろう。これが分析の理想である。しかし、それはもちろん仮のままに留まる。自我を持たない主体、すなわち完全に実現される主体はない。しかしそれこそ、私たちがいつも分析において主体から得ようと努めるべきものなのだ[10]。
> ——ラカン『セミネール第2巻』

これまで「パーソナリティ」について、より具体的には〈他者〉の位置からの解釈と自らのパーソナリティにもとづく解釈の違いについて述べてきた。以下では、この違いが、ラカンがこの論文〔「治療の指針」〕で存在と呼ぶものとどう関わっているのかを考えてみよう。

セクションI. 3（E 587）でラカンは、『夢解釈』から"Kern unseres Wesens"（SE V, 603〔全集5巻407頁〕）というフロイトの表現を引用している。この表現をジェームズ・ストレイチーは、「私たちの存在の核 the core of our being」と翻訳している[11]。このテクストでフロイトは、私たちの存在の核は「無意識的な願望衝動」から成ると述べている。まずまっさきに私たちを

特徴づけるのは一次過程である。これに対して二次過程は、長い年月をかけてその後の私たちを特徴づけるようになるが、一次過程を書き換えたり消し去ったりするわけではない。単に一次過程の方向を定めたり、変えたりするのである。このように「私たちの存在の核」は、(一次過程によって支配された) 願望衝動であり、幼児期へと遡り、そして消えることのない「原始的」衝動へと遡る。

　ラカンのテクストにおいて次に「存在」が現れるのは、数行先である。そこでラカンは、ナシュトの見解である「分析家は、言う事やする事によってというより、そのありさまによって治療する」(E 587) を引用している。ナシュトの仕事において、分析家の存在 (「ありさま」) とは分析家のパーソナリティである。ナシュトは、「分析家のパーソナリティの重要性」(*La psychanalyse d'aujourd'hui*, 134) を強調し、それが「可能なかぎり調和的でバランスの取れたもの」(135) であるべきだとする。訓練分析を受けるだけでは、パーソナリティが必ずしも分析家に適したものになるとはかぎらない、とさえナシュトは述べる。「ある程度の先天的な能力が必要である」(136)。言い換えれば、必要な資質を持って生まれてくるかそうでないかのどちらかである。そしてもし必要な資質を持って生まれたのでなければ、どれだけ分析を行ったとしても適切な分析的位置づけを占有することはできない。このようにナシュトは、ある種のひとびとだけが、すなわちある種のパーソナリティを持ったひとびとだけが、分析家でありうると提起する。しかし彼は慎重にも、そうしたパーソナリティがどういったものかを定義しようとはしていないと思われる！　明らかなのは「こうした文脈において、いかなる超越もない」(E587) ことである。すなわち、自らのパーソナリティの特質を超えるいかなる方法もない。つまるところ、より客観的な観点、たとえば〈他者〉が提供するような観点から作業を行ういかなる方法もないのだ。

　ナシュトのアプローチを、ラカンがセクションI. 4で述べていることと比べてみよう。ラカンはそこで「分析家は、自らの存在が関わればそれだけいっそう、自らの行為について確信が持てなくなる」(E587) と述べている。換言すれば、分析家は自らのパーソナリティをその導き役とすればするほど、自らが何を行っているのか確信が持てなくなる。

　セクションI. 6でラカンは、次のようにつけ加えている。分析家は「自らの存在からよりも、存在への憧れ (ないしは存在の欠如) から何をすべきかを知ろうとした方が賢明である」(E 589)[訳注iii]。すなわち、分析家が何をす

べきかを知るのは、パーソナリティの欠如からであるべきだと言えるだろう。それは言い換えれば、分析家のパーソナリティが背景へ横滑りするときに自らがそうであるもの、ないし代理しているものからということであり、要するに〈他者〉からということである。言い間違いや不明瞭な発音を聞き取ることは、自らの存在とは何の関わりもない。むしろそれは、存在の欠如と関わる。以前に述べたように、分析家が言い間違いを聞き取ることができるのは、まさに分析家が自らを何とか脇に置こうとするからであり、いわば、分析主体の発話を個人的な攻撃としてではなく、どこか別のところへ向けられたものとして、別の何かないし誰かに向けられたものとして捉えようとするからである。

　自らの存在ないしパーソナリティを用いて分析することが何を意味するかに関する一例に目を向けてみよう。それは、マーガレット・リトルが「逆転移とそれに対する患者の反応」という論文で提示する症例から取られたものである（Seminar I, 40-43／30-33〔『技法論』上51-55頁〕）。そこではひとりの患者が、ラジオ放送ですばらしい講演を行った数日後に分析家のもとにやってくる[12]。患者はセッションのあいだ、とりわけ不安げで混乱しているように見える。分析家は、「患者の苦悩を次のように解釈する。それは、彼の華やかな成功に対して分析家が嫉妬を抱き成功とその帰結を自分から奪おうと欲するのではないかと、患者が恐れているための苦悩である、と」("Counter-Transference", 32)[13]。これによって分析家は、患者の情動——彼の苦悩と混乱の状態——に自らが関わっていると主張する。そこでは患者が不安なのは、分析家が自分に嫉妬し復讐すると考えているからということになる。そうでなければ分析家の嫉妬と復讐を前もって回避し、散らそうとしているからだろう、というわけである（もし患者が不安であれば、分析家はおそらく彼の成功を妬むことはできないだろう、というわけだ）。

　ラカンは、次のようにコメントしている。患者はこの解釈を乗り越えるのに、丸一年を費やした。すなわち彼は一年をかけてようやく、当時自分が抑

訳注ⅲ——ここで「存在への憧れ」と訳したのは、"want-to-be" であり、これは "manque-à-être〔存在欠如〕" のフィンクによる訳語のひとつである。この訳語には、存在の欠如によって欲望が生じるというフィンクの理解が反映されている。フィンクは他に、"manque-à-être" の訳語として "lack of being〔存在の欠如〕"、"failure to be〔存在しそこねる〕" を用いている。

うつ的だったのは、実際には、そのラジオ番組の三日前に母が亡くなったからだと気がついた。さらには、母が死んだすぐ後に、すなわち彼女がもはや彼の声を聞くことができなくなった直後に、それほどすばらしいパフォーマンスができたことに対して、自分がきわめてアンビヴァレントであったと気づいたのである[14]。

　母の死こそ、ラカンがそこで患者の情動の象徴的な背景だと指摘しているものである。ラカンは、分析主体の感情を無視しているのではない。また、分析主体が分析家の嫉妬に気づいていないと主張しようとしているのでもない。実際に彼はここで、「感情はいつも相互的である」(Seminar I, 42／32〔『技法論』上54-55頁〕) と断言している。これによって示唆されているのは、私たちがつねにお互いについて同じ感情を抱くということではない。むしろ、私たちがある感情を持っていると主張しこれを示すことで、少なくとも他人のうちにそうした感情を引き起こすことができるということだ（たとえばもし、私が誰かに対して激しく怒り、この怒りを彼にぶつけたとする。するとおそらく今度は彼が私に怒りを感じるだろう）。ラカンが言いたいのは、ここでは目が合う以上のことが進行しているということ、したがって私たちは想像的な関係性の「いま‐ここ」だけでなく、象徴的な軸をも考慮に入れなければならないということである。私たちは想像的な水準における解釈を提供するより、すなわち本質的には私たち自身のパーソナリティに由来する転移解釈を提供するより、むしろ象徴的な関係性を検討しなければならない[15]。ラカンは分析家の感情の実在を否定しようとはしない。むしろ彼は、この分析家が感情を持っていたことについては確信していると述べる。彼は単に、分析家が自らの感情を脇に置くことを学び、それがセラピーに介入しないようにする必要があると述べているだけである。

　この症例において、まるで分析家は次のように推論しているかのようである。「私〔分析家〕が成功したいと思っている領域で、彼〔患者〕が成功したため、私が彼を妬んでいると彼は感じている、と私は感じる。それゆえ彼は私に腹を立てているに違いない。そんなわけで彼はこのような状態なのだ」。分析家は意識的な感情にもとづいて状況を評価し、自身のパーソナリティにもとづいて解釈を行う。だが〈他者〉の位置から解釈するとは、代わりに、より大きな象徴的図式、すなわち患者の母が最近死んだことや彼女との関わりのため患者が自らの成功にアンビヴァレントであることを考慮に入れることである。

分析主体に自らの感情とパーソナリティを強要することを、ラカンは「治療の指針」で権力の濫用であると非難している。フロイトは（理論上では）、1910年代まで、自らのパーソナリティを用いて患者に影響を与えようとはしなかった。彼は自らのパーソナリティが特にすばらしいとか、特別であるとは決して信じていなかったと思われる（たとえば、SE XII, 160-161〔全集13巻311頁〕を参照）。その代わりに彼は分析家を、分析主体の投影を反射する鏡に喩えていた（SE XII, 118〔全集12巻255頁〕; Cf. Seminar VIII, 435）。ラカンが論じるところでは、現代の分析家は、パーソナリティを崇拝するがゆえに、そして身体と身体、自我と自我、個人と個人といった関係を重視するがゆえに、現実についての、および何が健康かについての個人的な見解を他人に何らかの仕方で強要するようになっている。それは、分析的な企図とはまったく異質であるとラカンが考えていたものである[16]。

ラカンはこうした見解を、適切にもこの論文の最初の節で示している。そこで彼は次のように述べている。「実践を正当な仕方で支えることができないとき、人類の歴史においてよく見られるように、権力の行使がそこから帰結するのはどのようにしてか、示すつもりである」（E 586）。この論文の後の方で彼は述べている。「私が伝えようと欲しているのは、研究者や集団が、正当な仕方で自らの行為を概念化する際に多くの袋小路に直面すればするほど、彼らは結局のところ自らの行為を、権力の行使の方向へ押しやるということである」（E 612）。ラカンによれば、ポストフロイト派のひとたちは、フロイトの仕事の本質的な鋭さを、すなわち本質的な内容ないし実質を捉えることができなかった。そしてそれゆえ、その形式にのみ執着しながら、その実質を完全に変えてしまったのである。「彼らは半分は怪しんでもいる。だからこそ、その形式を保持することにあれほど口うるさいのだ」（E 590）。

形式への執着に関するこのコメントは、もちろん精神分析技法に関する彼の実験、とりわけ可変時間セッションの導入をめぐる論争という文脈のうちにあるものだ。可変時間セッションの導入をラカンは、フロイトの仕事の精神を引き継ぐものだと主張した。セッションの長さを規定したのが、ポストフロイト派の組織、そしてIPAであり、フロイトではないのを確認しておこう。というのもフロイトは自らのセッションを時計で計りながら厳密に行うことはなかったからである。『技法論』でフロイトははっきりと、次のような患者がときどきいると述べている。「彼らには、一日に一時間という平均時間以上を与えなければならない。なぜなら彼らが自らを開き、おしゃべ

りになる前に、一時間のほとんどが過ぎてしまうからである」(SE XII, 127-128〔全集13巻247-248頁〕)。

なぜ私たちは転移を解釈すべきではないのか:フロイトの同性愛女性の症例

これまで私たちは、分析家が自らの存在、パーソナリティ、ないし感情にもとづいて解釈することを、ラカンが批判するのを見てきた。彼の批判の理由は、分析家の感情が分析主体の転移感情の指標でないから、というわけではない。実際そこには、分析主体の転移感情が示されている。というのも「感情はいつも相互的である」からだ(または、もう一方の側にも感情を引き起こすのは容易いからだ)。しかしこうした感情の相互性が示すのは、分析家と分析主体の想像的な状態である。それは、自我同士のあいだに特徴的な互酬的関係を、言い換えれば自我としての分析家と、分析家の自我に似た自我としての分析主体とのあいだに特徴的な関係を反映している。ラカンは次のように論じている。「実際、転移には想像的な要素と象徴的な要素がある。それゆえここで選択がなされるべきなのだ」(Seminar IV, 135〔『対象関係』上172頁〕)。もしラカンが主張するように、「象徴的な次元が、治癒をもたらす唯一の次元である」[17]ならば、私たちは自らの介入を転移の象徴的な構成要素へと制限し、想像的な構成要素を脇に置かなければならない。それでは転移の象徴的な構成要素はどこにあるのだろうか、そしてそれを解釈するとはどういうことなのだろうか。

こうした問いに答えるために、セミネール第4巻のラカンによる注釈へ目を向けてみよう。その注釈は、フロイトにおける若き同性愛女性の症例 (SE XVIII, 147-72〔全集17巻237-272頁〕)に関するものである。読者はこの症例についてよく知っていると思うので、私はここで、この症例を要約するつもりはない。分析主体の見た「一連の夢」に関するフロイトの発言からはじめたい。フロイトはこれらの夢に関して次のように述べている。

〔これらの夢は〕規則に従って歪曲されており、通常の夢の言語で語られていたが、にもかかわらず容易かつ確実に翻訳できるものだった。しかし、解釈されたその夢の内容は、特筆すべきものである。それらの夢は、治療によって同性愛が治ることを先取りし、これによって彼女に開かれる人生の展望への喜びを表現し、男に愛され子どもを持つことへの憧憬を告白している。そしてそれゆえこの夢は、望まれた変化への喜ばしい

準備として歓迎できるものだった。しかし、彼女がそのときに覚醒状態で表明していたのは、こうした夢と真っ向から相反するものであった。彼女は結婚するつもりがあることを私に隠そうとはしなかった。だがそれは、父の専制から逃れ、自分の真の性向を邪魔されずに追求するためだけである。夫に関して、かなり侮蔑的に彼女は述べている。何とかやっていけるだろうし、さらには敬愛する婦人の例が示すように、男と女、両方同時に性的関係を持つことだってできるのだから、というわけだ。ちょっとした微かな印象から警告を受け、ある日私は彼女に宣告した。私はそのような夢は信じない。それらは、虚偽であるか偽善であり、あなたは、いつもお父さんにしてきたように、私を騙すつもりなのだ、と。私は正しかった。というのも、このように彼女の意図を明らかにして以来、この種の夢がなくなったからである。しかし私がいまだに思うのは、それらの夢が、私に誤解させるという意図だけでなく、私の好意を得たいという願望を、部分的にであれ表現していたことである。それはまた、私の関心と好意的意見を得ようとする試みだった。おそらくは、後でよりいっそう徹底的に私を失望させるためではあるが。(SE XVIII, 164-165〔全集17巻262-263頁〕)

ラカンはこのフロイトの最後の文をパラフレーズすることで、自らの注釈をはじめている。「それはまた、私をまるめこむ試みであり、私をとりこにし、自分のことをとても可愛いと思わせようとする試みだった」。それからラカンは次のように続ける。

ここで加えられた文章がこっそり教えてくれるのは次のことだ。この若い娘は、本当にフロイトを夢中にしたに違いない。彼はドラの場合と同じく、完全に自由ではいられなかった。フロイトは最悪の事態を予想しなければならないと断言しているが、彼が避けたかったのは、失望を感じることである。このことは、彼があらゆる種類の錯覚をいまにも自分で紡ぎだそうとしていたことを意味する。そうした錯覚から身を守ろうとしながら、彼はすでにゲームのなかに足を踏み入れている。彼はすでに、想像的なゲームを生じさせているのだ。[自分を騙すつもりだろうと彼女に語って聞かせることで] フロイトはそのゲームを現実のものにする。というのも彼はすでにゲームの内側にいるからである。(Seminar IV,

108〔『対象関係』上134頁〕)

　ラカンの指摘の要点は、この一連の夢にはフロイトを、すなわちその夢が捧げられているひとを騙そうという願望がまったく含まれていない、ということにあるのではない。むしろラカンが述べているように、彼女はまだフロイトをだまくらかそうと意図しているわけでなかった。「それは単に欲望だった」。フロイトはこれを、欲望以上の何かに、つまり現実の何かに仕立てあげる。名づけ、象徴化し、「性急に解釈することで」(Seminar IV, 108〔『対象関係』上135頁〕) そうするのである。
　フロイトは正確には何を行っているのだろうか。彼が行うのは、古典的な転移解釈である。「あなたは、お父さんをかつぐのと同じように、私をかつごうとしているんだ」というわけだ。彼女が治療に応じたのは、父に邪魔されないためであり、変わるつもりがなかったことを思いだしておこう。また彼女が、父を宥めるためだけに結婚を考えながら、しかし父や未来の夫に隠れて自らの同性愛活動を追及するつもりだったことも思いだしておこう。
　一見すると、こうして状況は象徴的な水準において完全に読解されている、そう見えるかもしれない。この読解により、分析主体と父との関係が、分析主体と分析家との関係に構造的に類似していることが明らかにされているからだ。彼女は、父を欺こうと欲したのと同じように、フロイトを欺こうと欲した、というわけだ。しかしラカンの示唆によれば、このことが意味するのは単に、彼女がフロイトを、自分の父と同じ想像的な位置に置いたことである。それは、彼女自身に似ている他者の位置であり、彼女が状況の支配権をめぐって競争する他者の位置である。彼女は単に、その主人との形勢逆転を図り、自ら主人になろうとしている。これは、象徴的な関係それ自体の水準には届かない。なぜだろうか。
　ラカンは、ひとの目を欺くという分析主体の願望が前意識的な願望だと即座に指摘している。彼女は、自分が父と未来の夫を欺こうと欲しているという事実にはっきりと気がついている。彼女はおそらく、フロイトにも同じことをしようとしていると直接気がついているわけではない。しかし彼女が、父のために分析を受ける振りをしていることを認めたという、まさにその事実は、次のことを示唆している。すなわちフロイトをかついで彼女が変わったと信じ込ませることは、父をかついで信じ込ませることでもある、そのことに彼女は少なくとも何らかの水準で気がついていたということである。

フロイトは、転移解釈を行なっているがために、自分が欺かれないと彼女に示したときでさえ、彼女に欺かれんとするひとびとのひとりとなってしまう。すなわち彼は、彼女が支配しようとする少しだけ賢い主人として自らを位置づけているのである。そうすることで彼は、他でもなく想像的な軸に自らを位置づけている。自らの役割を、法と無意識の代理人として提示することはないのだ。彼はすでに、彼女にとっての象徴的な役割を演じていたのに、その介入によってうっかり自らの二重の役割を一次元的な想像的役割に還元してしまったのだろうか。それとも異なった方法で介入することで、彼女にとっての象徴的な役割をはじめて演じられるとでもいうのだろうか。これは開かれた問いである。

転移の想像的な次元に焦点を当てながらラカンが示唆するのは、フロイトがより大きな象徴的図式を見逃しているということだ。現代の多くの分析家もいまだ行なえていない、そうした象徴的図式の把握にかけては、ラカンはしばしばフロイトを賞賛していた（一方、ラカンは、フロイトがそうした図式を見逃すのは、多くの場合、たとえばドラや若い同性愛女性など、魅力的な女性の分析主体の場合であると感じていた）。ラカンは間違いなく、こうした場面で象徴的なものと想像的なものという自らのカテゴリーが分析家の役に立つと信じていた。これよって分析家は、各々が個別の瞬間に自らの行為をどの水準に位置づけているかを考えることができるのである。

若い同性愛女性の症例において、より大きな象徴的図式とは何だろうか。無意識は〈他者〉のディスクールであるがゆえに、彼女の夢によって構成されるディスクールは彼女の父のディスクールである。そして分析主体は〈他者〉が欲望するものを欲望するがゆえに、彼女の夢のなかの無意識的な欲望は父の欲望である。この欲望は、分析家をかつぎたいという前意識的な願望と厳密に区別されなければならない。ただし次のことに留意する必要がある。この夢で提示された父の欲望は、娘が解釈したものであること、そしてまた彼女は父の欲望を彼女自身のメッセージの反転した形式として解釈していることである。彼女のメッセージないし願望は、「あなたは私の父／夫だ。だから、あなたが赤ちゃんを授けてくれるはずだ」というものだ。夢のなかのメッセージないし願望は、この彼女のメッセージを反転させたものである。その結果、それは〈他者〉から来たかのように聞こえる。「お前は私の娘／妻だ。だから、お前は私の赤ん坊を手にするだろう」というわけだ。（フロイトは夢それ自体を提示してはいないが、それが夫と子どもを欲しがる気持ちを

表現していたと述べている。)

　ラカンはこのメッセージを、「女の子のエディプスコンプレックスへの参入を基礎づける約束」と呼び、この夢は、「こうした約束を満足させる状況」を表明していると述べる（Seminar IV, 135〔『対象関係』上172頁〕）。ラカンによれば、女の子が原初的な愛の対象である母から離れ、エディプスコンプレックスに参入する際、その基礎となるのは父によってなされたと彼女が考える約束、つまり「おまえは私の子どもを授かるだろう」（144〔185頁〕）という約束である。ラカンの見解では、このことから次のように考えられる。すなわちフロイトの患者であるその同性愛の女性は、去勢コンプレックスからエディプスコンプレックスへと移行してはいるが、エディプスコンプレックスを乗り越えることはなかったのだ。実際、ラカンの読解では、まさに彼女が16歳のときに父が母に現実の子どもを授けたがゆえに、彼女はエディプスコンプレックスを超えていくことができなかったのである。

　フロイトによれば、エディプスコンプレックスを超えていくためには、父を別の男と置き換えることが必要となる。言い換えれば、いつか約束を果たしてくれるものの場所に別の行為主体がやって来れるように、この約束は長いあいだ損なわれることなく保たれる必要があるだろう。しかるに、彼女の夢は、無意識のうちでその約束が損なわれることなく保たれていたことを示唆しているように見える。

　ラカンは、彼女の母が新たな赤ん坊を生んだときに生じた変化について、フロイトとは異なった仕方で述べている。彼女の父は16歳の娘に愛を捧げるのを拒み、彼女よりもその母を優先した。この意味で母は、娘以上のものを持つ競争相手となる。そして持つことは、フロイトとラカンの理論において、つねにファルス的である。それゆえ母は、ファルスを持つ者として把握される。ラカンによれば、「ここで娘が〔「社交婦人」に熱をあげることによって〕父に示そうとしているのは、どのようにしてあるひとを、〔……〕そのひとが持たないもののために愛することができるか」（145〔185頁〕）である。ならば未婚の子どもを持たない女性——ペニスも自分の子どもも持たないひと、ファルスをいっさい使わないひと——以上に、これにうってつけのひとがいるだろうか。

　こうした解釈の背景には、ラカンの多くの議論、すなわち、私たちはパートナーを超える何かをパートナーのうちで愛するといった考えや、また愛とは私たちが持たないものを与えることに関わるといった考えについての多く

の議論がある。だがこうした考えについてここで詳しく述べるつもりはない（E 618、および特にセミネール第8巻を参照）。とはいえラカンが自らの見解の裏づけを、次の事実に見いだしたことは確認しておこう。その同性愛の少女が「社交婦人」との関係を、明らかに、父にメッセージを送るために用いているという事実である。彼女はいつもその婦人と「父の仕事場の近くを」（SE XVIII, 160〔全集17巻254頁〕）、まるでその婦人といるところを確実に父に見られるためであるかのようにぶらついていた。そしてその婦人に対する彼女のプラトニックで宮廷的な愛のスタイルは、かなりの理想化を含んでおり、彼女が、母への父の非常に物質的な（現実の）愛の形式を拒否していることを示唆している。実際、女性の同性愛的幻想に決まって現れる形象は、見せつけられる男である。どんな風にされるのか、つまり、自らの持たないもの、すなわちファルスの欠如のために、女性はどんな風に愛され、欲望されるべきなのか、見せつけられるのである。

　それゆえ象徴的な状況とは、ラカンによれば、ファルスが位置づけられた状況である。若い同性愛女性は、一連の夢が示唆しているように、いまだ彼女自身が持たないもののために愛されることを欲している。そしてフロイトはそのことを見落としている。おそらく彼が確信していたのは、彼女がまったく単純に、その婦人との関係のうちで男の位置を採用しており、それゆえ彼女はファルスを持ち、男からそれを受け取るつもりはないということである。彼女が男の位置にいるというフロイトの信念は、ラカンの立場から言えば、先入観ないし偏見であり、したがってフロイトの逆転移の本質的な部分として特徴づけられるだろう。フロイトは次のように想定していたと思われる。すなわち、男と女の関係には、たとえ一方が分析家で他方が分析主体であったとしても、男がファルスを持つか、女がファルスを持つかのどちらかしかなく、そこではファルスが最終的に誰の手元に残るかをめぐる抗争が生じるだろう、というわけである。（フロイトの見解では、最終的に女性の分析主体は、ファルスへの要求を放棄し、それを男から有難く受け取るのを待つことに同意するようになる必要がある。）こうした逆転移的な信念によってフロイトは、ファルスがどこか別の場所にあると考えることができなかった。しかしファルスは、排他的所有という想像的な空間に位置づけられることはない。つまり、一方が持てば他方は持てないような空間（たとえばきょうだい同士の敵対という想像的空間。姉が新しいおもちゃを持つなら自分は持てない）に位置づけられないのである。ここで先取りするなら、ファルスは別の領域に位置

づけられなければならない。すなわち象徴的な領域である。これをラカンは存在の圏域と結びつけている。つまりそこで問題となるのは「ファルスであるか、あらぬか」である。

　ここでフロイトが転移における象徴的な役割を引き受けようとするなら、こうしたどこか別の空間を分析主体に開かれたままにする必要があるだろう。それを想像的な空間に、すなわち最終的に誰がファルスを手にするかをめぐる二者間の抗争に貶めてはならない。（この後で、ラカンの分析主体の愛人が見た夢を例にして、どこか別の空間を開いたままにするとはどういうことかを論じるつもりである。）フロイトがここで何をすべきだったのか、ラカンは正確には述べていない。しかしここでのラカンの見解は、フロイトの状況把握を超えたさらなる弁証法的な運動を含んでいるように思われる。分析的なチェスないしブリッジのゲームにおいて、ラカンはフロイトの一手先を考えようとしている。もちろんそれは、後世の人間が手にする見通しのよい視点に立ってということだが。

　この時期のラカンの見解は、おそらく次のようなものだ。分析家は転移において、ファルスを持つ、ないし持たないという位置に同一化してはならない。そうではなく何らかの仕方で自らを、象徴的な〈他者〉の位置に、すなわちファルス的シニフィアンが見いだされるところに位置づけなければならない。これが、転移の象徴的な要素であると思われる。神経症の分析主体によってある程度まで自動的に、分析家はこうした場所に位置づけられるかもしれない。しかし、分析家はこの位置に留まるよう積極的に努力しなければならない。分析家は、その解釈において自らを位置づける水準しだいで、容易にその位置から追いだされるからである。

　転移の象徴的な要素の解釈はそれゆえ、象徴的な状況全体の解釈に他ならない、そう私には思われる。したがって転移を解釈しないようにラカンが全面的に推奨するとき、それは警告である。すなわち、分析家が「転移」を解釈しようとするときはいつでも、想像的な構成要素だけを解釈する傾向があり、それは、包括的な象徴的な枠組みの解釈にはならないのだ[18]。

無意識的な欲望を意識的な欲望と混同してはならない：機知のきいた肉屋の妻
　フロイトのもうひとつの症例に関するラカンの議論、すなわち『夢解釈』における「機知のきいた肉屋の妻」（SE IV, 146-51〔全集4巻196-202頁〕）に関する議論もまた、（前）意識的な欲望と無意識的な欲望の区別に依拠して

おり、ファルスを持つこととファルスであることの弁証法を似たような仕方で導入している。以下が、肉屋の妻がフロイトに語った夢である。

> 私は夕食のパーティーを開きたかった。けれども家には小さなスモークサーモン以外は何もなかった。外に出て何かを買うことを考えた。けれどもそこでいまが日曜の午後だということを思いだした。すべてのお店が閉まっているだろう。次に仕出し業者に電話をかけようとした。けれども電話は故障していた。それで私は夕食のパーティーを開くという願望を断念しなければならなかった（SE IV, 147〔全集4巻196頁〕）。

　この夢の背景のひとつは次のものである。患者の夫である肉屋の主人は、彼女に夢中で、あらゆる側面で彼女との関係にとても満足しているように見える。しかし彼は、自分の好みに合わない彼女の女友達を誉めそやしており、そのことに彼女は気がついている（その友人はとても痩せていたが、彼は普通、妻のようなふっくらとした女だけを好んでいた）。患者は一体どうして夫がこれ以上の何かを欲望できるのかを、そしてまたどうして彼が自分の妻に全面的に満足できないなんてことがあるのかを不思議に思いはじめている。どうして彼は、自分の好みでさえない女を、彼を満足させるのに適していないと思われる女を欲望することができるのだろうか。ラカンは彼女の口を借りてこんな問いを言わせている。「彼［夫］のうちのすべてが満足させられているのに、自分からねじれた欲望を彼もまた持つなんてこと、ありえるのかしら」（E 626）。
　この夢の前日、その友人は患者にもう少し太りたいと語り、そして「いつまた食事に誘ってくれるかしら。あなたの料理とても上手だから」と尋ねている。それゆえこの夢のうちにあるひとつの願望は、彼らの家で食事をしたいというその友人の願望を挫折させることにあると思われるだろう。ラカンが述べているように、「［その友人にとっては］いくらか太って、夫君の目を楽しませてやれるのだから、それは良いことだろう」。ディナーパーティーを行うという顕在的な夢願望（「私は夕食のパーティーを開きたかった」）は、このように、肉屋のお眼鏡にかなうよう数ポンド太るという友人の要望を挫折させたいという潜在願望によって無効にされたのだと思われる。これがこの夢に関するフロイトの最初の解釈である。ここでは、（フロイト〔の「夢は願望充足である」という説〕が間違っていることを証明したいという）意識的な

願望と無意識的な願望の矛盾が特に際立っている。

　フロイトの第二の解釈、そしてそれに対するラカンのコメントは、夢に現れる患者の願望が持つ無意識的な意味を、彼らとともに検討させてくれるという点で、私たちをかなり先に進ませてくれる。その無意識的な意味は、〔夢の〕物語やプロットそれ自体のうちにではなく、夢のテクストを構成するひとつのシニフィアンのうちに見いだされる。「スモークサーモン」というシニフィアンである。もし夢を単なる物語だと考えるなら、スモークサーモンをおまけの細部や口実とみなすことになるだろう。しかしフロイトが主張するように、すべての夢の要素を検討しなければならず、ラカンが強調するように、「欲望は文字に添って［à la lettre］捉えなければならない」。言い換えれば、私たちは欲望が表現される夢の文字を見る必要があるのだ。

　この第二の解釈は幾分、迂回的なものだ。この症例に関するフロイトの議論から分かるのは次のことである。彼女はキャビアが大の好物で、毎朝キャビアサンドイッチを食べたいと思っている。しかし夫にはキャビアを買ってこないように言いつけており、これによって夫を「からかって」いる。別の言葉で言えば彼女は、キャビアを自分から奪い、それを欲していることだけで快を得ている（そして夫のうちに「それを与えたいという欲」を生じさせ、いわばきっかけだけ与えて、宙吊りのままにすることで快を得ている）。彼女は自分が、キャビアへの願望を不満足なままにしたいという願望を持っていることにはっきりと気がついている。すなわちそれは無意識的な願望ではない。フロイトが述べるように、彼女は「満たされない願望」への願望を持っている[19]。ラカンはこれを（前意識的な）「不満足な欲望を持ちたいという欲望」と呼んでいる（E 621）。彼女は、自ら認めている夫への愛にも関わらず、それ以上の何かを欲している。すなわち、欲し続けることを欲している。

　私たちはまた、彼女が、痩せた女性の友人に対する夫の関心を見抜いていることを知っている。これによって彼女は、その友人が持ち、自分が持っていないものは何だろうかと考えるようになる。彼女は、その友人の何が夫の関心を惹きつけるかを知ろうとして、その友人を夫の視点から見ようと試みる。彼女が気がついたであろうひとつは、その友人がスモークサーモンが大好きで、しかもそれを食べるのを絶って我慢していることである。これは、興味深い布置だ。一体なぜそんなことをしようとするのだろうか。フロイトは、彼女が意識的にこの問いに頭をひねっていると論じているわけではない。だが、何かを断つというモチーフをそこで見つけだし、それが彼女自身のモ

チーフになった、ということはありそうだ。実際にフロイトは、キャビアを与えないで欲しいという患者の願望のモデルが、サーモンを絶つという友人の願望であると示唆しているように見える。言い換えればフロイトの示唆によると、患者は、友人がどんな理由でこのような欲望を持っているのかを探ったり想像したりしており、自分自身も似たような欲望を持つ理由があると考え、その欲望を自分のものにしたのだ。その理由とはどんなものだろうか。それはおそらく、欲望することそれ自体から得られる快である。すなわち満足によってその欲望を失うのではなく、単純に欲望し続けることによって快を得ることだと思われる。肉屋の妻は、友人にまさにこの点で同一化している。このプロセスをフロイトは、「ヒステリー的同一化」と呼ぶ。

フロイトが、夢に関する議論という文脈のなかで、ヒステリー的同一化としてあげている例を想起しておこう。ひとつの病棟で多くの女性患者がみな同じ症状を発するという例である。それはもともと、ある女が実家から一通の手紙を受け取り、不幸に終わった恋愛を思いだすことで発した症状である (SE IV, 149-51 〔全集4巻200-201頁〕)。他の女たちは、単に彼女の症状を模倣しただけではなく、彼女の特定の特徴に同一化した。本質的には彼女たちにもまた、捨てられたという感情ないし不当な扱いを受けたという感情を持つ理由があり、抑うつ的な感情ないしパニックの感情を抱く理由がある。言い換えれば、彼女たちはみんな自らをその女の場所に置き、無意識的に彼女に自分たちを代入しているのである[20]。

別の女性が、肉屋の注意を惹き、別の何かへと向かう彼の欲望の対象として機能しはじめる。そのとき患者は、その対象を推測しその対象になるために彼の欲望を詳細に調べる。すなわち、彼女は彼の欲望の原因であろうと欲し、それゆえラカンが彼の仕事のこの時期にファルスと呼ぶもの、すなわち「〈他者〉の欲望のシニフィアン」(E 694) としてのファルスになろうと努める。このことはラカンにとって一般的な真理である。あらゆるひとが、自らを〈他者〉が欲望することを欲望するので、どのひとも〈他者〉の欲望のシニフィアンであることを欲する（別の場所でラカンはこのことを、あらゆるひとが〈他者〉の欲望の原因であることを欲すると述べることで定式化している。たとえば、E 691を参照）。

それでは不満足な欲望へと向かう患者の欲望の無意識的な意味とは何だろうか。自分の夫を魅了しはじめている女と同一化することで、彼にとってのファルスになること、これである。（フロイトは同一化を指摘しているが、ラカ

ンが指摘しているのは、夫にとってのファルスになるという、同一化を動機づける欲望である。）

　この夢では、患者が直接友人に歯がゆい思いをさせているのではないことを確認しておこう。彼女は自分で自分に歯がゆい思いをさせるのであり、友人に対しては間接的にそうする（というのも彼女は友人をディナーに招待することができないからである）。フロイトはこの点についてコメントしている（SE IV, 149〔全集4巻198頁〕）。しかし彼は、彼女もまた「断念された願望を現実生活にもたらすこと」を欲しているのだ、という以上のことを述べてはいない。欲望と満足の両立不可能性を様々な仕方で強調したのは、ラカンである。この両立不可能性はとりわけ、「私がお願いするものを私にくれてはだめよ。だって、それはあれではないのだから」という表現において顕著であろう。ラカンによれば、これはこの患者に固有の何らかの病理的な特徴ではない。むしろそれは、人間の欲望の一般的で構造的な特徴である。

　欲望とは、根源にある、存在への憧れないし存在の欠如（あるいは存在における欠如）の帰結である。この憧れや欠如が、私たちに新たな欲望が宿るそのたびごとに、そこに表象され引き継がれるのだ。この欠如は私たちを精神病にではなく、神経症にする。実際、すべてのひとにとって重要なのは、欠如が満たされたり、塞がれたりしないことを何とか保障することだ。ここでラカンが言っているように「欲望は、存在への憧れの換喩である」。すなわち欲望は、つねに同じ構造的な欠如ないし分裂の絶え間のない置換なのだ。この分裂は本質的には、（第3章で詳細に論じる）シニフィアンとシニフィエの分裂と同じものである。私が言ったどんなことであれ、私が発したいかなるシニフィアンであれ、その意味ないしシニフィエは決して完全には明白でない。もし私が「ラカンは愚か（イディオット）だ」と言ったとする。あなたはサヴァン症候群（イディオ・サヴァン）訳注ivのことを考えるかもしれないし、あるいは「固有の」や「特異な」を意味するその言葉のギリシャ語の語源〔ἴδιος (idios)〕を考えるかもしれない。実のところあなたは、セミネール第20巻でラカンがマスターベーションを愚か者の享楽と呼んでいるという事実を覚えており、私が彼をマスターベーションするひとだと言っていると考えるかもしれない！　さもなくば、フョードル・ドストエフスキーの『白痴』のことを思い浮かべ、私がラカンをドフトエフスキーの主人公と結びつけていると思うかもしれない。この言葉の実際

訳注iv──特定領域に特異的な能力を発揮する知的障害・発達障害を指す。

に存在するどんな用法も妥当な意味作用を持つ。したがって曖昧でないことはほとんど何も言うことができないのだ。

　このことが意味しているのは次のことである。すなわち、私が欲しいと言ったり考えたりするすべて、つまり言葉で定式化された欲望と、そして私の欲望の「内容」ないし「シニフィエ」とのあいだには構造的な区別がある。指示対象、換言すれば私の欲望を満足させることのできる特定の対象としての指示対象は、私の発話によって、それ自体として析出されたり、識別されたりすることはない。むしろ発話は無数の意味を喚起するのであって、それらの意味は特定の対象や外的指示対象をともなうわけではない（むろん、たとえば、注意や愛撫は、それが要望されたとおりに提供されたのであれば、本当に欲望されたそのものとなるだろう）。もし私が、自分を王様のように扱う女性が欲しいと言ったとする。しかし、そうしてくれるように思える女性を見つけたとしても、私がやがて王様の定義を取りざたし、王様のように扱われることが何を意味するかをめぐって、いろいろとこじつけ、言い逃れを見つけようとするのは察しがつくというものだ。（王様に対しては、母のように世話するのか、それとも忠実に仕えるのか、あるいは裏切るのか、またはひどい待遇を与えたり、おべっかを使ったりするのだろうか。）

　このことは欲望が構造的に満たされえないことを示唆している。欲求は満たされるが、欲望はそうではない。さらに欲望されるべき何かがいつも残されている。ここではこの点に関してこれより詳細に扱うつもりはない。すでに『ラカン派精神分析入門』で詳しく論じているからだ。とはいえ次のことを述べておきたい。「治療の指針」の末尾でラカンは、本来的に満たすことができないという欲望の性質を指摘するにあたって、ヒステリーは不満足な欲望によって特徴づけられるが、強迫は不可能な欲望によって特徴づけられる、と述べている。それらはともに欲望を現れさせ、目立たせ、あるいは選択肢として維持するための戦略である（この点に関しては第２章で論じるクリスの患者の症例において見ていく）。〈他者〉の欲望を駆り立てる何かであり続けようとすることは、明らかに終わりのない探求である。それは、置換的ないし換喩的な横滑りに従う何かになろうとする探求であり、キャビアを探し求めることとは異なる。キャビアは持つことができるし、それゆえ我慢することもできるからである[21]。所有は静的であり、これに対して存在は探究的なのだ。

　この患者の夢と症例には他にも多くの側面があり、それらをここで論じて

もよかっただろう。たとえば、夫もまた減量への関心を表明しているという事実(妻の友人に対してより好ましい人物になるため、ないし彼女をより魅了するためだろうか)。あるいは友人が持ち、自分が持たないものを理解するために、妻が夫にも同一化しているという事実。さらには、ラカンが以下の三つのもののあいだの関連を示唆しているということ。すなわち一切れのスモークサーモン(「それは〈他者〉の欲望の場所を占めにやってくる」)、一振りの可愛い女の尻(女の尻への夫の欲望は、「何にとっても十分でない」と言ってよいだろうか、すなわち妻は夫に他の何かを欲望させたがっているとは言えないだろうか)、そしてファルス(「いくらかほっそりしたものであれ、ファルスになることこそ、欲望のシニフィアンの最終的同一化ではないだろうか」)の三つの関連である。しかし私は「治療の指針」のなかのラカン自身の症例をめぐる議論を取り上げることで、ファルスに関しての議論をさらに続けていきたい。ラカンは自分自身の症例に関してはほとんど書くことがなかった。「治療の指針」のなかの症例は、印刷されたもののなかでは最も長い議論であると思う。

不在を喚起すること：強迫症の男に関するラカンの症例
　症例検討について、ラカンは「治療の指針」の最初の方で、きわめて逆説的なことを語っている。まず彼は、いつも同じフロイトの症例を参照することに関して許しを乞うている。それから、「解釈がどの水準にまで届いたかを示すために、[彼]自身の分析を用いることが」ほとんどないのはなぜかを説明しようとしているように見える。彼は、「[自らの]多くの分析が行われるコミュニケーション環境のなかで」生じうる匿名性の問題に触れながら、にもかかわらず、次のように述べている。「ときには、あまり沢山のことを言わないでも、症例について十分に語ることに成功してきた。すなわち[自らの]事例に関して、当の本人を除いて、誰にも分からないようにその事例を伝えることができるのである」(E 598)。
　私たちは、ラカンがこうした前口上に続いてすぐに自らの分析を論じるだろうと期待するかもしれない。しかし彼はそうはしない。その代わりに、フロイトの技法についての幾分暗号めいた簡潔な素描を提示する。実のところ私たちは、ラカン自身の面接室から取られた事例に出くわすまで、32頁、それもかなり濃密な32頁のあいだ待たなければならない[22]。
　ラカンの症例それ自体に取り組む前に、ラカンが提示するフロイトの技法に関する手引きについて、簡単に論じることは有益だろう。ラカンは、フロ

イトのアプローチが、その進める順序においてラカンの同僚が採用するアプローチとは異なっていると主張する。とりわけフロイトは解釈を、治療の最後の段階まで出し惜しみし、そこでようやく転移にのみ適用するというようなことはしない。ラカンは言う。

> 私がいましがた示したような順序、すなわち主体が現実に対して持つ関係の修正からはじまり、転移の発展を経て、解釈へ至るというプロセスの順序に従う治療の指針のうちにこそ、フロイトが根本的発見をものにした地平がある。その発見は、強迫神経症の力動と構造に関して、いまだに私たちの糧となっている発見だ。それ以上でも以下でもない。（E 598）

「主体が現実に対して持つ関係の修正」とは、鼠男との最初のセッションにおける、鼻眼鏡事件に関わる「記憶違い」および「置換」についてのフロイトの発言を参照していると思われる（SE X, 169, 173〔全集10巻193-194頁、197-198頁〕）。フロイトはその全貌の把握に取りかかるために、三回、鼠男にその物語を語らせなければならなかった。そして最終的に彼は鼠男に次のことを指摘する。郵便局の受付嬢が鼻眼鏡の着払いの代金を払っていたことを、残酷な大尉がそれを払ったのはA中尉だと誤って伝える前に、鼠男は知っていたに違いない、と。この「修正」は、鼠男が知っていたに違いない何かと関わっており、それゆえ彼の心的な現実と関わっていることに注意すべきである。それは、「外的な」または「客観的な」現実という概念を参照してはいない[23]。

フロイトはまたドラとも似たようなことを行っている。フロイトは、ドラが父とK婦人の恋の戯れに参加していたのではないかと述べる。彼女は、美しい魂が自らの世界に見いだされる「混乱」の責めを他人に負わせるがごとくに、父とK婦人のことで不平を言っている。けれども実のところ、彼女自身がその要の一部を、すなわちその関係に不可決な要素を演じていたと思われる（SE VII, 35-36〔全集6巻39-41頁〕）。フロイトのコメントは、その状況への彼女の主体的な関与に関わるものとして理解されうる。だがそれは決して、フロイトが「現実の状況」に対して行った何らかの種類の「客観的な」判断ではない。ラカンは、フロイト側のドラに関するこうした操作を「主体的修正」と呼んでいる（E 601）。そのとき示唆されているのは、このような

修正が「美しい魂」にとってつねに不可欠であるということだ。彼らは、自らの世界の大混乱を批判するだけで、それに自分が関わっているのを直視しないからである（E 219, 596; SE VII, 67［全集6巻82-83頁］もまた参照）。

　私たちは以下で、フロイトが進める順序、すなわち修正、転移の発展、それから解釈という順序に関する議論が、どのようにラカンによる自らの症例に関する議論に反映されているかを見ていく。

　ラカンは、この症例に関して詳細な概略を与えていはいない（E 630-633）。その代わりに彼は、「ある強迫症者との分析の最後に、すなわち多くの作業がなされた後に起こったひとつの出来事」について語っている。そこでラカンは、自ら言うには、自分の役割を「主体の攻撃性を分析すること」に限定したわけではなかった。言い換えれば彼は、同時代のほとんどの分析家が推奨するのとは異なり、二つの自我の二項的な関係のうちで生じる抵抗と防衛を分析することに時間を割いたのではなかった。

　ついでに次のことを確認しておこう。ラカンは、ある種の分析家が「分析する」という動詞をひっきりなく用いることを厳しく批判する。彼らはそれによって、解釈することが何を意味するか、もはや分かっていないことを自ら曝けだしているのだ。ラカンによれば、分析家が何かを「分析する」と言うとき、それはほとんどつねに、象徴的な水準で解釈する代わりに、自らの作業を想像的な水準に位置づけることを意味する。「分析する」ことは、自分自身を基礎にして、すなわち自らのパーソナリティ、物の見方、現実についての考え、そして自らの偏見を基礎にして作業することである。要するにそれは、自らの逆転移を基礎にしている。「分析する」と述べることは、自分が幸運にも生まれつき分析家であり、分析家に必要な、言葉では言い表せない特別な才能を生まれたときに授かったのだと述べるのに等しい。そうした才能はたいてい、他のひとびとに伝授したり伝達したりすることがきわめて難しいということになる。だがラカンの見解では、分析するのは、分析主体であって分析家ではない。これに対して分析家は、「解釈という務めの壁に直面する」（E 591）。

　さて分析主体が言葉にしようと試みている現実的なもの（以前には主体が決して分節化できなかったトラウマやその他の経験）が象徴化に抵抗するとき、分析主体は防衛や抵抗という想像的な圏域に後戻りせざるをえない。想像的な現象が生じるのは、「欲望と発話の両立不可能性」（E 641）のために分析主体が、言わなければならないことをどうあっても言えないときである。分

析主体は、自らの歯がゆさを分析家にぶつける（Seminar I, 59-60／48-49〔『技法論』上81-82頁〕）。診療室に分析主体と一緒にいるのが、分析家以外の誰でもないのであれば、そうなるしかないだろう。分析主体は分析家を、手助けを拒否する者として、さらには前に進むのを妨げる者としてさえ経験する。しかし分析家は自らをその水準に位置づけてはならず、そうした状況において分析主体が個人としての自分を攻撃していると感じてもならない。幾人かの分析家がそう考えている（セミネール第1巻の Dr. Z のコメントを参照）のとは異なり、分析主体は故意に、何らかの敵意や裏切りから分析家に突然抵抗しているというわけではない。分析主体が直面する現実的なものは、つねに象徴化に抵抗する[24]。実のところ、分析主体と分析家はともに、私たちが「現実的なものの壁」と呼ぶものに対して、同じ側に位置づけられる。分析家は、分析主体が現実的なものを象徴化する手助けを試みなければならない。だが現実的なものは分析家と分析主体が一緒になって行うこの努力にも抵抗する（cf. ラカンにおける「言語の壁」、E 282, 291, 308, 316）。ラカンが1968年に述べているように、「分析において抵抗するものは、明らかに主体ではない。抵抗するもの、それはディスクールである」（Seminar XV, January 24, 1968）。

　問題となっているこの症例に関して、ラカンは次のように主張する。彼は、強迫症の患者の攻撃性を分析する代わりに、「患者の親の片方が、もう片方の親の欲望に押しつけた破壊的なゲームのうちで、患者が演じている役割」（E 630）を患者自身に再認させたのだ、と。その後でラカンが述べているように、患者の母は父の「あまりに激しい欲望」（E 633）を批判しており、それゆえ父の欲望の破壊に関わるゲームを指揮していたのだ。それゆえラカンは患者に、彼自身がこのゲームで演じている役割を再認させようとする。これは、フロイトのドラとの作業に関してラカンが指摘した「主体的修正」とよく似ていると思われる。こうしてラカンは、まさに自らが提示したフロイトの技法の要約におけるように、患者とともに作業を進めようとする（E 598）。すなわち彼は、「主体が現実に対して持つ関係」を修正することからはじめて、「転移の発展を経て、解釈へと至る」。

　ラカンは続けて次のように語る。患者は「〈他者〉を破壊することなしに、それゆえ〈他者〉の欲望であるかぎりでの自らの欲望も破壊することなしには、欲望することができずにいるという無力さを見抜いている［devine l'impuissance où il est de désirer sans détruire l'Autre, et par là son désir lui-même en tant qu'il est désir de l'Autre］」（E 630）。このフランス語は、ラカンの場合よ

くあるように、きわめて曖昧である。患者は、無力さと、〈他者〉の欲望であるかぎりでの自分の欲望の両方を見抜くのか、あるいは〈他者〉と、〈他者〉の欲望であるかぎりでの自らの欲望の両方を破壊するのか、どちらなのか。さらに私たちは、〈他者〉の欲望 désir de l'Autre を、患者の欲望が〈他者〉の欲望と同じであるという意味で理解すべきなのか（ラカンはそれが患者の母の欲望なのか、父の欲望なのかを語ってはいない）、あるいは患者の欲望は、彼が〈他者〉を求める欲望であるという意味で理解すべきなのか。

　ラカンによってしばしば繰り返される指摘を辿ることで私が提示しようとしているのは、以下の控えめな仮説である。すなわち大文字ではじまる〈他者〉がここでは父であり、小文字ではじまる他者が母であるというものだ。こうした仮説を念頭におくなら、患者が欲望するとき、彼は激しい欲望を持った父のようになってしまうということが分かる。患者は、母のゲームをプレイすることに同意しており、それゆえ彼は父の過剰な欲望を破壊し、それによって自らの欲望を破壊していると考えられる（というのも患者の欲望は、父の欲望と同一だからである）。このことによって彼は、自らの現実の欲望を脇に置き、保留にするようになる。あるいはラカンが続けて述べているように、彼は自らの存在をしまい込むことになる（E 633）。このように彼は、自らの欲望を前線から撤退させる。患者は表面上、母のために〈他者〉を破壊するプロジェクトに携わっている。しかし同時に彼は、〈他者〉を守ろうとしているのである。

　実のところラカンは次のように語っている。彼が明らかにしたのは、「いかにして［患者が］、〈他者〉を守るために、いつもたえず状況を操作してきたのか」であり、そしてこうした操作の本質は、「二人の他者（小文字の a とその影たる自我）のあいだの見世物競技」を配備することにある、と。この二人の他者は、ラカンの仕事のこの時期において、自我としての母（あるいは他我、すなわち a'）と患者の自我（a）である。患者はそれゆえ、（おそらく母と組んで父の過剰な欲望を破壊する振りをしながら）彼自身と母との見世物競技を配備する。彼がそれを行うのは、「〈他者〉の［……］退屈のために取って置かれた見物人のボックス席からである」（E 630）。ここでは〈他者〉は傍観者の場に、すなわちボックス席にいる見物人の位置に置かれている。見物人はまさに、この競技に参加していないがゆえに退屈しており、しかしその孤立のおかげで無傷のままである。

　これをシェーマLに位置づけるなら図1.6のようになる。

図1.6 ラカンの強迫症者の分析主体のためのシェーマL

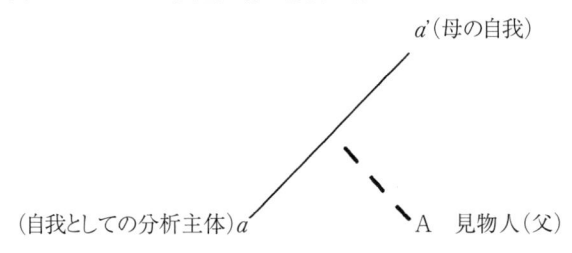

　　　　　　　　　　　　　　　　　　　　a'（母の自我）

（自我としての分析主体）a　　　　　　　A　見物人（父）

　次のように言えるだろう。ラカンの強迫症者は、さらに拡張すれば強迫症者一般は、完全なシェーマLから主体の場所が引かれたものを示す。象徴的な軸はここでは切断され、主体の位置へと向かう連続性を奪われている（というのも無意識の主体はここで、隠されているか、またはしまい込まれているからだ）。あるいは、主体の位置は、〈他者〉の位置に堕していると言えるかもしれない。主体の無意識の欲望は、ゲームから除去され、見物人の位置へと撤退している。
　これは、ラカンが「精神分析における発話と言語の機能と領野」で強迫症者の〈他者〉の場所に関して述べていることと関わっている。

> 強迫症者は［……］自分自身が座るボックス席へ向けて、曖昧な敬意を払う。そこは、見えない主人のボックス席だ。
> ［強迫症者は］見世物を上演する［donne à voir］。
> ［……］強迫症者の症例では、あなたは、見物人のうちに自分がいることを認めておかねばならない。こうした見物人は舞台から不可視であるが、この見物人に、強迫症者は死の媒介によって結びつけられている。
> （E 304）

　この引用ではそれほど明確ではないように見えることが、セミネール第4巻で、はるかにはっきりと述べられている。ラカンがセミネール第4巻の1956年の11月に述べていることが、約1年半後に書かれた「治療の指針」で語っているのと同じ患者によってインスパイアされたというのは十分にありうることである。

　強迫症者とは何であろうか。強迫症者は要するに、自分の役を演じる俳

優であり、しかも、あたかも自分が死んでいるかのようにいくつかの場面を演じる俳優だ。彼が没頭するゲームは、死から自らを守るひとつの方法である。それは、生きたゲームであり、その本質は、自分が傷つかないことを示すことにある。［……］ここで問題になっているのは、他者がどこまでいけるのかを示すことだ。ここでの他者とは、小文字の他者、つまり単なる他我、ないし彼自身の分身である。このゲームは、見世物を見ている大文字の〈他者〉の前で展開される。強迫症者自身は、そこではひとりの見物人にすぎない。まさにそこに、ゲームの可能性、そして強迫症者がゲームから引きだす快が由来している。ただ彼は、自分がどの場所を占めているのか知らない。これが彼における無意識的なものである。［……］

彼は幻影のゲームに参加している。それは、可能なかぎり死に接近しながら、あらゆる一撃を避けようとするゲームだ。なぜなら主体は、ある意味で前もって自分自身のうちの欲望を殺しており、いわば、それに禁欲苦行をさせることで死に体と化させているからである。［……］

重要なのは、主体がそれと知らないあいだにそうなっているところの〈他者〉という見物人に対して、彼自身が表明してきたものが何か、それを示すことだ。（Seminar IV, 27-28〔『対象関係』上26-27頁〕）

強迫症者は、（父や主人、そして死それ自体とさえ同一化することで）場面の見物人である〈他者〉として自らを位置づける。彼の自我はゲームに、すなわち他者のために上演される見世物に参与している。だが彼の欲望、すなわちその無意識の欲望は、それが存在しないかのように傍観者の側に留まる。ヒステリー者は見世物それ自体に、すなわち〈他者〉の目の前で演じられるゲームそれ自体に同一化する（E 304）。これに対して強迫症者は、ラカンによれば、見物人のために見世物を上演しながら、自分自身も見物人となるのである。また分析家も、分析過程のうちで、強迫症者のためにそうした見物人となるだろう。

出来事

これまで見てきたことは、非常に理論的ではあるが、ラカンによれば分析の基礎的な座標である。これによって私たちは、ラカンがその注釈の一番はじめに述べている出来事へと導かれる。「ここで主体は限界点にあり、私を

相手にスリーカードモンテをやるところにまで達する。このゲームは、欲望の構造を露呈させるという点でひときわ特殊なものである」(E 631)。

スリーカードモンテとは、しばしばニューヨークやその他の都市の路上で行われるゲームである。そこではひとりのプレイヤー（しばしば街の外から来た、大都市の路上の狡猾さをいまだ知らない者）が、表向きで一枚のカードを見た後、平らな場所に裏向きで置かれた三枚のカードのなかから、はじめに見た一枚を見つけなければならない。相手のプレイヤーはいかさま師であり、三枚のカードを早業で混ぜ合わせる。いかさま師の方のプレイヤーはたいてい、賭け金を釣り上げるため、観光客のプレイヤーに一度か二度は勝たせる。しかし彼がまじめに賭けはじめると、詐欺師の早業は加速する。観光客のプレイヤーが、たとえどれがそのカードか分かっていると確信したとしても、もはや二度と正しいカードを見つけだすことはできない（しばしばそのカードは手品をつかってテーブル以外の場所に隠されている）。

カードの早い動きはここで、ラカンの次の発言を思い起こさせる。それは、強迫神経症とは「コントラストの建築術」であり、多岐にわたるファサードを提示するというものだ。したがって分析家は、「おそらくはそうした多様性を司っている一般組合せ論を所持しなければならない。この組合せ論はさらにいっそう役立つことには、目の前で生じている目くらましや迷宮の早変わりさえ説明する」(E 630)。さらにはまた、見物人のために組織される二つの自我のゲームを思い起こさせる。

ラカンは、患者が故意に彼を騙そうとしたとは言っていないことを確認しておこう。強迫症者は、自分がゲームを指揮していると自覚してさえいない。ラカンによれば、それこそ強迫神経症の特質のひとつである。それは分析の後も、「にもかかわらずその大部分が［……］残り続ける」構造である（E 631)。この定式は、強迫症者が分析の後で別の何かになるわけではないことを意味していると私には思われる。強迫症者は、たとえば「正常」になるわけではない。しかしだからといって分析過程のうちで彼が変化しないというわけでもない。

隠されたカード

それでは患者がラカンから隠したカードは何だろうか。それはファルスであるように思われる。ラカンはこの出来事に関する説明を次のように続ける。

次のことを言っておこう。患者は、喜劇的な表現が言うところの、円熟の齢になっており、さらに醒めた気質だった。それゆえ彼は進んで私を誤解させようと、彼を突然襲ったインポテンツの原因が更年期にあると考えるように仕向けた。そして私を同じくインポテンツであると非難したのである。(E 631)

言い換えれば患者は、愛人の前で突然インポテンツとなったことを、自らの年齢と男性更年期のせいにし、そうでなければ単にラカンのせいにした。分析主体がほのめかしたのは、ラカンもまた更年期に入っており、それゆえ彼と同じようにインポテンツであるということか、さもなくば自分がこのように固有の問題を抱えているのは、分析家としてのラカンの無力さのためである、ということのどちらかであろう。

患者は愛人に、彼女が「別の男と寝るのを見たい」とお願いするという考えを思いつく（E 631）。この言い回しは一見、嫉妬がリビドーに効くのではないかという彼の信念を示唆していると思われるかもしれない。当時はまだバイアグラの時代ではなく、それゆえ彼はそうした興奮剤に頼ることができなかった。しかしここで、この「見たい」が彼の思い込みに関連しているということが明らかになってくる。彼は、自分のうちには何らかの抑圧された同性愛的欲望が潜んでいるに違いないと思い込んでいるのである（彼は、どこかで聞いた精神分析的「真理」にしがみついているのである）。この信念をラカンは、確証することも論破することも拒否している（「この点に関して私は、あなた方が期待するであろうように、あまり簡単に折れてはやりませんでした」E 631）。実際に患者は、愛人と別の男のあいだで展開される場面に居合わせるという計画を立てている[25]。彼は、単純にこの考えを思いついただけではない。別の男と寝るよう、はっきりと愛人に頼んだのである。

夢

まさにその夜、彼の愛人はひとつの夢を見て、それをすぐさま恋人に語る[26]。この夢はラカンによれば（E 632）、患者の要望 request（フランス語の *demande*、これはまた「要求」を意味する）への応答である。しかしこの応答は、単なる肯定か否定かのかたちを取ってはいない。この愛人は何らかの場所、すなわち患者の神経症が彼女に割り当てる場所から応答している。言い換えれば、意識的に彼が彼女に占有して欲しいと思っている場所ではなく、

むしろ彼が彼女を位置づけざるをえない、そのような場所から応答しているのである。このことはラカンが以前に転移解釈に関して言っていたことを思いださせる。すなわち、解釈を行なうための土台となるような転移の外部など、見つけられない。なぜなら解釈はつねに、分析主体がすでに分析家を位置づけた場所から来るものとして聞き取られるのだから。それゆえ転移を解釈することは、ほんのつかのまであれ転移から脱却したり、何らかの仕方で転移の外側に出たりすることを意味しない。転移の衝撃は、それがどこから来るかに左右される。そしてその場所はいつもすでに位置づけられているのである。

　愛人の夢に戻ろう。この夢において、「彼女はファルスを持っている。彼女は服の下にその形を感じる。とはいえ彼女は勿論ヴァギナも持っており、とりわけこのファルスがヴァギナに入ることを欲してもいる」。ラカンはしてつけ加える。「これを聞くと、この患者は即座に力を取り戻し、がみがみうるさい恋人相手に見事にその力をみせつけたのだった」(E 631)。

　さてどのようにしてラカンはこの夢を解釈することができたのだろうか。この夢は何といっても患者自身の夢ではない。しかし欲望とは〈他者〉の欲望であり、愛人の見た夢のなかの欲望は、患者の欲望と同じである。ラカンが述べるには、この夢は「患者の要望の彼方にある彼の欲望を満足させようと意図されている」。言い換えればそれは、別の男と寝るようにという患者の要望の彼方にある欲望だ。患者は、愛人に何かしてくれるよう要望している。しかし彼女は、ラカンがしばしば批判する類の分析家とは異なり、彼の要望(demande)のうちに別の何かを聞き取る。すなわち欲望、どこか別のところにある欲望である。そしてこの欲望が、すなわち患者の要望の彼方にある彼の欲望が、この夢において満たされるのである[27]。

　ラカンいわく、強迫症者は「自らの欲望を、欲望の換喩的な条件を持続させるための不可能性のうちに」(E 632)維持する。ここでの患者の欲望は、ひとつの幻想のうちに保持されている。以前にはこの幻想の性愛的対象の位置を愛人が占めることができた。しかし分析が、この患者にとって不可欠だった換喩的な条件を攪乱した。そして愛人は、もはや彼のための正しい場所、すなわち欲望の原因の場所を占有することができなくなった。その代わりに彼女は、彼の敬愛の対象という場所（強迫症者の聖母／娼婦の弁証法における母の場所）を占有することになった、そのように思われる。

　私たちは次のように考えるべきなのだろうか。実際のところ、彼女は夢の

なかで自らを、「ファルスを持つもの」として提示し、このファルスによって「自らの性愛的な価値」を回復させたのだと。換言すれば、このファルスによって患者の幻想における欲望の原因の場所に自分を復帰させたのだ、と。もしそれが真実であれば、ラカンがセミネール第8巻で提示した男性同性愛に関する仮説が確かめられるように思われる。その仮説とは、男性の同性愛者にとって、「欲望の記号」、すなわち勃起したペニスは、「欲望の対象、欲望を惹きつける対象」(307) であるというものだ。この仮説によればおそらく、男性の同性愛者が求めるのは、（欲望の）シニフィアンであるというより、（欲望の）記号である。したがって男性の同性愛者の欲望の原因は、不在（何かへ向かうパートナーの欲望を指し示す欠如）ではなく、現前（パートナーの欲望の記号としての勃起したペニスの現前）なのだ。

　ラカンはこうした考えを、『饗宴』についての議論の文脈で提示している。このプラトンの対話編において、アルキビアデスの関心は、肉屋の妻とは異なり、〈他者〉の欲望のシニフィアンに向けられているようには見えない。むろん彼にとっての〈他者〉とはソクラテスである。その代わりに彼は、自分に向けられたソクラテスの欲望の記号を要求する。つまり彼はソクラテスが勃起するのを欲している。彼にとってはそれだけが〈他者〉の欲望の記号として役立つのである。それゆえラカンは、大文字のファイ（Φ、すなわちファルス）から小文字のファイ（-φ、すなわち想像的な去勢）への「格下げ」について述べる。それは厳密には、象徴的なものの想像的なものへの還元ではない（Seminar VIII, 296）。私が思うに、より正確には、シニフィアンの記号への還元である。アルキビアデスがソクラテスの欲望の記号を欲するのは、「〈他者〉の欲望は本質的に、シニフィアンのしるしによって、私たちから引き離されているから」(274-275) である。〈他者〉の欲望、すなわち他者が欲するもの、より正確に言えば〈他者〉が私たちから欲するもの、それは私たちには隠されている。ないしはファルスという捉えがたいシニフィアンによって私たちに提示される。それは、私たちがあれこれせよと要求される場合とは異なり、即座に明らかというわけではない。欲望は決して直接的にそれ自体として話されることはない。というのも、ラカンが言うようにすべての発話は要求だからである。すべての発話は何らかの種類の要求である（たとえば応答を求めていたり、ないし承認や認知を求めていたり）[28]。欲望は解読する必要のある何かである。欲望とは厳密な意味では、無意識の欲望だからだ。それは、ひとが意識的に欲しいと述べようとしているものの彼方

にある。〈他者〉の欲望の記号で満足することは、ラカンの見方では、抜け道である。それは、〈他者〉の欲望の不透明さとその解釈の不確実性が引き起こす不安を軽減するひとつの方法なのだ。

　よき分析家と同じく、ソクラテスはアルキビアデスが求めている記号を彼に与えることはない。ラカンによれば、ソクラテスはアルキビアデスに自分自身の欲望の道を歩ませようとしている。記号とではなく、むしろ不在のシニフィアンと結びついた欲望の道を。ソクラテスはアルキビアデスの欲望を「弁証法化」しようと試みる。現代の精神分析家もこれと同じことをしなければならない。分析家は、分析主体に対して何かを表象することがあってはならないとラカンは言う。「というのも与えられなければならない記号とはシニフィアンの欠如［の記号］であるからだ」(Seminar VIII, 275)。これは明らかにS(A)、すなわち〈他者〉における欠如のシニフィアン（シニフィアンの秩序それ自体における欠如のシニフィアン）と関わっている。分析それ自体の終わりにうまく達するためには、分析主体は〈他者〉におけるこの欠如と取り組むようにならねばならない。

　このような定式は、ラカンがこれまで男性同性愛に与えた唯一の定式というわけでもなければ、必ずしも最も完全な定式というわけでもない。とりわけセミネール第8巻における男性同性愛に関する議論において、ラカンが、プシュケーとエロス、ドラ、さらにその他の参照を用いていることを確認しておこう。さらに彼は、強迫神経症一般においても、「大文字の〈ファイ〉が、私が格下げと呼ぶ形式において現れる」(Seminar VIII, 298) と述べている。言い換えれば、この「格下げ」は、おそらく強迫症の一般的な特徴である。そしてまた大文字の〈ファイ〉は、「"シニフィアン"から排除されるシニフィアン」、つまりシニフィアンシステム全体から排除されるシニフィアンであるがゆえに、「そこに回帰できるのは、ごまかし、密輸入、格下げによってのみである。［……］それゆえに私たちは、想像的な小文字のファイの機能として以外にはそれを把握できないのである」(306)。大文字の〈ファイ〉はこのようにそれ自体としては決して現れない。しかしにもかかわらず、まさにその不在によって喚起されうるように思われるのだ[29]。

　次のことを確認しておこう。ラカンはセミネール第8巻の第16章でこの定式を提示するとき、ラブレーの言明を参照している。「良心なしの科学は、魂の堕落だ」というものだ。ラカンは、「治療の指針」のなかの愛人の夢に関する議論でも、ラブレーの同じ表現を参照しているが、ただしこれを逆さ

にして「科学なしの良心」(E 632) と述べている。また「無意識に含まれている科学」(E 632) と述べるところでも、再びこの表現が思い起こされよう。さらに確認しておけば、「治療の指針」は1961年にはじめて公表されており、そしてセミネール第8巻のファルスに捧げられたいくつかの講義が1961年の4月に行われている。このことはおそらく、二つのテクストを関連づけて解明するのを正当化する。

　いずれにせよ愛人の夢は、「無意識に含まれている科学」を示すものであると言ってよいだろう。この夢が、欲望の現前的な記号、すなわち勃起したペニスと、そして不在、要するにペニスが入って欲しいという欲望と結びついたヴァギナ、これら両方を同時に提示するという意味において。このように私たちはここで、一度に二つのものを持つ。勃起したペニスの「現実の現前」と、それと同時に、夢を見る者の欲望を喚起するペニスの不在である[30]。

　それゆえこの愛人が、患者にとっての性愛的対象として自らの価値を回復するのは、単に夢において自らをファルスを持つものとして提示したからというだけではない。ある種の分析家たちは、ペニスの所有が、「彼から彼女が［ペニスを］奪う必要がない」ことの保証として役立つと信じるかもしれない。しかしラカンによれば「そうした保証は、あまりに強すぎるため、かえって脆い」(E 633)。彼女が提示する「母のファルス」——そう呼んで差支えないだろう——は、さしあたり主体の去勢不安を緩和する。しかしいずれにせよ、主体による去勢の克服を助けることはない。私は、彼女が提示するファルスを「母のファルス」と呼んだ。それは次のように考えられるからである。彼女は、以前、彼の幻想のうちで欲望の原因の位置を占めていたが、彼が行なった分析作業のためにもはやそれは不可能になった。彼には、彼女が自分の母にあまりに似ているように見えはじめたのだ。

　それゆえ彼女が患者にとっての性愛的対象として価値を取り戻したのはおそらく、〔ファルスの現前だけでなく〕ファルスの不在もまた夢のなかで提示されているという事実のためである。ありとあらゆる現前にも関わらず、欠如の場所は保存され、それゆえ欲望の場所は無傷なまま残されている。というのも夢を見る者の欲望の場所はまた、患者の欲望の場所でもあるからだ。夢を見る者における欠如は患者の欲望である。別の言い方をすれば、夢を見る者の欠如が患者の欲望を生じさせる。そしてこの欠如は、無傷なまま残されなければならない。

欲望とその欲望への軽蔑のあいだを潜り抜ける

　こうした欠如はなぜ無傷のまま残される必要があるのだろうか。ラカンの患者の母は、夫の欲望に対して軽蔑を示している。それゆえ患者は、「欲望とその欲望への軽蔑のあいだを潜り抜ける」(E 633)。そのあいだとは、言い換えれば、彼自身の欲望となった父の欲望と、母に由来する、したがって主体が母の場所に位置づける女性たちに由来する、そうした欲望への軽蔑とのあいだである。誰かの欲望を軽蔑するということは、そのひとに対して、そのひとの欲望が私のなかの欠如に対応しないことを示すことだ。もしそのひとに、私のなかのどんな欠如も見せないようにするなら、そのひとの欲望は消えその存在は消滅する[31]。

　もしこの愛人が夢のなかでペニスを持ち、ヴァギナを持たないなら（そして他のペニスがヴァギナに入って欲しいという欲望を持たないなら）、彼女が患者から必要とするものは何もないだろう。そして彼の欲望に対して軽蔑しか持たないのではないだろうか。実際のところおそらく、患者はその夢以前には、まさに彼女をそのような仕方で見ていたと思われる。すなわち彼は、彼女には欠けるところがなく、彼の欲望を必要としないと考えていた。それゆえ彼は彼女に対してインポテンツになった。しかし夢のなかで、彼女は自らを、やはり何かを欠いたものとして提示する。この点で患者は、彼女の役に立つことができる。すなわち彼は、自らの存在を何らかの役に立て、彼女にとってのファルスの場所を保持することができるのである。このようにして彼自身の「存在への憧れが揺さぶられたのだ」(E 633)。

　もし「治療の指針」が、先に引用したセミネール第8巻の部分と何らかの関わりを持つことを示すのに、ラブレーへの言及だけでは十分でないというなら、密輸入 contrabande という言葉が両方のテクストで強迫症者の対象を呼ぶのに用いられていることを指摘しておきたい。この言葉は、ここでのラカンの強迫症者の症例では、かなり特異な意味を担っている。そこで問題となるのは、勃起するかしないか bander ou ne pas bander である。

　実際、私が作業仮説として提示したいのは、ここで密輸入されているのは母のファルスそれ自体であるというものだ。すなわち、不正に導入された偽の、ないし偽造品のファルスである。次のように言うひとがいるかもしれない。それは、想像的なファルスであり、目の前にあるがなくなることもありうるファルス、すなわち落脱可能なファルスである、と。「主体の転覆」でラカンが言うように、ファルスの位置、すなわち「［人間の場合］形として

〈とがった先端〉の位置をそれが占めることは、それが落脱するという幻想を誘引する。この落脱幻想において、鏡像から〔想像的ファルスは〕完全に除外され、同じく、鏡像が対象世界のために構築するプロトタイプからも除外される」（E 822）。

　想像的なファルスは決して確かなものではない。その所有が私たちに保証されることはない。おそらくそれゆえ、ラカンの強迫症者にとって、愛人にファルスをひとつ帰属させることはそれほど強い保証とはならない（E 633）。しかし偽のファルスの現前は、現前しないファルスを喚起する。実際、それこそまさにラカンが「主体の転覆」の何頁か後で述べていることである。

> ヴェールの背後に隠れた女性とはそのようなものだ。すなわちペニスの不在であり、それが彼女をファルスに、つまりは欲望の対象に変える。より確実にこの不在を喚起できる方法は、彼女に仮装の衣装を着させて、その下に可愛い偽者のアレをつけさせるのだ。そうすればあなた方、いやむしろ彼女のほうから、何ごとか教えてくれることだろう。効果は100パーセント保証つき。とりわけ、率直な男に対してはそう言おう。（E 825）

　バイアグラの時代に、ひとびとがいまだこうしたゲームに頼るのかどうかは分からない。そこでは、衣装の下に着けたファルスが明らかな偽物であることで、「女＝象徴的なファルス」という等式をつくることが可能となる。象徴的なファルスとはここで、〈他者〉の欲望のシニフィアンという意味で理解される。さらにはパートナーの欲望の原因として理解してもよい。明らかな偽物の現前は、現実の生物学的なペニスの不在をいやおうなく喚起する。言い換えれば非所有を喚起し、それが象徴化を要請する。つまり〈他者〉における欠如のシニフィアンを要請するのである。このシニフィアンはラカンの仕事のこの時期において、本質的には象徴的なファルスに等しい。象徴的なファルスが、主体の欲望を引きだすのだ。もし分析主体が分析それ自体の終わりに至ろうとするなら、分析家は分析主体を、〈他者〉における欠如のシニフィアンである象徴的なファルスに出会うよう導かなければならない。もちろんそれは、この種の性的な出会いのお膳立てをすることによってではなく、分析の作業をとおしてなされる必要がある。

　こうした出会い以前には、想像的なファルスが強迫症者の対象すべての運

命を決定し、そうした対象を系列化し、それらを相互に等価なものに変えている。そしてそれらを、あるものから別のものへと換喩的に横滑りさせ続ける。強迫症者の根本幻想に関して、ラカンがセミネール第8巻で与えている正確な定式は次のものである。

$$A \diamondsuit \phi \ (a, a', a'', a''', \cdots)$$

　菱形の左に示されているのは、強迫症者は〈他者〉との関係において、「ある特定の瞬間に、彼が自分で指定したと思われる場所に、決していない」(Seminar VIII, 297) ような仕方で自らを位置づける、ということである。言い換えれば、強迫症者の存在はどこか別の場所にしまい込まれる。そして、菱形の右側には次の事実が示されている。

　　　対象は彼にとって、欲望の対象であるかぎりにおいて、いくつかの性愛的等価物の関数として位置づけられる。それは、私たちが世界の、とりわけ知的世界の性愛化について語ることで常々示唆してきたものだ。このような「関数化」は、ϕ によって記すことができるだろう。［……］ϕ はまさに、性愛的水準で対象間に打ち立てられた等価性の下に横たわるものである。ϕ とはある意味で、測定単位であり、これによって主体は、小文字の a の関数、すなわち自らの欲望の対象の関数を調整する。(297)

　もし私が提起したように、この ϕ を少なくともある意味で、母のファルスとして理解できるなら、そのファルスの光によってこそ強迫症者の対象すべては光り輝くのだ。そうしたすべての対象が共有する密輸品という特性は、とびきりの密輸対象である母のファルスに由来する。（私たちは第2章でクリスが論じる症例において、密輸対象の重要性に立ち戻るつもりである）。強迫症者の対象は、その母との結びつきが露見されないかぎりで、欲望の原因となることができる。この結びつきが露見されるなら、密輸対象（愛人、すなわち「娼婦」）は、もはや二度と欲望されることがなく、理想化される（聖母）か、放棄されるかである。

　ここで解釈をさらに進めよう。強迫症者が去勢に直面するまで、その対象は、女性に執拗にファルス（いわゆる母のファルス）を割り当てようとする無意識によって規定されたままである。ここで強迫症者が直面する去勢は、ラカンが繰り返し述べているように、「何よりもまず［……］〈他者〉の去勢

（まずもって母の去勢）」（E 632; E 686も参照）である。強迫症者は、母が去勢されていることを受け入れるのを拒絶する。母の去勢が意味するのは単に、彼女が欲するあらゆるものを持つわけではなく、何かを欠いていることである。強迫症者は、それは自分に関わる何かだと感じるがゆえにこれを拒絶する。すなわち、母は自分の考えもつかない何かを、おそらく彼の存在自体を欲しているのだと感じるのだ。母の欲望（「〈他者〉の欲望」）が彼のうちに引き起こす恐ろしい不安に直面するよりも、母の欠如（「〈他者〉における欠如」）の実在を否定する方がずっとよい、というわけだ。にもかかわらず、彼の享楽は母と結びついたままである。そして母と、彼を興奮させる密輸品とのつながりを覆い隠すことによってのみ、強迫症者は何らかの満足を見いだすことができる。これに対して分析は、〈他者〉のなかの象徴化された欠如との出会いを、すなわち〈他者〉における欠如のシニフィアン（以前述べたように、ラカンはこの時期にはそれを、象徴的なファルス、すなわちΦと等値している）との出会いを用意する。この出会いによってのみ強迫症者は、去勢と折り合いをつけ、最終的に母とのつながりの露見を運命づけられた、すべての対象の終わりのない系列化を停止させることができる。そのときはじめて、想像的なファルス、すなわちφは、主体の欲望の条件としての役から降りるのである。

　それゆえ、おそらくラカンが示唆しているのは、愛人の夢のおかげで、分析主体と〈他者〉における欠如との出会いが生じ、そしてまたこの欠如は、分析主体にとって夢のなかのペニス（想像的な母のファルス）の彼方にある何かとして象徴化されたということである。すなわち欠如は、別の何かへと向かう欲望として象徴化された。彼の存在それ自体を求めるのでもなく、彼が持つ器官を求めるのでもない。所有してはいないのに彼がときおり与えることのできる何かを求める欲望である。あるいはおそらくラカンは、それは暫定的な修理であり、分析が彼を動かすのと同じ方向へと、一時的に彼を動かしたのだ、と示唆している。

　いずれにせよ、この強迫症の分析主体に対する分析のなかで生じた出来事についてのラカンの考察から私たちが引きだせる解釈はこのようなものである。それではラカン自身はこの患者に何を行ったのだろうか。結局のところ、私たちに分かるのは彼がしたことよりも、むしろ彼がしなかったことである。彼は、患者に「去勢する母」について話すことはなかった。ラカンは次のように述べている。「解釈のなかで［そうすること］は、何の価値もない。そこ

で、〔母を〕思い起こさせたとしても、私たちはほとんど前へ進むことがないだろう。それは患者をある地点に連れ戻すだけである」。それは、彼がすでにいた地点であり、そこで「彼は欲望とその欲望への軽蔑のあいだを潜り抜けていた」(E 633) のだ。この愛人の夢は、「分析家がそれまで話してきたのと同じように、分析主体へと語りかけた」(E 632)。もしかするとよっぽどうまく。

ラカンはにもかかわらず、「ファルスが欲望のうちでシニフィアンとして担う機能を患者に把握させること」(E 632) に注意を傾けている。しかし、ラカンがどのようにそうしたかを、私たちが知ることは決してないように思われる。いずれにせよ、彼は自らの介入のすべてを象徴的な軸を中心に方向づけ、患者の愛人のように、「治療の指針のうちに欲望の場所」(E 633) を保存するよう努めたと考えられる。これこそおそらく、先に見たように、若い同性愛女性との作業においてフロイトがしそこねたことであるだろう。彼はそこでファルスを、持つことができるかできないかどちらかでしかない具体的なものとしてのみ把握した。すなわちファルスを、彼女が持つことなしに愛のうちで与えることのできる何かとして、そしてまた、まさにそれを持たないがゆえに愛されうる、そのような何かとして考えることはなかったのである。

なぜ私たちは分析主体に私たちへの同一化を推奨すべきではないのか

「治療の指針」への注釈の結論として、私はラカンとその他の分析家の技法のより根本的な違いをもうひとつ指摘しておきたい。ラカンの同時代の分析家の多くは、分析主体と分析家のあいだに同一化をもたらすことを、はっきりと目標として定式化した。ラカンによれば、それは、「患者の欲望を要求へと還元する。それは、患者の欲望を分析家自身の要求に変換するために、作業を単純化しているのだ」(E 626)。この同一化は、分析主体の存在への要求、すなわち「存在への情熱」(E 627) を満足させる。私は自分が誰であり何であるかを知っている、それは(〈他者〉としての)分析家が、私が誰であり何であるかを教えてくれるからだ、というわけである。これは欲望のグラフにおける $s(A)$ の位置に対応する (E 817; 以下の第4章も参照)。

ラカンは、患者の存在への情熱を満足させようとする——それは同一化をとおして満足されうる——よりはむしろ、分析主体を自らの "manque-à-être" (存在の欠如、存在しそこなうこと、存在への憧れ) に出会わせようとする。分

析家は、分析主体に対して、〈他者〉におけるシニフィアンの不在との出会いをもたらすよう努めるべきである。〈他者〉におけるシニフィアンの不在、それは、分析主体を庇護し、その実在を正当化できる〈他者〉、すなわち分析主体がそこにいる理由とその目的が何かを言うことのできる〈他者〉が与えるシニフィアンが不在であるということだ。これは欲望のグラフにおける S（A）の位置に対応する。

　欲望のグラフは、これら二つのアプローチを別の空間として描きだす。同一化は自らの存在欠如をめぐる問いを避ける方法である。もし分析家ないし指導者に同一化するなら（SE XVIII, chapter 8〔全集17巻『集団心理学と自我分析』第8章〕を参照）、自らに対して困難な問いかけをしなくてもすむ。自らの存在は決して問題にならず、自らの存在をめぐる問いはすでに答えられている。コレット・ソレルが「存在への関係：行為という分析家の場所」で論じているように、ラカンは他人の自我とのそうした同一化を、存在の災難 *malheur de l'être* として言及している（E 615, 636）[32]。誰かと同一化することは災難である。というのも、自らの存在の欠如と取り組み、これを超えていくことから自分を遠ざけることになるからである。そうすれば、その分析家と同じ不十分さや欠陥が私に残されてしまう。それこそ災難ではないか！

第2章　ラカンによる自我心理学三人衆(トロイカ)の批判：
ハルトマン、クリス、レーヴェンシュタイン

> 欲望がすでに患者の展望のなかで覆い隠されているとき、欲望を地図から抹消することは、フロイトの教えに従う最良の方法ではない。
>
> ——ラカン「治療の指針」

精神分析を精神分析する

　ラカンは、自分が批判する立場についてまとめ的な要約をしたり、そのような立場に帰属させることのできる様々な命題や主張を並べたて、そのうえでそれらをひとつひとつ退けていったりすることをほとんどしない。この意味において、おそらくラカンは決して論証的ではない。彼は決して、自分の敵対者が間違っているということを論証するために、その敵対者の立場を細かく説明し、それから一歩一歩批判するようなことはしない。むしろ、あちらこちらで嫌味な、皮肉たっぷりの、ぞんざいなコメントをすることが多く、ひとつの理論体系全体を言葉足らずなままに却下する。

　精神分析のうちにはびこるそうした目ざわりな風潮に対して、彼は一見すると無頓着な態度をとっているようにも見えるのだが、しかしそれは、彼の仕事に見られる正反対の態度と差し引きで考えなければならない。それは、ラカンが精神分析そのものを精神分析しているということを、あるいはより厳密に言えば、フロイトの時代以降の精神分析の新しい流行の歴史的進化を精神分析しているということを示すような態度である。ラカンは、ヘーゲルが（『歴史哲学講義』において）歴史を読むのと同じように、精神分析理論の歴史を読もうとしているようにも見える。そうだとしてもそれは、ヘーゲルが歴史はその最も完全な過程を辿っていると考えるのと同じように、ラカンもまた精神分析の歴史はどういうわけか容赦なく〈真理〉に向かうものだと考えているからではない。彼がやろうとしているのはむしろ、「精神分析がいまや行き詰っている、このような心的および実践的な真の袋小路から脱出する」(Seminar I, 32/24〔『技法論』上38頁〕)ことである[1]。

彼は、精神分析運動内の方向性の様々な変化を分析することで、そのような変化がもたらした袋小路を乗り越えたいと望んでいるのである。ラカンは次のように主張していると思われる。分析が「無意識に接近するための迂回路」(Seminar I, 32/24〔『技法論』上38頁〕)であるからには——つまり分析が、物事の核心（つまり真理）に行きつくことなくそれを回避しそのまわりを旋回する回り道であるからには——、その迂回や回避にはひとつの論理がなければならないし、道が真っ直ぐに伸び、新しい方向が開けるときにもひとつの論理がなければならない、と。彼は次のように述べている。「私たちは、分析経験が人間自身から隠されたひとつの人間的経験でもあるかぎりにおいて、分析経験の進化や変容は分析経験のまさに本質を教えてくれる、と考えなければならない」(Seminar I, 32/24〔『技法論』上38頁〕)。

　精神分析内の一連の捩れや転回——ラカンが取り上げる主要なものは自我心理学と対象関係論である[2]——の内的な論理を理解しようとする試みは、ラカンが繰り返し立ち返っている主題である。この企図が論じられているうち、ほんの数か所にかぎっても、セミネール第1巻、「発話と言語の機能と領野」、「典型治療の諸ヴァリアント」、「治療の指針」をあげることができる。私は、精神分析の進化の論理のなかで自我心理学が占める位置についての——そしていかにしてそれが、私たちが袋小路を越えていくときの助けとなりうるかについての——ラカンの分析を分かりやすく説明しようと思う。その前に、まずは自我心理学そのものの際立った特徴をいくつか提示しておこう。

自我心理学の理論的基礎

　創始者を自称するエルンスト・クリス、ハインツ・ハルトマン、ルドルフ・レーヴェンシュタインが定義するかぎりでの自我心理学は、まさにその名の由来を、フロイトの1930年代の仕事に持つ[3]。その創始者たちは、特に『制止、症状、不安』(SE XX〔全集19巻〕)からインスピレーションを受け取っている。ついでながら、これは、アンナ・フロイトが1936年の著書『自我と防衛機制』[4]のなかで最も頻繁に引用しているテクストである。

　アンナ・フロイトの本は、間違いなく、自我心理学運動の最も重要な源泉と考えられなければならない。それは、自我が探求に値するそれ自体の活動領野を持つこと、それゆえ独立した研究の対象として全面的に支持されてよいことを裏づける著作だからである。この本は、フロイトの娘によって書かれ、フロイトが生きているあいだに発表されたので、師によってそのすべて

が是認されていると考えられた。ラカンは1954年に、アンナ・フロイトの本が「遺産」(Seminar I, 76/63〔『技法論』上105頁〕)の価値を有していると述べている。すなわち、それはフロイトの最終的な自我の概念化を「忠実に受け継ぐ」遺産である、と。しかしながら、1955年の論考「フロイト的〈もの〉」のなかで、ラカンがむしろもっと皮肉めいたことを言っていることに注意しよう。自我と第二局所論との激しい不倫関係は、「アンナ・フロイト嬢という司祭によって、婚姻関係として正当化された。その社会的信用はかつてないほど大きくなるばかりで、まもなくきっと教会の祝福を求めるだろうと私のまわりでささやかれているほどである」(E 420-421)。

それはあたかも、国際精神分析運動のなかの数多くの分析家たちが、自分たちがずっとやりたかったことがまさにそのように〔アンナによって〕正当化されるのを待っていたかのようである。ハルトマンはほどなく、自身の著作『自我心理学と適応の問題』[5]を発表し、次のような自らの考えを明らかにした。分析家はようやく、心理学が何年ものあいだ研究してきたことのすべて——子どもはどのように学習するのか、年ごとにどのように発達するのか、そして様々なかたちの早期教育に対してどのように反応するのか——を、自我の支えのもとで胸を張って研究することができる、というのだ。自我はもはや、エスの欲動と超自我の裁きとの、あるいはエスの衝動と外的現実の要求との単なる仲介者として理解される必要はなくなった。突如として、「非葛藤域」あるいは「葛藤のない領域」を想像できるようになった。そこにおいて、自我は他の心的審級による妨害的で非道な影響なしに自らの「現実支配」[6]を発展させ、拡張することができる。いくつかの自我の機能がいまや、「心的葛藤の影響範囲のはるか外側」の域で、すなわち「葛藤のない」領域で発達すると主張されるようになった[7]。

その当時の感じとしては、やっと精神分析を一般心理学の囲いのなかへ連れ戻すことができる、やっと分析家は子どもの発達を細かく調べ、言語や数学や科学や日々の課題などを習得する際の自我のポジティヴ・アチーブメントを研究することができるというものだった。自我の諸々の防衛はもはやネガティヴな属性や欠損とみなされる必要はなくなった。それらはいまや、非常に生産的なもの、適応という賞賛に値する課題にとって不可欠なものとみなすことができるようになったのである。実際、精神分析が自我の適応能力を突如として褒め称えるようになったと言えるかもしれない。それ以前には、適応はつねに、エスに対して過剰な制限を課すものであって、困難と不確か

さに満ちており、絶えず不安定なままであるとみなされていたのだ。

ハルトマンとクリスは、自分たちが書いたもののなかで、リビドー（エス）と超自我の発達をきわめて詳細に跡づけたという功績をフロイトに帰しているが、フロイトが自我の発達についてはほとんど説明しなかったと主張している。彼らは「私たちの知の隙間」を埋め合わせようとする。彼らによれば、フロイトの失敗の一部は、彼が「環境の影響」を十分に考慮に入れなかったことである。そして彼らはそのような影響を「発達」と呼ぶのである（"The Genetic Approach," 24）。

きわめて奇妙なことに、彼らの次の主要な論文であり、ラカンの以前の分析家であったルドルフ・レーヴェンシュタインとの共著である「精神構造の形成についての所見」では、フロイトが自我を問題とする際に発達に対してあまりに大きな重要性を割り当ててしまったとされている。なぜならフロイトは、自我は誕生時にはまったく実在しないと述べているからである。すなわち自我とは、子どもの放棄された対象備給の沈着物あるいは沈殿物であり、諦められた対象に子どもが次々と同一化を行って、それが結晶化したものである（『自我とエス』SE XIX〔全集18巻〕）。これは、我らが三人衆には、行きすぎだと思われた。というのも、このことは、フロイトが別の箇所（『続・精神分析入門講義』SE XXII〔全集21巻〕）で自我について語っていることと矛盾するからである。彼らの読解によれば、その箇所でフロイトは、自我が「運動機能、認知、知覚」を担っていると主張している[8]。この三人衆はフロイトを、ラカンが読もうとするようには読まなかった。すなわち各テクスト、各定式を、フロイトがそれらを書いたときに取り組んでいた理論的および臨床的な諸問題の文脈には置かずに、ただ単に、フロイトの理論のなかで、自分たちが好む自我理論の側面と矛盾するような部分を切り捨てているのである。

フロイトは自我について実に多くのことを述べており、自我についての単一で首尾一貫した説明によってそれらを折り合わせることはほとんど不可能である。『自我とエス』だけとってみても、そこには自我に関する少なくとも四つの異なる命題がある。そのうちの二つは、自我を対象のような性質を持つものとして描き、もう二つは、自我を行為主体のような性質を持つものとして描いている。フロイトはそこで次のように述べている。自我は、（1）身体表面の投影であり、（2）以前の対象備給の沈着物である。これらはいずれも、自我が固定性と停止状態（イメージや沈殿物のそれ）によって特徴づ

けられることを示唆している。彼は次のように述べてもいる。自我は、(3)心のなかで現実を代表するものであり、(4)特別な仕方で変化させられた(脱性化された)エスの一部である。これらはいずれも、少なくとも能動的な機能として考えることができるものである。すなわち、自我は、エスの迫りくる衝動を前にして現実の要求を能動的に「表象し」、「脱性化された」エスのエネルギーを動力源として能動的に仕事に利用するのである (SE XIX, chapter 2〔全集18巻第2章〕)。明らかに、このひとつのテクストだけに含まれている四つの別々の命題を和解あるいは調和させることですら簡単ではない。そして、フロイトが『制止、症状、不安』や『続・精神分析入門講義』や『精神分析概説』でつけ加えている諸々の考えを加味すれば、問題はいっそう紛糾するばかりである。

　クリス、ハルトマン、レーヴェンシュタインは、このような難問をどのように扱っているのだろうか。彼らは次のように結論づけている。自我が最初は実在せずに徐々にエスから発展してくるのみであると述べるとき、フロイトは端的に誤っているに違いない、と。なぜなら、もしそれが正しいとすれば、最初はエスが行為、知覚、思考を担っていることになるだろうから。これは彼らにとってはまったく受け入れられないことだと思われる。そこで彼らは、「ある別の想定、すなわち、エスと自我の両者が徐々に形成されるような未分化な時期を想定することを提案する」("Comments on the Formation of Psychic Structure," 19)。もちろん、自我が最初は実在しないと考えるほうが、エスが生のはじめにほとんどすべてのことを担っているというフロイトの定式と完全に合致する。しかしこのことは、三人衆が理解しているような自我の尊厳に対する侮辱である。彼らの信じるところでは、自我にはエスからの自律性が備わっている。これをいつか自我が獲得するためにも、自我は何としても最初にそこになければならないと彼らは考えるのだ

　ここでの〔三人衆の〕推論過程は次のようなものだと思われる。彼らの読解にしたがえば、1933年にフロイトは、自我は「知覚と運動機能をコントロールし、問題解決を成し遂げ、行為を方向づけるような心的システム」("The Genetic Approach," 24) であると主張している。だとすると、三人衆によれば、自我は、それらの事柄をつねに担っており、また、これまでもつねに担ってきたのであり、そのような大切な課題をエスに預けてきたなどということは決してありえない。このことが、自我は発達の産物だというわけではないという意味なら、それはそれでいい。そして、フロイトの1933年の主

張が意味するのが、自我は高度に能動的な行為主体であり、『自我とエス』のなかの自我に関する最初の二つの命題〔（1）と（2）〕が含意する停止状態によってはほとんど特徴づけられない、ということだとしよう。すると、その二つの命題は端的に切り捨てられるべきということになる。自我の能動的側面と停止的側面とのパラドックスについて深く考える必要はないし、思考への挑戦として、実りある弁証法的緊張を保ちつつその両者をともに念頭に置いておく必要もない。

　クリス、ハルトマン、レーヴェンシュタインは、自分たちのアプローチを、フロイトの諸概念の「共時化」と呼ぶ。これは、フロイトの仕事から、ひとつの共時的な全体を、すなわち自己一貫的な体系をつくりだす試みである（"Notes on the Theory of Aggression," 14）。実際、1946年の論考「心的構造の形成についての所見」の冒頭で、彼らは、精神分析の歴史全体を学ぶという煩わしさをなしで済ますことのできるような、精神分析の「ハンドブック」や教科書がいまだないことを嘆いている[9]。彼らがあからさまに欲しがっているのは、私たちが、物理学や化学といったハードサイエンスの学生のように、精神分析の主要な概念や特徴すべてを、最も一貫した簡潔かつ最新式の作法で学習するための精神分析のマニュアルあるいは使用案内である。これによって、もっともな理由で退けられてきた古い理論を再び調査するのに多くの無駄な努力や時間を割かずに済むだろう。彼らはそう考えている。要するに、こうしたマニュアルや使用案内によって、精神分析のごたごたと面倒な歴史を学習する必要から解放されるだろう、と。

　フロイトの仕事は、簡単にそのような共時化に回収されるものではないが、それにもかかわらずその後すぐにいくつもの教科書やハンドブックが出版された[10]。ラカンによれば、歴史と精神分析の関係は実のところきわめて密接なものである。というのも、精神分析の最初の課題は、主体の歴史における隙間を埋め、主体の歴史の独特な時間性を探ることだったからである——彼が述べているように、過去とは抑圧されたものである（Seminar I, 45/34〔『技法論』上58頁〕）。ラカンの考え方では、歴史が重要な役割を演じないような精神分析は存在しない（E 254-265）。ラカンは実際、フロイトの仕事からひとつの体系をつくりだそうとする三人衆の試みを批判している。フロイトの仕事にはまさに、絶えず展開する臨床的問題を理論的観点から摑もうとする一連の試みがあるだけだからだ。

　ラカンによれば、精神分析とはテクストを読解する方法である。そのテク

ストが口頭のもの——すなわち分析主体のディスクール——であろうと、書かれたものであろうと、そうである。そしてあらゆるテクストは、学説に関するものであれ治療に関するものであれ、いくつもの緊張と矛盾に満ちており、それらは読まれ、読み直され、深く考えられなければならない。必ずしも解決されなければならないわけではないが、探究され、取り組まれなければならないのである。ラカンは、「あるテクストを注釈することは、分析を行なうようなものである」(Seminar I, 87/73〔『技法論』上120頁〕)と言いさえする。

　ここで次のことに注目すべきである。ラカンはしばしば、フロイトによる定義や命題のなかにある緊張や矛盾をとても細かく探究しているが、自我の場合のラカンのアプローチはいくらか異なっている。私たちはそれを次のように整理して述べることができるかもしれない。精神分析は、フロイトの死以降、自我の能動的な側面についてだけ強調してきたので、矯正が必要であり、そこで私〔ラカン〕はその静的な側面についてだけ強調することにしよう。私〔ラカン〕は、他の何よりも、自我の対象のような性質を強調しよう。彼の論考「フロイト的〈もの〉」は、この戦略を最も明確に証言するものである。そこでラカンは次のように述べることでそれを正当化している。

　　〔フロイトが〕まさに『自我とエス』を書いたのは、無意識の真の主体と、一連の疎外的同一化によって無意識の核に構成されるものとしての自我との、根本的な区別を維持するためである。(E 417; E 433も参照)

　これは明らかに、『自我とエス』におけるフロイトの意図についてのラカンの解釈である。ラカンは、フロイトが第二局所論を導入した理由を、ラカンの時代のほとんど全員が解釈する仕方に抗するようにして位置づけている。アンナ・フロイトと三人衆は、『自我とエス』を、意識－前意識－無意識という古い局所論に完全に取って代わる局所論を導入するものとして解釈する。それゆえ、彼らは、古い局所論において無意識と呼ばれていたものがいまや新しい局所論においてエスと呼ばれていることを、頻繁に思い起こさせるのである。彼らは、欲動の座としてのエスと抑圧されたものの場としての無意識とを区別する理由さえ分かっていないと思われる（これは、現代の多くの心理学の教科書のなかで、まるでゴスペルのように繰り返されている点である）。

　私には、ラカンによる無意識と自我の並置は、この討論を復活させる試み

であるように思える。一方、これこそがフロイトの意図だったという彼の主張は、いくつかの点で説得力のあるものかもしれないが、議論の余地があるようにも思える。たとえば、私たちは、ここでフロイトのテクストの詳細な分析を行うこともできる。分析家たちが当時フロイトの仕事にどのように取り組んでいたのかという観点からそれを検証し、書簡や、諸々のテクストから引き出せる内的論理から、フロイトの意図を推測しようとすることもできるだろう。あるいは、私たちは単に、ラカンが次のように考えていたと言うこともできる。すなわち、自我に対するこの新たな強迫はきわめて強力なので、アンナ・フロイトと三人衆はフロイトの理論の他の部分に対して口先だけは良い返事をしているが——彼らはときおり、自我に対する自分たちの強調がエスと超自我への関心を無効にしようとするものではないと言っているが——、実のところ、無意識を完全に無視している、と。彼らが書いたもののなかに無意識はほとんど存在せず、そしてこれから見ていくように、実践アプローチにおいても無意識はほとんどあるいはまったく役割を演じていない。ラカンは、この無意識の忘却を目の当たりにして、新たにパラドックス的な二極性を導入する。すなわち、自我 vs. 無意識という二極性である。この二極性がフロイトの異なる二つの局所論にそれぞれ属する審級同士を対立させるという意味で、私たちはそれを、言葉の語源的な意味において、混喩あるいは交差対句法(キアスム)と呼ぶことさえできるかもしれない。

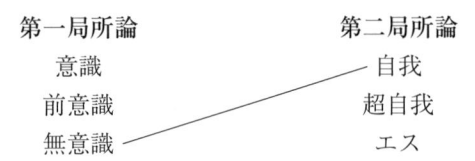

第一局所論	第二局所論
意識	自我
前意識	超自我
無意識	エス

これは、リンゴとオレンジを比較あるいは並置するような試みのように見える。あるいは私たちは、これが根本的に新たな局所論を構成していると言うことができるかもしれない。すなわち、自我と〈他者〉、あるいは、小文字の他者[11]と大文字の〈他者〉、という局所論である。

〈他者〉　　　　　　　　他者

しかし、ラカンは、無意識のなかの主体あるいは彼が「無意識の主体」と呼ぶものを明らかにしようとするので、これを次のように表現することもできる。

主体　　　　　　　　　自我

　「主体」という言葉は、明らかに、ある別の伝統に由来するものである。主体が対象と並置されるような哲学の伝統（ここでは自我はひとつの対象である）、あるいは言葉の最も広い意味で主体が単に患者を指す医学の伝統だ。ラカンの場合、この特殊な局所論は、彼がフロイトの仕事のなかに見いだす、単独での *Ich* の使用と定冠詞つきの *das Ich* の使用との区別に対応していると理解することができるかもしれない[12]。大ざっぱに言えば、前者は自分自身に関係しており、後者は自我として知られている審級に関係している。
　要するに、こう言ってよければ、ラカンは、当時の精神分析において自我心理学の役割がますます支配的となるのに直面し、新たな切り込み、新たな対立、新たなあるいは刷新された二極性を導入するのだ。それは本質的に新たな局所論である[13]。彼は単に、自我心理学の理論装置を無視するのでも、それを避けて自分自身の概念を導入するのでもない。反対に、自我心理学との討論をとおしてこそ彼は自分自身の立場を定式化していったと言うことができるかもしれない。
　この討論は二つの領域に跨るものである。すなわちそれは、理論的でもあり臨床的でもある。私は、彼が自我心理学をひとつの理論として批判していることについては、その二、三の側面について簡潔に論じるだけにして、ここでは何よりも、彼が自我心理学をひとつの臨床実践として批判していることに焦点を当てようと思う。
　ラカンが主張するには、自我心理学は、理論的水準と臨床的水準の両面――それらは互いに絡み合っている――において、フロイトの仕事の主眼を根本的に誤解している。ラカンの主張は、セミネール第2巻の第1章で概説されている。そこで彼は、フロイトがフランソワ・ド・ラ・ロシュフーコーのようなモラリストの歩みに従っているという考えを前面に押しだしている。ラ・ロシュフーコーは、私たちが自分たちの動機だと信じているものと、その動機が実際に何であるかとの、根本的な不一致あるいは離接を見いだす。それは、人間における根絶できない離接あるいは分裂である。ニーチェは、このような、私たちの自己理解が持つ根本的に欺かれ欺くような性質を主題として取り上げたが、ラカンによれば、フロイトもまたそうであった。自我機能の「葛藤のない領域」を導入することによってこのような離接を除去しようとするなら、フロイトの仕事の決定的な軸を、最初から最後まで取り逃

してしまう。フロイトによるコペルニクス的革命は人間の脱中心化に関わっている。ラカンはその脱中心化を重要なものとみなし、それをアルチュール・ランボーの「私とは一個の他者である *Je est un autre*」[14]に結びつける。この中心は自我や自己ではない（この二つの言葉を私はここで交換可能なものとして用いている）。なぜなら、自我や自己はつねに根本的に欺かれているからである。

　ラカンは次のようにも指摘している。すなわち、フロイトが第二局所論を提示したのは、分析技法の危機と彼が呼ぶものに対する応答としてである、と。分析技法の危機とは、以前は比較的短い時間のなかで著しい結果が得られていたのが、長々と時間をかけてもますます乏しい結果しか得られなくなってしまったという事態である。さらにラカンは、『自我とエス』が、いずれもそれに先行する『快原理の彼岸』や『集団心理学と自我分析』とともに読まれなければならないこと、そうすれば、自我心理学者たちが主張するのとは異なりフロイトは決して無意識のカテゴリーを廃棄してなどいないことが分かると主張する。ラカンはまた、フロイトの最晩年の仕事のひとつである『精神分析概説』（SE XXIII〔全集22巻〕）に注意を向けている。そのなかに私たちは、第一局所論と第二局所論が並存していること、したがってアンナ・フロイトが主張するように後者が前者に取って代わったのではないことを見いだす[15]。

　私としては、フロイトの意図と主眼についてのラカンの読解には、きわめて説得力があると思う。しかしそれは、私がラカンをとおしてフロイトを読むことを学んだからである。私には、ラカンの読解の方が、ほとんどの点において、はるかに面白く、はるかに論理的で、はるかに啓蒙的だと思える。とはいえ、自我心理学者たちの立場には数多くのテクスト上の根拠があるので、いつものように、それらのテクストの意味が問題となる。だからこそ私は先ほど、ある意味で、ラカンの読解がハルトマンの読解よりも正しいかどうかには議論の余地があると言える、と述べたのである。私たちに言えることは、歴史的に考えた場合、ハルトマンの読解は不毛で非生産的だということである。ハルトマンの読解は、研究と理論化を刷新する方向へとはほとんど至らなかった。それに対して、ラカンの読解は、研究と理論化の刷新を大きく進めるものだった（分析セッティングにおける良い解釈のように、それは多くの新しい素材を生みだした）。私たちはまた、ラカンのアプローチが実践に対してかなりの推進力を与えたのに対して、ハルトマンのアプローチはアメ

リカにおける精神分析の事実上の死に貢献した、と言うこともできる。合衆国におけるほとんどすべての古典的分析制度は死につつあり、どの年も新しい分析家をほとんど養成していない[16]。

　ハルトマンのような分析家たちがその急先鋒だった発達の強調に関しては、そのすべてが一般心理学に帰された。それは精神分析が大衆化するなかで、心理学の一年生が教えられたそばから忘れる三段階発達論――口唇期、肛門期、性器期――という見せかけにおいてのみ残っている。ラカンは次のように論じている。発達に重きを置くことは、ほとんどの場合そうであるように、象徴的構造の役割を無視して、「因習」(Seminar XX, 52/55) にしか至ることがない、と。象徴的構造の役割とは、1920年代と1930年代をとおして行われた女性の早期発達についての議論（ジョーンズの論考「女性セクシュアリティの早期発達」、「男根期」、「早期女性セクシュアリティ」を参照）[17]の観点から言えば、ファルスの役割であり、精神病の病因論の観点から言えば、〈父の名〉の役割である。ラカンは、セミネール第２巻ですでに、発達論的アプローチについて次のように語っている。

　　各段階がそれぞれに典型的な作法で現れるような、そうしたいくつかの段階から成っている、あらかじめ打ち立てられていて一直線に展開する個人の発達という考えは、純粋にかつ単純に、精神分析による本質的貢献を放棄し、追い払い、偽装することに――あるいは厳密に言えば、そのような貢献を否定し抑圧することに――等しい。(Seminar II, 24/13-14〔『自我』上20頁〕)

自我心理学の臨床的アプローチ

　　　　転移の取り扱いと、転移についてひとが持っている観念とは、ひとつの同じものである。［……］ある著者がそれによって自身の技法を体系化する当の理論が、どれだけ欠陥のあるものだとしても、彼が実際にひとびとを分析しているという事実に変わりはない。さらには、間違いのなかであらわになる首尾一貫性が、ここで、実践が間違った方向へ進んできたことの保証となるのである。

　　　　　　　　　　　　　　――ラカン「治療の指針」

自我心理学によって広まった類の分析実践に対するラカンの批判は、セミネール第1巻に特に詳細なかたちで、そして「治療の指針」のなかにもいくらか詳しく、見いだされる。セミネール第1巻第6章におけるアンナ・フロイトのアプローチについての彼の議論からはじめることにしよう。

・アンナ・フロイトの侮辱的な分析主体
　ラカンはアンナ・フロイトの本『自我と防衛機制』に賛辞を贈ることからはじめて、次のように主張する。「私たちが彼女の本をモラリストによって与えられた記述と考えるなら、彼女は間違いなく、ラ・ロシュフーコーが衰えることのないプライド［amour-propre］の企みについて指摘する際の作法に相応しい仕方で、自我をいくつかの情動の座として語っている」（Seminar I, 76/63〔『技法論』上104頁〕）。ラカンはラ・ロシュフーコーの仕事をフロイトの仕事の先駆者とみなしているので、これは高く褒めているようにも思える。
　しかしながら、「各々の著者が言わんとしていることを決定するのはその著者の技法である」（E 609）から、ラカンは、アンナ・フロイトが自身の本のなかで与えているある臨床状況の短いスケッチへと注意を向け、すぐさま批判的になる。長めに引用しておこう。

　　急性の不安状態のため、ある若い少女が分析を受けにやってきた。その不安状態のため彼女は日常生活に支障をきたし、規則正しく学校に行くことができていなかった。彼女がやってきたのは母にそうするよう促されたからだが、彼女は過去の生活についても現在の生活についても嫌がることなく私に教えてくれた。彼女の私に対する態度は親しげでくだけた感じだったが、私は彼女が、やりとりのなかで必ず、自身の症状をほのめかすことを慎重に避けていたことに気がついた。彼女は、分析セッション以外の場面で起こる不安発作について決して言及しなかった。私自身が、彼女の症状を分析のなかへと引きずり込むことに躍起になったり、彼女の連想のなかの間違えようのない示唆にもとづいて彼女の不安を解釈したりしたら、彼女の親しげな態度は一変した。そのような場合には決まって、侮辱的で馬鹿にした言葉の一斉射撃を受ける結果となった。患者の態度と彼女の母に対する関係との結びつきを見つけだす試みは、まったくうまくいかなかった。意識と無意識の両方において、その

関係は完全に異なったものだった。このような繰り返される侮辱と嘲笑の爆発のなかで、分析家は途方に暮れ、患者は当分のあいださらなる分析を受けつけなかった。(*The Ego and the Mechanism of Defense*, 35-37〔『アンナ・フロイト著作集2』28-29頁〕［強調フィンク］)

　この一節を見ると、分析が悪いスタートを切ったことが分かるし、アンナ・フロイトが最初の状況についてどのように考えたのかも分かる。分析がまったく進展しなかったのは、患者が、自分の生活や学業を邪魔していた不安について、何も言いたがらなかったからである。そして、アンナ・フロイトが少女の不安を話題にしたり、それを解釈しようとしたりすると、少女はアンナ・フロイト自身についての皮肉に満ちた嘲笑的な言葉を吐いた。これによってアンナ・フロイトは即座に、患者が自身の分析家と自身の母を同一視している、すなわち母転移を起こしていると想定した。
　ラカンが言うように、「アンナ・フロイトは即座に、患者と自分自身との双数的関係[18]の観点から」、すなわちシェーマLにおける想像的な $a-a'$ の関係の観点から「素材へとアプローチした」。ラカンは続ける。「彼女は、患者の防衛を、彼女自身すなわちアンナ・フロイトへと向けられた攻撃的な行為として［表面上］現れたものだと誤解した」。患者の皮肉に満ちた反応は、アンナ・フロイトによって、自我の防衛として解釈されたが、それはただ、アンナ・フロイトが自分自身をまさに最初から転移のなかに位置づけるその仕方ゆえのことである。ラカンによれば、

　　彼女は、転移とは状況の再現であるという定式にしたがって、［患者の反応に］転移の現われを見ようとした。［……］この定式は、そのような状況がどのように構造化されているのかを特定しないという点で、不完全なものである。(Seminar I, 78/65〔『技法論』上107頁〕)

　言い換えれば、このような転移の定式は、〔シェーマLにおける〕無意識的主体（S、これは無意識の主体を表す）と〈他者〉（A、これはフランス語で〈他者〉を意味する "*Autre*" を表す）の両方を、すなわち象徴的な軸の全体を、省いてしまっているのである。
　ラカンは主張する。

彼女は、双数的解釈――そこにおいて分析家は分析主体との自我対自我という競争へと参入する――と、次のような種類の解釈とを区別すべきであった。すなわち、自我の現前している構造を超えたところに位置づけられる、主体の象徴的構造化の方向へと向かう解釈である。(Seminar I, 78/65〔『技法論』上107頁〕)

　ラカンによれば、アンナ・フロイトが（自分で言っているように）どのように進むべきか「途方に暮れている」と感じるのは、彼女がまさに最初から自分自身を転移のなかに不適切な仕方で位置づけているからである。
　次に、アンナ・フロイトが治療における最初の停滞に対していかなる種類の解決を見いだしたと主張するのかを見ていこう。

しかしながら、分析がより深く進むにつれて、私たちは、これらの情動［嘲笑と侮辱］が言葉の真の意味での転移反応を表してはおらず、分析状況とまったく結びついていないということを発見した[19]。これらの情動が示していたのは、習慣的に患者が自分自身へと向けていた態度であり、それは優しさ、切なさ、不安といった感情が彼女の情動的生活のなかで出現しようとするときに決まって現れるものだった。そのような情動が彼女に対して強くのしかかってくればくるほど、彼女はますます激しくそして厳しく自分自身を嘲笑した。分析家がこのような防衛反応の受け手になったのは派生的なことにすぎない。それは分析家が、患者の不安の要求を助長して、それが意識に上るよう仕向けていたからである。不安の内容についての解釈は［……］、その情動へのどのようなアプローチも彼女の防衛反応をただ強化するのみであるかぎり、いかなる結果ももたらしえなかった。侮辱的にけなすことで自分自身を自らの情動から防衛するという患者の方法――彼女の生活のあらゆる場面で自動的になっていたプロセス――を、私たちが意識へともたらし、そうすることでその機能を停止させるまで、患者が不安内容を意識化することは不可能だった。個人史の観点から見ると、このような嘲笑と軽蔑による防衛の様態は、死んだ父に対する彼女自身の同一化によって説明された。父はよく、彼女が何らかの情動的発露に屈したとき、馬鹿にするような言葉を浴びせることで、幼い少女に自己コントロールをしつけようとしていた。［……］この症例を理解するために必要な技法とは、自分自身の

情動に対する患者の防衛を分析することからはじめて、それに続いて転移における彼女の抵抗を解明することである。そして、そうしたときはじめて、彼女の不安そのものや不安の来歴についての分析へと進むことが可能となる。(*The Ego and the Mechanism of Defense*, 36-37〔『アンナ・フロイト著作集2』29-39頁〕)

　かくして、私たちは次のように言うことができる。すなわちアンナ・フロイトは、分析状況を母子関係の再現として読むことで、最初の時点ではいかなる第三項あるいは〈他者〉をも状況から除外していたが、にもかかわらず結局のところ、不安を話題にすることへの患者の防衛と抵抗の意味を摑もうとする試みのなかで、象徴的な〈他者〉としての父の役割を強調するようになった。間違いなく、だからこそ、患者の抵抗を分析するという彼女の解決は、結果的に何かをもたらすことができたのである。ラカンによれば、アンナ・フロイトが「情動に対する患者の防衛を分析すること」と呼ぶもの——たとえば、彼女の不安を話題にすることに対する防衛を分析すること——は、その状況についてのアンナ・フロイト自身の部分的理解に他ならない。すなわちそれは、「主体の了解ではなく、彼女〔アンナ・フロイト〕自身の了解の一段階」(Seminar I, 80/67〔『技法論』上110-111頁〕) なのである。即座に象徴的次元を導入していたなら、彼女はこのような仮説を追加する必要も、余計なステップを踏む必要もなかったことだろう。
　これこそが、ラカンが、一見するとパラドックス的に思える考えを導入する理由である。すなわち、「分析家自身の抵抗以外に分析への抵抗はない」(E 595) という考えである。ラカンによれば、抵抗が生じるのは、分析家が象徴的なポジションを採用することを拒否し、その代わりに自分自身を想像的な軸に位置づけるときである。分析家は何らかの事柄を見たり聴いたりすることを嫌がり、あるいはそれらを見落とす。なぜなら分析家は、転移において自分がどこに位置づけられるのかについて、事前に持っていた考えが確証されることを期待しているからであり、またそれゆえ必ずや象徴化のプロセスに抵抗するからである。第1章で見たようにこのことは、分析主体の側での抵抗などといったものが存在しないとラカンが信じている、ということではない。それでも彼は、自分たち実践家こそがしばしば治療のなかに抵抗を導入している張本人であると自覚することが実践家にとって有益だろう、と考えている。

ラカンは、フロイトはいつも象徴的次元にはっきりと気づいており、自分自身を象徴的な軸のうえにしっかりと位置づけていた、と繰り返し述べている。だが第1章で見たように、それでもラカンはセミネール第4巻で、ドラや若い同性愛女性といった特定の事例において、フロイトが象徴的な次元を見落とし、分析で生じる事柄が自分へと向けられていないにもかかわらず向けられていると考えていたことを指摘している。
　以上から引きだされる結果のひとつはこうである。すなわち、アンナ・フロイトは、自我とその機能を強調することによって、理論的な仕事においても臨床的な仕事においても、象徴的次元の重要性を無視し、自分自身を象徴的な〈他者〉ではなく想像的な競争相手のポジションに位置づけている。(彼女は、分析主体が自分を分析主体の母のポジションに、すなわち図1.6におけるシェーマLのa'に当たる想像的なポジションに位置づけるだろう、と推定している。)無意識を無視することは、それゆえ、象徴的なものを無視することに等しいのである。
　もしかしたら、読者は、このような批判が現在も妥当するかどうか疑うかもしれない。この期におよんでいまだ象徴的状況を無視するような者がいるなどということがありえるのか、と。合衆国で実践している臨床家として、私は、次のような考えが極端に広まっていることを言っておきたい。患者は、自分の情動に対して手の込んだ抵抗を持っており、それが他の何よりも先に分析されなければならない、という考えである。このような考えは、合衆国中の精神療法に浸透するほどまでに広まっており、ポップ心理学では、患者が「自分の感情に触れる」手助けをしなければならないという定式のもとに正典化されている。ここに見られる漠然とした発想は、私たちが、抑圧された感情を持っており——これ自体すでに、抑圧されるのは情動ではなく表象であるというフロイトが何度も繰り返した主張に反するものである——、「自分の感情を感じる」ことを妨げている防衛を取り除かなければならない、というものである。これはジョークではない。情動に対する抵抗を分析するという自我心理学の考えが辿りついたのはまさにこのようなことだと言うことができるだろう。

情動についての補説
　情動という主題に関して時折なされる非難、すなわちラカンが情動の重要性および分析主体／分析家の関係における情動の役割を無視しているという

非難に簡潔に触れておきたい。ラカンが引き受けるのは、当時他の分析家たちによってすでに注目されていたことではなく、むしろなおざりにされていると彼が考えたことを強調することである。このことを念頭に置いておかなければならない。当時の分析家には、セッションのなかで表出されるあらゆる情動が、直接的あるいは間接的に、分析家によって引き起こされると想定する者がいた（今日でも多くの者がそう想定している）。その際情動は、自分自身のパーソナリティ（すなわち自我）と無意識の衝動を備えた生きて呼吸する人物としての分析家に直接的に関わるか、親のような人物（ラカンの早期の用語法では母あるいは父のイマーゴ）に関連づけられるかぎりでの分析家に間接的に関わる。アンナ・フロイトと同様、このように考える分析家たちは、転移を単に早期の情動的状況の再現としてしか見ない。ラカンはそうではなく、象徴的な背景あるいは枠組みを強調し、情動的次元がきわめて複雑であること、分析主体と分析家のあいだのいま－ここでの関係と即座に関連づけられるべきではないことを指摘する。

　ラカンは、第１章で私が論じたマーガレット・リトルの論考「逆転移とそれに対する患者の反応」のなかの例を用いながら、必ずや相互的なものとなる諸々の情動に満たされた想像的関係の「いま－ここ」だけでなく、象徴的な軸も考慮に入れなければならないと指摘する。私たちは、あたかも何らかの仕方で情動に直接的にはたらきかけることができるかのように情動の水準で解釈を提出する前に、象徴的関係を考えなければならないのである（Seminar I, 40-43/30-33〔『技法論』上51-55頁〕）。

　実のところ、情動とは何であり、いかにして知的なものから区別されると考えられるのだろうか。情動とは本質的に無定形である──隠喩的に言ってよければ、ひとつの無定形な量あるいは実質である。患者が次のように言うのを聴くことがよくある。すなわち、月曜日になってはじめて、自分が週末をずっとある種の抑うつ状態で過ごしたことに気がついた、と。これによって示唆されるのは、「抑うつの」というシニフィアンがその状態につけ加えられるか取りつけられるのが、三日経ってからのみである、ということである。状態そのもの──もしそのような言い方ができるならの話だが──は、しばしば規定不可能で不確定であり、あらかじめ用意されたラベルを持つことはない。「抑うつ」という既成のラベルをその状態に取りつけることは、とりわけそれが、善意の友人であろうがメンタルヘルスの専門家であろうが、他の誰かによってなされるなら、その状態に対してほとんど何の影響も与え

ないかもしれない。実際は、患者自身が何らかの種類のラベルをそれにつけることができ、「私は週末中少しふさぎ込んでいたのだけれど、それはこれこれのせいだったと思う」と言うことができれば、改善のしるしである。後者の場合、象徴化のプロセスはすでにはじまっていたのである。

ラカンの考えはこうである。「情動的なものは、［何らかの仕方で］知的な説明を逃れるであろう特殊な密度のようなものではない。それは、言説の形成に先行すると想定される、象徴の生産を超えた神秘的な領域のなかに見いだされることはない」(Seminar I, 69/57〔『技法論』上96頁〕)。言い換えれば、情動は思考を超えた何か、思考よりも何らかの仕方で現実的なものではない。私たちが放棄しなければならないのは、「知的なものと情動的なものとの悪名高い対立である——そこではあたかも、情動的なものはある種の色合いあるいは言葉にできない質のようなものであり、それは、主体が持つ関係を純粋に知的に実現したらそうなるであろう中身のない皮膚からは独立して、それ自体で見いだされなければならない」(Seminar I, 69/57〔『技法論』上96頁〕)。分析主体の側での「知性化」が「防衛と抵抗」の目的に奉仕することもありうるが（Seminar I, 303/274〔『技法論』下186頁〕)、それでもやはり、知性的なものは最も重要な経験の象徴化に関わっているのである。

情動はしばしば、現代のセラピストたちによって、発話よりも現実的なもの、「言語の壁」(E 282, 291, 308, 316, and Seminar II, 286-288/244-246〔『自我』下119-122頁〕)の向こう側にあるもの、私たちに主体の現実への直接的な——すなわち媒介されざる——アクセスを与えるものとして捉えられている。しかしながら、実のところ、情動そのものだけでは、私たちはいかなるものへもアクセスできない。なぜなら私たちは情動に直接的にはたらきかけることができないからである。ダンスもある種の造形芸術も音楽も、情動を、それをコード化することによって扱う。たとえば舞台の上でのある種の動きは、絶望に関連づけられ、別の動きは祝福に関連づけられる。またある種の楽器と演奏法は、悲しみに関連づけられ、別のものは喜びに関連づけられる。分析セッションにおいて感情をあらわに示させることは、患者が同時にあるいは直後に象徴化の作業へと進めるよう手助けできないのであれば、私たちにとってほとんど価値のないことである。感情は象徴化への触媒になるかもしれないが、そうならない場合、その効果は、感情の一時的な解放程度のものにかぎられる。すなわち、愉しむことはできるが長い目で見て治療的であることはほとんどないようなカタルシス程度のものにかぎられる。

夢のイメージのなかにしばしば出てきそうな慣用表現や言葉遊びのように、象徴は情動のなかに出てくる。最も過激な言い方をすれば、情動はあらゆる文化や言語区分において必ずしも同一であるわけではない。それらは普遍的でも、超文化的でも、超歴史的でもないと言うことができる。ギリシャ時代から近代にかけて、恥の文化から罪の文化へと移行したと論じている著者もいるが、そのような観察はさらに広げることができるだろう。ちょうどある言語が知覚するものを色づけるように、そして別様に知覚するためにはしばしば新しい言語を身につけたり発明したりする必要があるように、ある言語はひとが感じるものを色づけるし、別の言語によって別様の事柄を感じたり、〔症状などを〕別様に身体化したりできるのである。それぞれの言語にはそれ自身の症候学がある。

エルンスト・クリス、あるいは私たちが主体の防衛を分析すべきでない理由：新鮮な脳を渇望する男の症例

次に、いくらかより複雑な臨床例へと向かおう。剽窃を理由に自分自身を非難する、新鮮な脳が大好物の男についての、エルンスト・クリスによる分析である（論文 "Ego Psychology and Interpretation in Psychoanalytic Therapy"）。この症例は、セミネール第1巻と第3巻、そして『エクリ』のなかの二つの異なるテクスト（「フロイトの「否定」についてのジャン・イポリットによる評釈への応答」、「治療の指針」）のなかで、ラカンによって細かく論じられてきたので、ラカン派のあいだではきわめてよく知られている[20]。私はクリスの症例については長々と引用するのではなく要約で済まそうと思うが、とはいえ、ラカンがこれら別々のテクストにおいて与えている四つの異なる読解についてはすべて取り上げることにする。最初に次のことを注記しておこう。すなわち、この症例についてのラカンの分析は、セミネール第1巻では賞賛調であったが、「治療の指針」ではこきおろしに変わっている。この移行が、1954年から1958年における分析状況についてのラカンの概念化の移行を示唆しているだろう。

この症例は、著作を出版することができないがゆえにアカデミック・キャリアにおいて上に進むことができないある科学者に関するものである。問題は執筆中の行き詰まりではない。彼は、自分の優れたアイデアのすべてを、他のひとびとから、とりわけ、彼の研究室の並びに部屋を構える、よく彼の話し相手となっていた同僚から盗んでいると信じているのである。彼はつい

になんとかテクストを書き終えるのだが、ある日、図書館のなかでひとつの専門書が目にとまる。彼が主張するには、そのなかには自分のテクストと同じアイデアが含まれており、きっと自分がその専門書を何年か前に読んでいたので、自分がそこから剽窃したに違いないのだという。
　クリスは、どうやらその二つのテクストについて患者と時間をかけて議論しているらしく、二つのテクストにはほとんど重なる部分がないと結論づけている。図書館にあった専門書は患者の主張を述べてはいない。単にそれを支持する内容になっているだけである。この患者は、「自分自身が言いたかったことをその〔専門書の〕著者に言わせた」のである。クリスはいまや次のように述べる。

> この糸口が手に入るやいなや、剽窃の問題全体は新たな光のもとに現れた。〔同じ階の並びの〕優れた同僚が、患者のアイデアを繰り返し取り上げ、断りもなしにそれらを粉飾し何度も使ったということが知れわたったのである。患者ははじめて、それが欠けているがために自身の主題をまとめあげることを望めなかったひとつの生産的なアイデアを耳にしているという印象を持った。同僚のものだから使用することができない、と感じていたアイデアであった（"Ego Psychology," 22）

　患者は剽窃者ではないがそうなりたがっている、とクリスは結論づけている。なぜなら、もし彼が剽窃者であるなら、盗むべき優れたアイデアを持っている誰か——父のような人物——がいるということになるだろうからである。クリスは次のように主張する。「父的人物への諸々のアイデアの投影は、部分的には、偉大な成功者である父（偉大な父＝祖父 *grand*father）によって規定されている」。言い換えれば、ある男のアイデアを剽窃したという患者の信念は、患者自身の父——彼は非生産的な男であり、きわめて創造力に富み生産的な彼自身の父、すなわち患者の祖父の陰に隠れて生きた——を持ち上げるための手段だったのである。
　このように自分自身の父を持ち上げることは、明らかに、父とのエディプス的な敵対に対する少年の解決だった。幼かった頃、彼らはどちらがより大きな魚を釣ることができるかで競争したことがあったのだが、その競争が後に本（少年はそれを思春期の頃にお菓子と一緒に盗んだ）とアイデアにまで拡張されたのである。ここで次のように考えられるかもしれない。少年は、エ

ディプス葛藤に対して選んだ解決の一部として、その競争から撤退し、父の方が優れていることを甘んじて受け入れ、父を偉大な父に仕立て上げることを選んだのだ、と[21]。彼自身のアイデアは価値のあるものではありえなかった。彼の父のアイデアだけが価値のあるものでありえたのであり、そのことを証明する手段は、そのアイデアを盗むことだったのである。それゆえ彼は、自分が様々な父のような人物からアイデアを盗んだと信じているというシナリオを上演したのである。

　もちろん、このような解釈のあらゆる細部まで受け入れる必要はない。私たちは、このように想定される父との競争からの退却や撤退に、そして他の男からアイデアを盗むという設定に、クリスが述べたような動機とは別のいくつかの可能性を十分に考えることができる。たとえば、想定された患者の願望、すなわち偉大な父＝祖父、つまり盗む価値のあるアイデアを持った父を求める願望は、単に、父との敵対を覆い隠すヴェールであり、父より優秀になりたい、あるいは父のお株を奪いたいという彼自身の願望を認めないための方法であるかもしれない。いずれにせよ、ラカンは症例のこのような側面に焦点を当てない。彼はむしろ、クリスの解釈に対する患者の反応に注目するのである。

　クリスは、このような結論（患者は剽窃者ではなくて、偉大な父＝祖父を求める願望を上演していたという結論）を患者に伝えるために、厳密にはどのように言ったのか述べていない。けれども彼は次のように書いている。そのような解釈を行ったセッションのあいだ、患者はしばらく沈黙に陥り、そして、

> 突然思いついたことを報告するかのように、こう言った。「毎日お昼どきにここを離れて自分の研究室に戻る前にいつも、私は X 通り［狭いけれど魅力的なレストランで有名な通り］をとおって、ウィンドウに掲げられたメニューを見るのです。そのなかのレストランのひとつで、私はたいてい私の好物の料理を見つけます——新鮮な脳です」。("Ego Psychology," 23)

　クリスはこれを、自分の解釈に十分に根拠があることを確証するものとみなしている。ラカンは、セミネール第1巻のなかで、「その解釈は文句のつけようがないくらいに妥当なものである」と言っている。ラカンはさらに次のように言いさえする。すなわち、各セッションの後に新鮮な脳を求めて外

出することに関する分析主体のコメントは、「適切な解釈によって引きだされた反応」の類である、と。そしてその適切な解釈とは、「その意味作用においてパラドックス的であると同時に満ちたりた発話の水準」(Seminar I, 72/60〔『技法論』上100頁〕)である、と。これは間違いなくラカンからの高い評価である。

次のことを注記しておこう。ラカンはセミネール第1巻で誤って、患者が次のセッションで——すなわち、分析家が先の解釈を行ったセッションの後のセッションで——このコメントをした、と述べている。それゆえラカンは、この解釈のせいで患者が新鮮な脳を探しに行った、と考えているように思われる。しかしながらクリスの説明によれば、患者は、同じセッションのなかで、解釈が行われた直後にこのようにコメントしており、そしてクリスに、しばらくのあいだ毎日新鮮な脳を探し続けていたことを伝えたのだ。

・セミネール第3巻でのクリス

ラカンは、1956年に、再びこの症例を簡潔に取り上げている(Seminar III, 92-93/79-80〔『精神病』上129-132頁〕)。ここで彼が示してみせるのは、分析らしい手続きから明らかに外れるようなクリスの発言に対する彼の解釈である。クリスが述べていることによれば、患者の

> ［図書館にあった専門書のなかに自分のアイデアを見つけたことに関する］満足と興奮のパラドックス的な調子のため、私は、彼が剽窃するのを恐れていたテクストについてきわめて詳細に調査することにした。吟味を進めていくうちに、その古い出版物には、彼の主張に対する有益な支持は含まれているが、主張そのもののヒントは含まれていないことが明らかとなった。("Ego Psychology," 22 ［強調フィンク］)

この記述は、この調査と吟味が行われたのが厳密にはどのような仕方でありどこにおいてであるのかについては少しばかり曖昧である。しかし最も明白な解釈は、クリスが、一回あるいはそれ以上のセッションのあいだに、患者にその二つのテクストについて詳細に尋ねた、というものである。しかしながら、ラカンはこれを、クリスが図書館に行き、その専門書を読み、そして患者に直接、専門書には患者自身のオリジナルのアイデアは含まれていないと教えた、ということだと想定する。「そのようなひとびとはこうした介

入が分析の一部だと考えているように思われる」(Seminar III, 93/80〔『精神病』上131頁〕）と彼はコメントしている。

　いずれにせよ、ここでのラカンの批判は、何よりもまず、クリスが剽窃の問いに象徴的な観点からではなく現実という観点からアプローチしているという事実に関わるように思われる。クリスが自分自身に尋ねた問いは、「患者は実際には剽窃したのかそうでなかったのか」というものである。自我心理学者は、自分たちがこのようなアプローチを採用することを、自我についての次のような理解にもとづいて正当化する。すなわち、（１）エス、（２）超自我——これら二つは「内的現実」を構成している——、（３）「外的現実」という三つの敵のあいだを取り持ちつつ、それらに対する防衛を打ち立てるものとしての自我という理解である。防衛は防衛に違いないという理由で、彼らは、外的現実に関係するものへの防衛を分析することも、エスの衝動に対する防衛を分析するのと同じように、正当なことだと考えているのだ。

　ラカンの言うようにクリスは図書館に行ったのか、それともクリスは単に患者にテクストについて尋ねたのかということは、結局のところ程度の問題でしかない。なぜなら、いずれの場合もクリスの関心は、物事が現実にはどうなっているのかをめぐるものだからである。彼は現実には剽窃したのかしなかったのか、そして、彼が実際には剽窃していないということを理解することに対する自我の防衛はあるのかないのか。

　ラカンがセミネール第３巻で考えている結果はこうである。すなわち、クリスが患者に、彼が現実には剽窃者ではなくただ剽窃者になりたいだけだと教えるとき、何が現実で何がそうでないのかという観点から物事にアプローチすることによって、患者はアクティングアウトする。言い換えれば、ラカンは、現実に依拠したクリスの解釈のせいで患者が新鮮な脳を探しに行ったと考えるのである。ラカンはクリスのコメントを、「未熟な象徴化」と呼び、そのような未熟な象徴化はしばしばアクティングアウトへ至ると主張する(Seminar III, 93/80〔『精神病』上131頁〕）。

　ラカンが主張するには、クリスは、現実の観点からではなく象徴的なものの観点から物事にアプローチすべきであった。そうするために、彼は、「剽窃など存在しない。象徴的な所有物などない」(Seminar III, 93/80〔『精神病』上131頁〕）と気づかなければならないだろう。彼がそのことに気づいていたなら、異なる問いが生じていたはずだ。患者にとって、「なぜ象徴的な水準での物事が、そのようなアクセント、そのような重みを持つのか」

(Seminar III, 93/80〔『精神病』上132頁〕）という問いである。

　ラカンによればこのアクティングアウトは次のことを示している。分析家が患者に対して何かを——たとえば彼が実際には剽窃者ではないということを——証明しようとするなら、患者は分析家に対して、何が問題となっているのかを「〔分析家に〕新鮮な脳を食べさせることで」(Seminar III, 93/80〔『精神病』上132頁〕）証明するのだ。患者は意識的にあるいは故意にそうしているわけではない。けれども、彼の症状は新しくなる。症状は、このような現実に依拠した介入に対する反応において、症状は新たなかたちを取るのである。

- 「フロイトの「否定」についてのジャン・イポリットによる評釈への応答」におけるクリス

　1956年に発表される「ジャン・イポリットへの応答」[22]において、セミネール第1巻でのクリスの症例についての議論を書き直すまでに、ラカンは、クリスのテクストをより詳細に読んで、以前に数多く誤解していたところを訂正している。ここでもラカンは、クリスが問題となっている専門書を読んでいると主張しているが、少なくとも次のことには気づいている。患者による新鮮な脳の探究が、自分が他のひとびとを剽窃しているという患者の信念についてクリスが解釈を行う以前から定期的に起こっていた、ということである[23]。ラカンは、「このテクストを一歩一歩辿っていくこと」について、おそらくそのような細かい読解を行うことがあまりに退屈で馬鹿げていると考えているからだと思われるが、読者に対して謝っているほどである。

　この書き直しにおいて、クリスのアプローチに対する批判はかなり押し進められている。ラカンは、クリスが次のような定式をあべこべにしようとしていると述べる。すなわち、私たちは、フロイトがドラとともに行ったように（SE VII, 35-36〔全集36巻39-41頁〕）、美しい魂（belle âme）を導いて、彼女が不平を言っている混沌とした無秩序な世界のなかで彼女が演じている役割について理解させようとしなければならない、という定式である——これは、ラカンが「治療の指針」のなかで「主体が現実に対して持つ関係の修正」（E 598）や「主体的修正」（E 601）と呼ぶプロセスである。クリスは、この定式とは違い、罪を感じていると言っている患者に、彼には実際には罪がないことを示そうとする。これは、フロイトが私たちにすべきだと教えていることとは正反対のことである。フロイトが言うには、私たちは、患者の

罪責感が実際には置き換えられたものであるとたとえ気づいていても、患者が自らに課した評決をこちらも受け入れなければならない（たとえばSE X, 175-176〔全集10巻198-200頁〕を参照）。クリスはその真逆のことをやっており、患者に、彼には実際には罪がないということを示そうとするのである。どのようにしてであろうか。それは、何が剽窃にあたり、何があたらないかに関するクリス自身の信念にもとづいた判断を、実際の状況に対して用いることによってである（ラカンはここでも、クリスが問題となっている専門書を読んでいると主張している）。

　ラカンは次のように述べている。「精神分析家が精神分析のおかげで投げ捨てたはずの偏見が少なくともひとつあるとすれば、それは知的所有という偏見である」（E 395）。次のことを注記しておこう。ここでの「偏見 *préjugé*」というフランス語は、ラカンが「転移に関する私見」のなかで分析家の逆転移を定義するために用いている語と同じである。それによると逆転移は、「分析家の諸々の偏見 [*préjugés*]、情熱、困難、さらには不適切な情報さえも含んだ総計」と定義される。かくしてこの偏見は、ラカンによって、クリス自身の信念体系の一部として、そしてそれゆえに彼の逆転移の一部として位置づけられる。

　要するにクリスは、自分自身の自我にもとづいて状況を考察するよう導かれているのである。「主体の行動パターンに関するこの分析は、主体の行動を分析家のパターンのなかへと刻み込むことに等しい」（E 397）。言い換えれば、クリスは患者に、クリス自身の思考パターンや信念体系などに合わせて、クリス自身が物事を見るように物事を見させているのである。ラカンはさらに次のように言う。「クリスは主体の世界を攻撃し、防衛の分析という名のもとに、それを分析家の世界をモデルにして形づくり直そうとしている」（E 398）。ひとたび患者が、クリスが世界を見るように世界を見るようになると、すべてはうまくいくだろうというわけだ。このことが示唆しているのは、分析主体による分析家の自我の一部の内面化あるいは取り入れ、すなわち、分析家の自我の「健康な」部分への主体の同一化である。私たちはこれを、新鮮な脳を新たに一服注入すること、と呼べるかもしれない[24]。

　これは明らかにラカンが、クリスによる「分析の正常化への心酔」と呼ぶものである。というのも、クリスが十分な数のひとびとを分析した後には、誰もが、クリスが持っているのと同じ、知的生産や知的所有に関する「正常で」標準化された考えを持つだろうからである。「こうして、知的生産性に

関するクリスの考えは、アメリカのすべてにとって適切に標準化されるよう保証されている［あるいは「品質保証シール Good Housekeeping Seal of Approval: *garanties conformes*」を受け取る］ように私には思われる」(E 398)。これは、ラカンがそう呼ぶように、「自我心理学のニューディール政策」(E 393) である。フランクリン・D・ルーズベルト大統領が、経済を統制し、ビジネスをコントロールし、いくつかの対人サービスの質を標準化しようとしたように、クリスは自我心理学に正常化プロセスとしての、そして調整と標準化の手続きとしての「公式身分」を与えようとするのだ。

・「治療の指針」におけるクリス

次に、「治療の指針」におけるこの症例に関するさらなる議論へと向かおう。次のことを注記しておきたい。すなわちこれがラカンによるこの症例に関する四つめの議論であり、〔口頭の講義ではなく〕文書によるものとしては二つめの議論であること、そしてそれゆえ、この症例にはラカンにとって特に重要な何かがあると思われることである。この何かのために、ラカンは1956年から1961年に至るまでこの症例に関心を持ち続けてきたのだ！ ここでクリスは、「経歴のおかげで、解釈の次元にひときわ鋭い感性を持つ、第一級の著者」だと言われている。もちろんこれは、彼をわら人形として祭り上げることである。俗に言うとおり、「大きくなればなるほどより激しく転ぶ」。

ラカンはここで、クリスが言っていることをさらに細かく注視し、以前の自分の解釈のひとつを訂正する。ラカンは、クリスが図書館に行って専門書を読んでいると主張するのではなく、「クリスは証拠を見る」とだけ言う。それでも私たちは、ラカンの解釈はここでもきわめて独創的だと言うことができるだろう。ラカンが主張するには、クリスは患者に対して、「現実に剽窃者にならないために」剽窃者になりたがっていると伝えたというのである。ラカンによれば、ここでのエスの衝動は、患者が「他者のアイデアに惹かれること」である。すると、防衛にあたるのは、自分が剽窃者であるという信念であるように思われる。

私がこのテクストを読むかぎりでは、クリスは決して厳密にはそのように述べていない。彼が、患者の以前の分析家であるメリッタ・シュミデバーグに同意しながら述べているのは、この患者が「口唇的な攻撃性」とその制止によって特徴づけられるということである ("Ego Psychology," 23)。さらに彼は、自身の目標が「「私には剽窃をする危険がある」という感情がどのよ

うに生じているのかについて立証することだった」("Ego Psychology," 24)と述べている。すると、欲動は、他のひとびとのアイデアを貪り破壊する衝動であると思われるし、防衛は、彼が書いたり発表したりすることを妨げている剽窃の恐怖である。クリスは、自分の狙いを「エスの内容ではなくもっぱら防衛機制を明らかにすること」だと述べているので、ラカンは、このような手続き全体を「欲動の前に防衛を分析すること」(E 599) と呼ぶ。

　ラカンによるこの手続きの簡潔な要約を裏づけるものとして、ハルトマンとクリスによる論考の一節を引いておこう。その論考で彼らは次のように主張している。「解釈は、患者の経験にできるかぎり近いところで——「高次の層から」——開始し、「防衛」の構造を、防衛がエスに由来するものへと行き着く前に解明すべきである」("The Genetic Approach," 15)。ラカンが主張するには、このような考えが意味しているのは、「防衛と欲動は同心円的である［と理解される］」(E 599) ということであり、どうやら防衛は、欲動のより小さな円あるいは球面のまわりに、ひとつの円あるいは球面を形づくっているらしい。それは精神の全体的局所論あるいはモデルを示唆している。エスはある種の内側の円あるいは球面であり、自我はそれを包み込むある種の外側の円あるいは球面である（図2.1を参照）。ラカンは暗に、この内側／外側モデルを、あまりに単純なものとして、そしてフロイトの仕事のどこにも見いだされないものとして特徴づけている（たとえば SE XXII, 78〔全集21巻102-103頁〕を参照。ここでフロイトは精神についてのはるかに複雑なモデルを提供している）。

図2.1　ラカンによるクリスの局所論の解釈

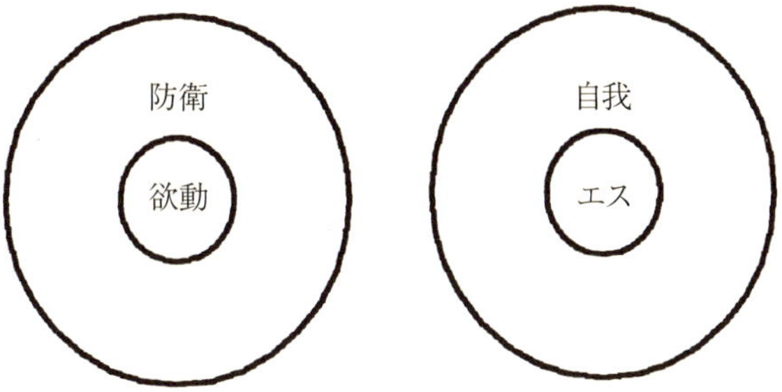

患者がセッションの後に繰り返し新鮮な脳を探しに行っているという事実は、ラカンにとって、新鮮な脳がセッションのあいだ「ひどく足りていなかった」ということ——すなわち分析家の解釈がどこにも至らず、いかなる新鮮で新しい考えももたらさなかったということ——を示唆する。患者の防衛についてのクリスの分析は、いかなる新しい素材も引きださなかったのである。

　ラカンが「治療の指針」のなかで、この症例に関する以前のどの議論においてもしていなかったことを行っているのを確認しておこう。すなわち彼は、自分自身によるひとつのはっきりした解釈を行っているのである。彼はクリスに対して（二人称で）こう語る。

　　ここで重要なのは、あなたの患者が盗んでいない doesn't steal という事実ではない。重要なのは、彼がやっていないということである……いや、「やっていない」のではない。彼が無を盗んでいる steals *nothing* ということだ。そしてこれこそ、あなたが彼に伝えるべきだったことだ。

　　あなたが信じていることとは反対に、盗むという考えに対する防衛のために、彼は自分が盗んでいると信じているのではない。それは、決して彼には思いつかないような、あるいはめったに彼の頭をよぎらないような、そんな考えを彼が自分のものとして持つこともありうる、という事実のためである。［……］

　　あなたは患者をまるで強迫症であるかのように扱っているが、彼はあなたに、食物の空想によって助け舟を出している。すなわち、神経性無食欲症［*anorexia mentale*］訳注i の診断を出すことで当時の疾病分類に一歩先んじる機会を、あなたに与えてくれているのである。［……］

　　無食欲症は、この症例においては、心的領域に関わっている。（E 600-601）

訳注 i ——ラカンの原文は anorexie mental で、フィンクはこれを anorexia nervosa と英訳している。一般に神経性食欲不振などと訳し、いわゆる拒食症を指す語であるが、前後の議論を見て明らかなとおり、ラカンはここで「食べない」ではなく「無 nothing を食べる」ことに積極的な意義を見いだしているので、日本語上「無を食べることを欲する」とも解釈できる無食欲症という訳語を選んだ。

ラカンはいつものように、ここのコメントでもいくらか謎めいている。しかし、私の感触では、それは彼の自我心理学批判全体に関係している。すなわち自我心理学者たちが担っている仕事は本質的に主体の諸々の欲望を除去し、それらを他の何かに還元することを目指している、という批判である。ラカンはここで、主体が「決して彼には思いつかないような、あるいはめったに彼の頭をよぎらないような、そんな考えを自分のものとして」持っている、と述べている。そのときそれが意味しているのは、私の考えでは、あらゆる意図や目的に関して無意識的な欲望を彼が持っている、ということである。それは、決してまったく思いつかないか、抑圧された空想や攻撃的な思考や夢の要素のように、ときおり彼の頭をぱっととおり過ぎるか、そのいずれかである。

　ラカンは、この抑圧された欲望が何であるか述べていない。だが、自分がアイデアを盗んでいると主体が信じているのは、まさにある欲望が抑圧されているからだ、と示唆している。言い換えれば、自分が盗んでいるという信念は、その抑圧された欲望の置換あるいは転倒であるように思われるのだ。最も古典的な観点から言えば、それは、父から母を盗みたい、あるいは父からファルスを盗みたいという願望から置き換えられている、ということがありうるかもしれない。いずれにせよ要点は、ラカンがこの症例を、欲動とそれに対する防衛という観点からではなく、欲望と抑圧という観点から概念化しているように思われるということである。

　それに対してクリスは、無意識の思考、願望、欲望の観点からは考えない。人間の欲望は、分析家次第では、あまりに手に負えず厄介で扱うことができないものであるが、ラカンによればクリスはそのような分析家のひとりである。ラカンは、そうした分析家たちに次のように言わせる。「ああ、この神経症者たちはとても気難しい！　彼らをどのように扱えばいいのか。誓ってもいい、これらのひとびとを理解するのは不可能である」（E 637）。

　ラカンによれば、自我心理学者たちは象徴的次元を考慮に入れるのを拒んでいる。象徴的次元のみが、人間の欲望が孕む諸々のパラドックスを説明できる。たとえば私たちは、欲しくないものを求める。持ちえないものだけを欲する。求めるものを手に入れるやいなやもはやそれを欲さなくなる。自我心理学者のような分析家が請け負うのは、患者をより道理の分かる、世のなかに役立つ人間にし、彼らの軽はずみや気難しさをより減らすことである。そして、そのようにする最良の方法は、欲望を完全に除去すること、あるい

はラカンが言っているように、「欲望を地図から抹消する」(E 637) こと、あるいはクリスの患者の場合には、それをメニューから外すことである（〔「地図」と訳した〕carte には「メニュー」の意味もある）。その結果患者は、それを注文することについて——すなわちセッションのなかでそれを提出することについて——考えることさえできなくなる。

　ラカンは、クリスが患者の欲望を要求へと還元するプロセスに没頭していると理解し、新鮮な脳を求めて外出するという患者のアクティングアウトをひとつの抗議として理解する。患者は「欲望は議題にあげ続けなければならない、欲望は分析のメニューであり続けなければならない」と抗議しているのだ。無食欲症のより通常の形式では、食物が拒絶されるのは、自らの欲望を生きたままにしておくためである。ラカンは私たちに、患者は何も食べないのはなく、むしろ、無を食べるのだ、と言わせるだろう。すなわち、自らの欲望を引き起こす対象としての無を食べることで、患者は欲望を生きたままにしているのだ。食べることは欲求を、すなわち生物学的な欲求を満足させる。そして、患者に食物を与えることによって主体の要求に応じることは、患者の欲望を単純な欲求へと還元し、要求のなかで芽を出しはじめた欲望を潰すことである。患者が食物を拒絶するのは、まさに、患者の欲望のための空間、欲望が生きながらえるための何らかの余地を維持するためである。

　クリスの患者をこのような筋に沿って理解することはできるだろうか。オリジナルのアイデアを考えつくことに関する患者の関心を、祖父によって父に課された要求、そして父によって彼に課された要求に関わるものとして考えるなら、私たちは、自分自身のアイデアを持つことに対する患者の拒絶を、この要求に対する抗議として理解できるかもしれない。オリジナルのアイデアを持つことは、父の要求に応じることであろうし、それゆえ彼自身の欲望の空間を潰して閉鎖することであろう。彼が知的な面で生産的な人物になろうものなら、彼には欲望の余地はまったくなくなるだろう。何も考えないこと〔無を考えること〕が、（ちょうど他のたいていの無食欲症にとっての何も食べないこと〔無を食べること〕のように）彼にとって欲望の保護空間を維持する方法なのである。

　では、盗むことについてはどうだろうか。クリスによれば、アイデアを盗むことは、患者の父を持ち上げ、彼の父がオリジナルのアイデアを持っていると示すためのものである。つまり彼の父が、オリジナルのアイデアを持てという祖父の要求に応じていることを示すためのものである。すると何も盗

まないこと〔無を盗むこと〕もまた、おそらく、彼の父に対する抗議の姿勢を維持することとして理解される。それは次のように主張するに等しい。彼の父には盗むべきアイデアがない、なぜなら彼の父もまた、欲望を要求へと還元してしまって、自身の父〔祖父〕の要求を満たすことを拒絶するからである、と。ここで、私たちは、患者の欲望が〈他者〉――ここでの〈他者〉は彼の父によって表される――の欲望と同じであるということの意味を理解できる。この欲望の「内容」についてはどうだろうか。この欲望が〈他者〉の要求の拒絶によって構成されているように見えるかぎりにおいて、それは「端的に」、自分の欲望を生かしておくという欲望、すなわち満たされることのない欲望への欲望、要するに欲望そのものへの欲望であるように思われるだろう。

　患者の神経性無食欲症に関するラカンのコメントはあまりに言葉足らずなので、このことが彼の念頭にあったことなのかどうか私もまったく自信はない。それでも私は、ここでのラカンの解釈にどのようにアプローチすることができるかを示そうとしてきた。私の示してきたことは、少なくとも、「治療の指針」の別の箇所でのラカンによる批判にぴたりと当てはまるという利点がある。たとえば、彼はクリスのような分析家たちを批判するが、それは彼らが「患者を正しい原則や正常な欲求に、すなわち真の欲求を満足させるという欲望に連れ戻そうとするからである。だが、それは一体どのような欲求だろうか。まあ、なるほど、誰にだってある欲求だね」(E 624)。このパロディーにおいて、ラカンはクリスのような分析家たちに、「正常な欲求」を強調させている。すなわち、構造的に満たされることのない欲望とは異なり、実際に満足させることのできる欲求である。

　また、ラカンは、そのテクストのなかの少し先の肉屋の妻に関する議論のなかで、次のように主張する。欲望のパラドックスに直面したとき、

> 精神分析家は、はるか昔に応答することを止めてしまい、自分たちの患者の欲望について深く考えることを放棄してしまった。分析家たちは、患者の欲望を要求へと還元する。それは、患者の欲望を分析家自身の要求へと変換するために、作業を単純化しているのだ。(E 626)

というのも、分析家がもしも分析主体に、欲望として知られるあの鬼火を追いかけるのを止めさせて、本人の要求(つまり剽窃恐怖を克服し大学で出世

する手助けを分析家にしてほしいという要求）に集中させることができるのなら、分析家としては、代わりに自分の要求（分析家になってほしいという要求）を分析主体に受け入れさせるのも難しくないだろうから。分析主体の欲望という問いはすべて、それにより迂回され、妨げられる。そうして分析主体はそつなく「仕事に取り組める」というわけだ。

　クリスの患者についてのラカンの解釈は、具体的なものというよりも示唆的なものであり、ある症例を他の誰かのわずかな説明にもとづいて再解釈する試みにありがちな問題を提起する。クリスがより多く詳細な記述をしてくれたなら、そしてラカンが二、三の曖昧な記述以上のものを与えてくれていたなら、私は、ここでの自分の説明にもう少し自信が持てるかもしれない。実のところ、ラカンの文献のほとんどは、綿密な症例研究——それによってのみ、私たちは分析家の実践を詳細に考察することができる——が欠けていることによって特徴づけられる。いずれにせよ、ラカンがひとつの実践として自我心理学を訴えるのは、アンナ・フロイトやエルンスト・クリスによるこのようなわずかな頁の臨床的議論にもとづいてのことである。

　結論へと向かう前に、私には、ラカンによる実に見事な神経性無食欲症の診断が、クリスの患者についての最もありえそうな診断とは思えない、ということをつけ加えておきたい。というのも、患者が、二回目の分析の時点で実際にはアイデアを盗んでいなかったとしても、彼は思春期の頃に実際にお菓子と本を盗んでいたからである。そして、彼が多くのアイデアを持っていたように思われる——言い換えれば、彼が「何も食べない〔無を食べる〕」無食欲者のように「何も考えなかった〔無を考えた〕」とは言えない——からである。彼はただ、自分自身のアイデアを、それが他の誰かによって反復され言表されるのを聴くまでは、価値のあるものだと認識しなかっただけである。このことから私は、彼の症例を、ラカン自身が強迫症者に適用している観点から見ることに導かれる。すなわちラカンは、強迫症者が持つ諸々の対象を、それぞれが「その対象の出所を示す〔……〕印、すなわち密輸入の印」（E 633; cf. Seminar VIII, 306, そして第 1 章での密輸品に関する私の議論）を帯びているものとみなすのだ。アイデアが彼にとって魅力的で興味をそそるものとなったのは、それらが彼自身のものではない場合、すなわち、仮に彼がそれらを使用するならば彼はそれらを盗んでいることになる場合にかぎられる。密輸品は、強迫症者が持つ諸々の対象のきわめて一般的な特徴であるように思われるし、この主体〔クリスの患者〕が同僚や他の誰かの専門書に

自分自身が考えていたことを言わせなければならないと感じた理由を説明してくれるかもしれない。すなわちその理由とは、自分自身の思考をタブーにし、そしてそれゆえ欲望されるべきものに仕立て上げるため、というものである。

結論

私は、ラカンが自我心理学を理論としても実践としても批判していることについての私自身の議論を結論づけるにあたり、ラカンがどのように自我心理学を精神分析の進化の論理のなかに位置づけているかについて、少しばかり述べておきたい。私は、彼がこれまでに実際に自分で自我心理学の位置づけを試みているとは思わない。けれどもこう言ってよければ、自我心理学は精神分析における次のような趨勢である。すなわち、ラカンがフロイトの最も偉大な貢献とみなす象徴的次元をそっくりそのまま取り除き、その代わりに自我対自我の想像的関係と、そして現実への関係づけを強調するような趨勢である。ラカンは明らかにそれを補正することを請け負っている。この意味において、自我心理学は、精神分析の様々な系統がその後を追っているような、無意識へのいくつかの曲がりくねったルートのひとつではなく、むしろ無意識を完全に迂回するための方法である。この点において、ラカンは自我心理学を、クラインの仕事および対象関係論とは別様に見ているように思われる。ラカンは、クラインの仕事と対象関係論のいずれをも様々な理由で批判してはいるが、それが無意識そのものの無差別的な廃棄に関わっているとはみなさない。このことは、自我心理学が何年ものあいだラカンにとって重要な批判対象であり続けている理由を説明してくれるだろう。とはいえ、クラインは、精神分析における想像的次元を強調しすぎているとして咎められている。また、対象関係論は、対象関係に焦点を当てることで、そこに現実がどれくらい関わっているのかを測定しようとする、言い換えれば、患者の「現実との接触」を測定しようとする点で批判の対象となっている。前者は想像的なものを強調しすぎており、後者は現実的なものを強調しすぎている[25]。

ラカンは、「発話と言語の機能と領野」のなかで「[精神分析]運動の局所論」と呼ぶものを三つの方向で素描するとき、次のように主張している。これら三つの方向すべてには、「それらを支える精神分析経験の活力源に関して、ある共通の[……]事柄がある。それは、発話の土台を放棄するよう分

析家に突きつけられる誘惑である」(E 242-243)。かくして、様々な精神分析の潮流のすべてが、ラカンによれば、多かれ少なかれ象徴的次元を、すなわち「治癒をもたらす唯一の次元」を、忘却してきたのである。

　おそらく、精神分析を精神分析するというラカンの意図（成就されてはいないけれど）は、「発話と言語の機能と領野」のなかで個別の分析主体のためにラカンがリストアップしているいくつかの目標のひとつによって動機づけられていた。それは、かつては過ちだと思われたことすべて——転機での間違い、無駄にした年月、嫌いになったパートナーと過ごした歳月——が、いまや、分析主体が生成変化のただなかで自分自身になるために必要不可欠なものに思われてくるような仕方で、自分自身の人生の歴史を書き直すことである。それは、言い換えれば、精神分析によって精神分析運動の歴史全体を、いわば主体化することである。

第３章 「無意識における文字の審級」を読む

> あるテクストを注釈することは、分析を行なうようなものである。
> ——ラカン『セミネール第１巻』

ラカンの修辞学

「無意識における文字の審級、あるいはフロイト以後の理性」は、驚くほど分かりづらい言い回しではじまっている。最初の２頁で彼はこのテクストの位置づけを定めようとしているが、そのやり方はどうもうまくいきそうにない——つまりテクストを書きものと発話のあいだに置くというのだ。最初の文はまったくもって不可解だ。この論文は次のようにはじまる。

> 『精神分析』誌第３号のテーマが私にこの論文を寄稿するよう命じたのだが、そうした敬意に私が与るのは、この論文のなかでこれから発見されることのおかげである。その発見は、論文を書きものと発話のあいだに位置づけながら導入することでなされる。つまり論文は、二つのあいだの中途を行くだろう。
> 　実際、書きものは、テクストの優位によりひときわ目立つ。その意味については、このディスクールの運び手がそれをここで担うさまを、これからご覧になることだろう。それはテクストにおいて引き締めを可能にする。私の好みとしては、この引き締めは読者に対し、入口以外の出口を残すべきではない。この入口も私にとっては難解なほうが好ましい。したがってこれは私の言う意味での書きものとはならないだろう。

ラカンが示唆するには、その雑誌の第３号のテーマ「精神分析と人間科学」のために、彼はこの論文を寄せねばならなかった。寄せざるをえなくなった。あるいは、この論文を寄せるよう注文があった。しかし注意しておきたい。彼自身が述べているように（E 497）、彼こそそのテーマを選んだそのひとである（あるいは少なくとも、彼とフランス精神分析協会の同僚たちが選

んだのだ。彼が用いている「尊厳の複数」の"nous"[訳注i]はどちらにも読むことができる)。このテーマが彼にこのような論文の執筆を要求したのなら、それは、彼が主張するように、「このなかで明らかにされること」に対する敬意のゆえである。そしてこの「発見は、論文を書きものと発話のあいだに位置づけながら［あるいは位置づけることによって］導入することで［あるいはこの導入にもとづき、もしくはこの導入を通じて］なされる。つまり論文は、二つのあいだの中途を行くだろう」(E 493)。

　私たちは、最初に、この文の後半部分を素直に理解してみたくなるかもしれない。すなわち、ラカンは（彼がこの後述べるように）文学的な背景を持った哲学学生の集団に向けて講演を行なったのであり、これは講演のまじりっ気なしの書き起しである、と。しかしながら、この素直な解釈は、テクストの密度を考えれば即座に裏切られる。また、このテクストを同時期に彼が行っていたセミネールと比べてみると、それらの構成、隠喩、統語法（脚注と参照については言うまでもない）の水準がまったく異なることが分かる。それゆえ、「文字の審級」が論文のようでもあり講演のようでもあることを考えるなら、そもそもこの講演は、ラカンの他のほとんどの講演と異なり、書かれた論文を読み上げるかたちに近いものだったのだろう。この講演は前もってほとんどの部分が書きだされてあったように思われるのだ。加えて分かっているのは、この講演が行なわれたのが1957年5月9日であること、そしていま手にしているテクストが実際に書かれた、つまり起草されたのが1957年5月14日から26日のあいだ、講演の5日後から2週間のあいだだということである。これを踏まえるなら、ラカンはこのテクストを、口頭で発表した後にかなり大々的につくり込んだと考えられよう。

　『エクリ』に収録されている他の多くのテクストもまた、最初は講義として与えられその後に書き上げられたのだが、ラカンはそれらのいずれについても、書きものと発話のあいだを行くとは述べていない。さらに、「文字の審級」の出版された版では、どんな機会にこの発表を行ったのかについても述べられている。口頭で発表している最中には、間違いなくそんなことはや

訳注 i ――ヨーロッパ諸言語では、地位の高い人物が一人称として複数形を用いる現象があり、これを「尊厳の複数」という。フランス語の文章では地位と関わりなくしばしば使用され、ここでラカンもまた一人称複数の人称代名詞"nous"を用いている。実際に複数の主語を指すとも、ラカンひとりを指すとも読むことができる。

らなかったろう。このような状況のすべてを考えれば、この作品を話されたテクストの書き起しだとする素直な解釈は、おそらくそれほど実り豊かな考え方ではない、ということになるだろう。

書きもの

> 私は、ひとが想像するよりも、自分の書きものに著者として巻き込まれることは少ない。私の『エクリ』も、ひとが思うよりも皮肉なタイトルなのだ。そこには、学会で行う発表や、いわば私が自分の教育の一側面を忍ばせた「公開書簡」が収録されているのだから。
>
> ——ラカン「リチュラテール」

　彼の書きものは彼の発話とは異なる——そうラカンは示唆しているように思われる。なぜなら、彼の書きものは「テクストの優位によりひときわ目立つ。[……] それはテクストにおいて引き締めを可能にする。私の好みとしては、この引き締めは読者に対し、入口以外の出口を残すべきではない」(E 493) のだから。ラカンはおそらく次のように示唆している。すなわち、書くときには、彼は自分のディスクールのなかのすべての穴を塞ぎ、ただひとつの入口、ただひとつの穴あるいは開口部〔オリフィス〕だけを残すことができる。つまり読者は、同じ通路から入って出ていくか、あるいはまったく入りも出もしないか、どちらかだ。読者を何とかコントロールしようとする願望が、ここできわめて明白に見て取られるように思える[1]。
　分析家によるフロイトのテクストの活用と悪用（ほとんどの場合悪用）に対してラカンが加えたコメントの文脈を鑑みると、次のように想定できるかもしれない。ラカンは慎重にも、自分の作品がいかなるかたちであれ、心理学、自我心理学、ないし反知性的な還元主義的精神分析に取り込まれないように書こうとしているのだ、と。彼の望みは、私たちが彼の頭の先や腹や尻の穴まで（どれを選んでもよいだろう）入り込んで、彼のあらゆる理論的な急旋回をその都度追いかけるか、さもなくば——事実かなり多くの読者はそうなるのだが——ものの数分で彼の本に嫌悪を覚え投げ捨ててしまうか、そのどちらかになるように書くことである。読者は、ラカンを何年にもわたって読むか、まったく読まないか、どちらかしかない。

入口と出口はひとつの同じところでなければならない。このように言うときにラカンが子宮の比喩を念頭に置いていることはかなり明らかだろう。それに続く「この入口も私にとっては難解なほうが好ましい」(E 493) というフレーズからも、これが分娩／労働の話だということが分かる。難産／重労働によってのみ、私たちはその小さな穴に出たり入ったりすることとなる[2]。これこそ真の書きものにより成し遂げられることなのだ、とラカンは示唆しているようだ。
　しかし書きものにも——たとえこのような類の書きものにさえも——危険がある。読者は、あるテクストをひとつの体系や教義とみなし、バラバラに拾い上げて、「脱構築」したくなるかもしれない。自分の頭のなかに取り込んで、テクストをコンテクストから引き離し、長年読み慣れた仕方で読んでしまうかもしれない。そこで用いられている観念や論証、そして修辞的な戦略が、内的に一貫しているか一貫していないか、という観点から読むというわけだ。
　このことは少なくとも二つの理由からラカンにとって危険である。（１）彼の作品は証明的というより宣言的であり、論証を補充するという課題は読者に任されているので、ある特定の主張を維持するための論証をその作品のうちにみいだすことは読者にとりたいへん難しい[3]。（２）彼には、物事についてひとつの特定の定式に自分がピン留めされることを避けたがる傾向があり、以前の定式について尋ねられるときも、より新しい定式を持ちだして答えることを好む。ひとつめの理由については、後ほど、近代言語学の根幹にある「ソシュールのアルゴリズム」をラカンがどう捉えたかを見ながら、改めて取り上げよう。ここでは二つめの理由を見ていきたい。
　ラカンは「主体の転覆」のなかで、対象 a が他性あるいは鏡像的イメージを欠いていることに関する、それ自体すでに挑戦的な定式化 (E 818) を行っている。その定式化の真んなかにラカンはひとつの脚注を付して次のように述べている。すなわち、彼はそれ以後、「このことを位置解析学における面の理論から借りたトポロジーモデルによって正当化し」てきたのだ、と！　このような陽動戦術の例は他にもたくさんある。ここに見られるのは、ある種の果てしない横滑り、あるいは前方への逃避だろう。体系は新しいものほど良いものだからだ。またラカンは、私たちが現状において手にしているものが、彼が提供すべき最良のものではないことを、私たちに確かめさせたいようにも見える。さらに、彼は自分の新しい定式を説明することもない。な

ぜなら、そんなことをすれば、この新しい定式はひとつの体系とみなされ、その体系の命題や（論証が補充されている場合には）論証にもとづいて判断されてしまうからだ。そうではなく、ラカンは私たちを焦らしているのだ。もうひとつテクストを読めば、もうひとつセミネールを読めば、私たちが探している答え——私たちが理解しようとしているのが、ラカンの言う根源的幻想の意味であれ、分裂した主体の意味であれ、その他何であれ——を得ることができるとほのめかしながら。

　しかし以前からラカンを読んできた者なら、特定の命題、たとえば不安についての命題をまず突きとめ、それをさらに補強し、臨床的に応用することが、どれほど思うようにいかないことであるかを知っている[4]。これはラカンの側での神経症的戦略、すなわち回避なのだろうか。ラカンはピン留めされることを回避しているのだろうか。ピン留めされれば一定の立場を取らざるをえなくなり、特定の命題や論証を用いるリスクも背負うことになり、その結果自分自身が去勢（限界確定や批判など）にさらされてしまうからだ[5]。私は、神経症的回避をそんなに簡単に無視していいとも思わないが、とはいえ、それが本質的なことだともほとんど思えない。実のところ、この回避を神経症に分類するとき、その前提には、具体的な命題を提供することはそれ自体で価値ある目標である、という考えがある。言い換えれば、それは理論に対して強迫的なスタンダードを採用することである。これによると、理論は、私たちが検証（敬服あるいは嘲笑）できるように、個別的で識別可能な対象（糞便のようなもの）を生産しなければならないのである。

　非常に多くの理論的な書きものが、まさにこのような前提を採用している。この前提は、本質的には強迫的な偏見であり、その大部分が、遠慮なしにこう呼ばせてもらえば、「肛門的で男性的な学術書きもの」に結びついている。なぜこんなものが、ラカンの書きものをはかる尺度でなければならないのか。おそらく、私たちはむしろ、最終生産物ではなくラカンの書きものの流れあるいはプロセスにこそ、すなわちその捩れと転回、再帰的スタイル、そして運動にこそ、目をみはるべきである。ラカンがソシュールの仕事の何を評価したかについて考えてみよう。彼は『一般言語学講義』を「その名に値する教育、すなわち、それ自身の運動にのみ目を向けるような教育を伝達するという点で最も重要な出版物」（E 497）と呼んでいる。ラカンの考えでは、その名に値する教育とは、ひとつの完全で完璧な体系をつくりだすことで終わってはならないし、結局のところそんなものは存在しない[6]。真の教育は

絶えず進化し、自らを問いに付し、新しい概念をつくり続ける。

　要するに、強迫的なスタンスを採用するなら、ひとはこう言うことができる。すなわち、私たちにはラカンを寸評し、彼に価値があるかを確かめるための（肛門的）贈り物が必要なのに、彼はそれを与えるのを回避しているのだ、と。あるいはもっとヒステリー的なスタンス——ラカン自身のスタンスに近い——を採用するなら、こうも言える。ラカン自身、自らのテクストを、何らかの完結した理論や体系を構成するものとはみなしていない、と。1966年に『エクリ』が出版されたときに彼がその本を提示した仕方から見れば、それがつくりかけ（ワークインプログレス）であることにほぼ疑いの余地はない[7]。ここで特に、ジャン＝リュック・ナンシーとフィリップ・ラクー＝ラバルトの「文字の審級」読解に対する彼の1973年のコメントについて考えてみよう[8]。ラカンはそれが、その時点までに自分の作品になされた読解のうち最も優れたものであると主張している（Seminar XX, 65/69）。しかしラカンの考えでは、彼らは、その本の後半部分で誤りを犯している。というのもそこで彼らは、ラカンにひとつの体系があると想定し、あまつさえその体系についてきわめて複雑なダイアグラムを提供しているからである。

　それに対してラカンは、自分自身の作品を、フロイトの作品を見るのと同じ仕方で捉えている。ラカンが繰り返し述べているように、後期フロイトを評価して、それと引き換えに初期フロイトを貶める、などということはできない（E 267）。フロイトの作品は、その捩れと転回、再定式化、新たな局所論の配置という水準で捉えられねばならない[9]。フロイトの後期の定式は彼の初期の定式を無効にしたり取り消したりしない。後期の定式は、ある種の止揚（乗り越えのなかで押さえ込むと同時に維持すること）において初期の定式をさらに補強している。私たちがフロイトを本当に理解するようになるのは、エス／自我／超自我の局所論を把握することによってではない。特殊な理論的および臨床的な問題を扱うために次々と局所論を発明していくさまや、それらに満足がいかなくなった理由を見ることによってである。実際、ポストフロイト派の精神分析家たちの仕事に対しラカンが投げかける批判の要点は、彼らのフロイトの読み方に関係している。彼らは、あちらこちらから概念を取りだしては、まったく無関係な文脈にそれを置き、他方でフロイトの書きもののなかでそれを取り囲んでいた他の一切合財を置き去りにしてもよいと考えているのだ。

　ラカンの考えるところでは、まずそうした仕方でフロイトを読むのは誤り

である。しかし、一見すると単純で理解しやすく見えるフロイトの書きもののせいで、そのような薄っぺらな読解が助長されたのかもしれない[10]。ラカンは自分自身の作品がそのような仕方で読まれることを望まず、そうした読解を慎重に退けようとする。彼は自分の仕事を、いくつかの問題への取り組みであるとみなしている。すなわち、〈フロイト的領野〉を扱うための新たな概念、新たなシェーマを何度も新たにつくり直すものとみなしている。だから自分の用語が文脈から引き離され、それと無関係なかたちで用いられることは望んでいないのだ。

　もちろん、これをコントロールするのは不可能であり、合衆国における文芸批評と社会理論の歴史が示しているように、このうえなく難解な書き手の作品でさえ、文脈から引き離されて勝手に利用されることがある。

　ここでむしろ問題は、ラカンが精神分析と哲学のあいだに境界線を引こうとしていることだと思われる。ラカンは自分の作品を哲学とみなしてはいない。彼の作品はひとつの体系ではないし、ひとつの体系のように評価されることを意図してもいない。「問題」なのは、精神分析が他の学問領域から孤立した状態のうちに存在するのではなく、良かれ悪しかれ他の学問領域と同じ基準に従わされる、ということだ。科学は精神分析に「経験的に確かめることができる仮説」を生産することを期待する。一方、哲学は精神分析に内的に一貫した論証を提供するよう期待する。フロイトはラカンよりもはるかに多くの論証を提供した。そして科学者や哲学者は、フロイトの論証について、証明したり反証したり、再構成したり脱構築したりしてきた。ラカンは、（セミネールではそうでもないが）とりわけ書かれたテクストのなかでは、科学者や哲学者が理解できるようなことを実のところほとんど提供していない。ラカンのこうした戦略は科学者たちを思いとどまらせることができた（私はこれまでのところ、ラカンのどの命題に関しても、その有効性を経験的に検証したり、あるいは否定したりする試みを、まったく知らない）。しかし哲学者たちはあいも変わらず、彼の作品をひとつの体系として扱い、それを再構成したり脱構築したりしている。科学者や哲学者に納得してもらうのは難しいのだが、実のところ、精神分析の実践と理論は科学や哲学と同じ基準に従うことはできない。というのも精神分析はそれらの学問領域とは根本的に異なる仕方で構造化されているからだ。この場合、科学や哲学の側の反応はしばしば単純なものである。すなわち、精神分析は詩と同じものでしかないというのだ。

発話

　ここで、書きものから発話へと向かおう。発話には、明らかに書きものよりも多くの穴がある。発話は、書きものと同じように「物事を引き締める」ことはできない。入ることも出ることも、粗を探すことも、自分自身の目的へと向かうことも、比較的容易である。発話は書きものほど厳密でもないし、固く閉じられてもいない。さらに「守りを固めておく」こともできない。

　しかしラカンは、様々な仕方で発話に魅了され、ことあるごとに書かれた作品よりも口頭での仕事を特権的に扱っている[11]。ラカンは自らの口頭による教育が、分析家訓練の重要な一部だと考えている。彼の考えでは、セミネールは書きものよりはるかに分析家の訓練に貢献する（書きものもまた特定の教育的効果を達成しようと苦心しているのではあるが）。プラトンの時代から、口頭での伝達が愛を生むこと、そして愛と知が無関係ではないことは明らかである。ラカンのセミネールは転移的文脈をもたらし、学生たちのなかに愛を生みだし、その愛が彼らを自らの仕事へ駆り立てる。ラカンのセミネールに出席した学生たちは、分析における分析主体と同様に、触発されて仕事へ向かうのである。もちろん、それだけでは済まない。多くの証言によると、ラカンは聴衆に多大な影響を与える優れたカリスマ的話し手だった。彼は、学生たちに転移的な愛を抱かせることを望み、実際それに成功している。まさに学生たちがラカンのために自らの仕事をしたのと同じく、ラカンはそのような愛のためにはたらいたのである。

　出版を介することで生まれてしまう聴衆との隔たりは、発話の効果の多く——カリスマ、トーン、華やかさ、身振り手振り——がまったく消えてなくなることを意味する。口で伝えるのと比べて、テクストでは転移的な愛を生みだすのは難しいように思われる。それゆえラカンは、書きものよりも発話の方が訓練により効果的だと思っていたのだろう。また、だからこそ、彼はこの論文のなかで、それが発話された際の文脈を持ち込もうとしているのである。そうして、この論文には見た目以上のものがあることを思いださせようとしているのだ。「私はこの講演を口頭で行った。この特定の聴衆のために特別に組み立て、彼らに影響を与えたいと思ったのだ」。このように言うことで、おそらく彼は、私たちがこの論文を別の仕方で「聞く」ように望んだのだろう。すなわち、あたかもそれが話されているものであるかのように、あらゆる含みを一緒に聞き取るよう望んだのだろう（というのも、フランス語には非常に多くの同音異義語があるため、話すときには、書かれたテクストよ

りもずっと多声的なものとなるからである)。

　書きものと発話についてこのように議論したとしても、ラカンの冒頭の記述の曖昧さはいくらか残ってしまう。というのもラカンは、そのテクストの最後の文でこう述べるからだ。「したがってこれは私の言う意味での書きもの［あるいは書かれたテクスト］とはならないだろう」(E 493 [強調フィンク])。これは、「その夢のなかの女は私の母ではない」(Freud, "Negation," SE XIX, 236〔全集19巻3頁〕) のように、古典的な否定のように聞こえる。なぜ書きものに最初に言及するのが、それが書きものであることを否定するためなのか。なぜ私たちに向けて——読者に向けて、というのも話された講演にはこの文は含まれていなかったはずだから——、目の前にあるこの書かれたテクストが書きものではないなどと書くのか。ラカンはここで間違いなくこのパラドックスに気づいている。私たちは彼の講演に立ち会っていなかった。私たちにあるのはただ、目の前のこの書かれたテクストだけである。私たちはそれを、書かれたテクスト以外に、他にどのような仕方で捉えればいいのか。

　ラカンは、私たちが次のいずれかに身をさらすことを欲しているようだ。カリスマ的転移効果をもたらす彼の生まの発話か。あるいは (出ることができるとして！) 出入りするにはたいへんな仕事を要する、狭い開口部の書きものか。このテクストがそのどちらともつかないことを、ラカンは特に気にしているようにも見える。しかしラカンはこれをある意味、褒め称えるのだ。このテクストは、どうやら他のいかなるテクストとも異なり、「二つのあいだの中途を行くだろう」(E 493)、と。彼は間違いなく、自身の他のどのような出版物に対してもこんな風に言ったりはしない。

　それら二つの中間を行き、どちらにも転ぶことのないテクストから、私たちは何を望むことができるだろうか。ラカンが記述しているように、これは本質において、まさに分析主体のディスクールの性質ではないだろうか。分析主体のディスクールは、それが分析セッティングのなかで分析家に向けて話されているかぎりにおいて、発話である。とはいえその基礎は、あるいはその展開の中心は、ある種の書きものである。すなわち、無意識への主体の過去や欲望の書き込みである。仮に分析主体のディスクールを紙に書き写そうものなら、ためらい、声の抑揚、声量の上がり下がり、話す速度の変化、これらがすべて失われてしまうだろう。特定の言葉やフレーズの強さも失われてしまうだろうし、確信の感覚も消散してしまうだろう。しかし仮にそれ

を無意識の書きもの——無意識という書かれたテクスト、無意識を構成する一連の書き込み——からのいかなる干渉もない純粋な発話とみなすなら、非常に多くのものを取り逃してしまう。まさしく現象学的心理学へと再び陥ってしまうだろう。

　そこで、ラカンがここでやろうとしていることについて、試みに次のような命題を提示したい。ラカンは、自分のディスクールを発話と書きものの中間（天国と地獄のあいだ、頭と爪先のあいだ——またもや子宮の強調？——あるいはフランス語でそう言うように、皮と肉のあいだ *entre cuir et chair*）に位置づけることによって、それをひとつの分析主体のディスクールとして位置づけているのだ。これはラカンが自身の仕事の他の箇所でも行っていることである（たとえばSeminar XVII〔訳注：XIX か〕の初回の授業、December 12, 1971〔*Je parle aux murs*, 43〕、またSeminar XIX, March 8, 1972〔114〕。さらにSeminar XX の最初の頁では次のように言っている。「私はひとりの分析主体としてのみここにいることができる」）。分析主体のディスクールは、それゆえ、書きものと発話の中間である[12]。もちろん、ここでラカンが発するディスクールのことを考えるなら、彼は特殊な分析主体である。ともかく、ここで彼は寛大にも、自らの分析の未完了の性質を見せてくれているのだ。彼の分析は、私たちに向けて話したり書いたりすることのうちで続いている。分析家としてそれを解読する作業に私たちを促し（それによって私たちを訓練し）、また分析主体としてそれを熟考し、連想を繰り広げる作業に私たちを促す（それによってそれぞれの分析を先へ進めるよう励ます）のである[13]。

　一点、記しておけば、ラカンが書きものにおいて与える小さな穴——入口にして出口——は、それゆえ、彼が儚いものとして描く無意識の穴と対応している。「無意識とは、開いたとたんに閉じるものである」（Seminar XI, 131/143; 29-32/32-33〔『四基本概念』188頁および40頁〕も参照）。

　私がここで一見すると思弁的に二つの事柄を結びつけていると思われよう。ひとつは、テクストを書きものと発話のあいだに位置づけることであり、もうひとつは、分析主体のディスクールである。この結びつきの確証を、「発話と言語の機能と領野」の以下の一節に求めることができるかもしれない。

　　　［分析主体は］こうして、次の二つの事柄の違いを把握する。ひとつは都合のよい空想でもってうぬぼれを増長させている独白の蜃気楼。もうひとつは、逃げ道なしの［*sans échappatoire*］ディスクールの強制労働。こ

の後者を、心理学者はいくらかのユーモアとともに、セラピストはいくらかの狡さを発揮して、「自由連想」という名で飾ったのだ。(E 248 [強調フィンク])

「自由連想」によって特徴づけられる分析主体のディスクールには、いかなる出口もない。ここではこうつけ加えることすらできるかもしれない。それは入口以外のいかなる出口も残しておかない、と。分析の原則、すなわち、頭に浮かぶありとあらゆることについて言うという、精神分析の根本原則という入口である。

ラカンが「文字の審級」において自分のディスクールを、分析主体のディスクールとして慎重に位置づけているという私の考えが正しければ、それは教育に対するラカンのアプローチの転回点をしるしづけている。教育、そして結局のところ訓練は、学術的で専門的な精神医学の路線に沿って執り行われるべきではない（いずれにせよラカンはおそらくそのような路線に完全に従ったことはなかったろう）[14]。分析家を教育すること——そして他の学問領域で訓練された者を分析的大義のもとに馳せ参じさせ、またそのことによって分析家／哲学者／文芸批評家の新しい聴衆をつくりだすこと——は、別の種類の教育のディスクールを必要とする。それは、答えを与えることではなく聴衆に自らの仕事をさせることを目標とするディスクールである[15]。「文字の審級」は、ラカンが、教育と訓練に対するＩＰＡの伝統的なアプローチから立ち去ったことの、またおそらくはフロイト自身のいまだいくらか説教くさいアプローチからさえも立ち去ったことの、ラカン自身の自覚をしるしづけている。ラカンの書くスタイルの変化は、それがいつ起こったのかを厳密に特定することは難しいが、「フロイト的〈もの〉」(1955-1956年)で開始し、「文字の審級」(1957年)のなかで理論化された、と理解することができるかもしれない。さらに次のように見ることもできよう。ラカンは「文字の審級」において、自分がもはや書きものを既存の大学のディスクールのなかに位置づけるのではなく、むしろ、後に彼が定式化するところの分析家のディスクールとして、すなわち主体に分裂を生じさせることを目的とするディスクールとして位置づけていることを、理解するようになっていた、と。

私は、このことが少なくとも、最初の２頁に見られる修辞的な派手さの意味のいくらかを明らかにすることを願っている。こうした派手さについての詳細をもうひとつだけはっきりさせておこう。ラカンはここで、謎めいた仕

方で次のように主張している。彼はセミネールでは毎週新しい素材を提示するのを第一の目的としていたが、しかしいまや、その目的を一時的に放棄し、私たちがいま読解しているこの論文を書くことが急務になった、と（「この目的を放りだすための口実にしているこの緊急事態……」E 493）。ラカンは、そうすることが彼にとって急務になった理由を述べていないが、数段落後に「『国際精神分析雑誌』のなかで象徴化や言語活動について開始された新しい方向性」（E 494）に言及している。それは、他の分析家たちが「彼のなわばり」を侵害しはじめていることの示唆である。さらにセミネール第4巻を振り返って分かるのは、『国際精神分析雑誌』1956年12月号においてレーヴェンシュタインがソシュールやシニフィアンとシニフィエに言及したことに、ラカンが注意を向けているということである（Seminar IV, 188〔『対象関係』上242頁〕）。それゆえ緊急事態とはおそらくこういうことである。そうした主題〔ソシュール、シニフィアン、シニフィエなど〕に関する自分自身の仕事を急いで出版したほうがいい、さもなくばひとびとは自分を、レーベンシュタインの似たような議論から借用していると言って非難するだろう！——いまやラカンはそのように感じているのである[16]。「治療の指針」の注で述べているように、彼は自分の考えが「浸透作用」（E 601 note 1〔『エクリⅢ』88頁原註（8）〕）によってフランスの精神分析サークルのなかに入っていくことに満足していたかもしれない。ところが、他の者が国際的舞台で彼を出し抜くことには我慢がならなかったのだ——それが彼の以前の分析家ならなおのことである[17]。

　しかし、このことが実際に緊急事態の源泉だとすると、ラカンがそれを私たちに打ち明けるのが不思議でならない。彼の緊急事態は、すべてが厳密に主観的なものであるというわけではないだろう。おそらくそれは戦略的なものでもある。確かに私たちはつねにラカンを精神分析することができる。すなわち、彼の作品のなかで私たちを困らせるものは、彼自身の神経症の産物であると想定することができる。たとえば、「文字の審級」の最初の数文は特にいやらしい妥協形成（書きものは、彼自身が述べるように「抑圧されたものの回帰」である［Seminar XIX, December 15, 1971〔26〕］）を示している、というように。しかし私たちは、そのようにラカンを精神分析するなかで、私たち自身の偏見や神経症を彼に投影しすぎないようにしなければならない。ラカンがここで言っている意味での緊急事態は次のような心配から派生しているのかもしれない。目下、言語はコミュニケーション理論の意味で精神分

析に取り入れられているため、ここでぐずぐずしていれば、言語学者の洞察は、すぐさま送り手‐信号‐受け手という平凡さのうちに包摂されることになってしまわないか、と（こうしたことが、『国際精神分析雑誌』の同じ巻のチャールズ・ライクロフトの論文「分析家と患者のコミュニケーションの性質と機能」のなかで起こっている）[18]。ラカンが感じた緊急性が、言語学が最もつまらない種類の分析理論へと取り込まれるのを防ぐことだったというのはありうることだ。そして、ラカン自身が教えてくれているように、人間の知は概して他者たちとの敵対と競争のなかで生産されるものなのである[19]。

文彩

「文字の審級」はきわめて理論的な性格を持っており、精神分析実践から完全に切り離されているとは言わないにしても、それとほんの少ししか関係していないように見える。それゆえ私は、ここで次に、ラカンがこの論文で提示している事柄が持つ、直接的な臨床的含意のいくつかへと目を向けたい。はじめにこの論文の末尾近くにある一節を見てみよう。

> だからこそ、諸々の防衛機制の徹底検討は［……］無意識の諸機制の裏面であることが明らかとなる。［……］迂言法、転置、省略、中断法、前言撤回、否定、脱線、皮肉、これらは文体の彩（クインティリアヌス[訳注ii]の言う「意の文彩 figurae sententiarum」）である。同じく俗謬法、緩叙法、換称、活写法、これらは転義法である。こうした名前こそ、私には、これら機制を名づけるのに最も適したものだと思われる。分析主体が実際に発しているディスクールの修辞においてはたらいているのが様々な文彩そのものであるなら、ここに単なる話す作法だけを見ることなどできるだろうか。（E 521）

私の知るかぎり、ラカンは、いかにも彼らしいことだが、このことについてここでも他の個所でも丁寧に論じていない（cf. E 268）。しかしこの一節に

訳注ii ―ローマ帝国の修辞学者クインティリアヌス（35年ごろ―100年ごろ）は文彩について著書『弁論家の教育』の第八巻、第九巻で詳しく論じている。第八巻の邦訳は以下。『弁論家の教育3』森谷宇一、戸高和弘、吉田俊一郎訳、京都大学学術出版会、2013年、202-311頁。

は重要な命題が含まれている。無意識のはたらきが、『夢解釈』でフロイトが提示している諸々の機制——すなわち無意識の思考を偽装する圧縮と置換のことであり、ラカンはそれをここで隠喩と換喩に結びつける——に従っているとすれば、分析主体のディスクールのはたらきは、無意識を抑えつけるその他の膨大な数の機制に従っている。後者の機制は、フロイトが防衛機制と呼んだものに関連していよう。分析主体は知らず知らずのうちに、特定の事柄が口をついて出てこないようにし、特定の考えが表面化してこないようにするために、よく知られた修辞的な彩を用いる。しかし分析主体は結局この試みに失敗する。諸々の事柄が口を滑り出てくるのだ。分析家は、こうした修辞的戦略を見抜くように訓練されることで、それらを解きほぐすにはどこで介入するのがよいか分かるようになるのである。

　ひとつの例からはじめよう。あるひとが隠喩を混ぜ合わせてしまうとしよう。それはしばしば、その隠喩のなかで使われている言葉のひとつがそのひとを悩ませているからである。たとえば、その隠喩が「茂みをまわりからつつくのをやめろ stop beating around the bush」〔「詮索するな」の意〕というものだとしよう。すると、そのひとが「つつく beating」について見たり考えたりしたくないような何らかのサディズム的あるいはマゾヒズム的な思考を持っているなら、彼は「つつく」を別の言葉、たとえば「うろうろする circling」で置き換えてこう言うだろう。「茂みのまわりをうろうろするのをやめろ stop circling around the bush」。あるいは、もし「茂み bush」という言葉があまりに性的なニュアンスを帯びていたり、彼が避けたい性的思考を掻きたてたりする場合〔"bush" は女性の陰毛を指すことがある〕、「茂み」の代わりに「問題」を用いて、このように言われるかもしれない。「問題をまわりからつつくのをやめろ stop beating around the issue」。

　これはとてもよくあることだ。もちろん、ときには、その表現を本当に知らずに、生半可な仕方で使っている場合もある。しかし、たいていのネイティヴ・スピーカーは、自分が多くの慣用表現を知ったうえで、そらで覚えて使っている。それゆえ、彼らが変えてしまった言葉をこちらで繰り返してやるだけで、すぐに、どうしてそんな風に言い方を変えたのか考えはじめる。日常的な言い方では、「問題をまわりからつつく beating around the issue」は、混喩と呼ばれるだろう。というのも、それが「茂みをまわりからつつく beating around the bush」と「問題を迂回する skirting the issue」のあいだの妥協形成だからである。修辞学の観点から言えば、それを、言葉の誤用を

意味する俗謬法と呼ぶことができるかもしれない。どちらの場合にせよ、注意深い臨床家にとっては、それは何かが回避されていることの示唆である。

あるいはそうではなくて、別の思考の連なりが、最初の思考の連なりが出来上がるところにぶつかってきている、ということかもしれない。私の分析主体のひとりは、自分のそれまでの人間関係を説明しながら、「自分の心のジッパーを開けた unzipped her soul」と口にした。詩として読めば、私たちはこの文句を単に楽しんで、それに何もつけ加えないでもいられる。しかし、分析家としては、普通の隠喩なら「自分の心を裸にする bare one's soul」と言うところだと思いつかなければならない。そして、西洋文化において心はたいていの場合、心臓や胸部に関連づけられるので、「ジッパーを開ける」という言葉は、胸部から陰部へと思考が漂流していることを示していると考えられる。つまり彼女は「ズボンのジッパーを開けた」のだ。ここにさらに、「裸にする」の回避や、「ジッパーを開ける」と「心」との結合を強調することができるかもしれない。

上に引用した一節でラカンが言及している他の転義法についてもいくつか考察しよう。緩叙法は、表現を控えることとして知られるもので、セッションのなかで絶えず用いられ、その直前にしばしば軽いためらいが入る。分析主体は「私は本当は親友の妻に欲情している」と言おうとして、トーンを下げて「彼女に魅力がないとは思えない」と言う。このためらいは、どれほど短いものだとしても、高度に構築された二重否定と合わさって、何かが言われないままでいることを示唆している。何らかの思考が、受け入れがたいと判断され、回避されているのである（「親友の妻に欲情しているなんて、どうして俺がそんなに卑しいものか」）。

省略においては、記述あるいはフレーズの何らかの部分が省かれるのだが、それは分析主体が頭に思い浮んだことを口にするのを避ける最も一般的な方法のひとつである。言葉の脱落は、（修辞学における「省略」の定義がそうであるように）「より簡潔な表現を達成する」という意図でもってなされるかもしれない。しかし言葉の脱落には、しばしば、単に分析主体にとって不適切あるいは露骨すぎると思われることを押さえつけるという意図がある。さらに実際に発せられた文が、かなり文法を無視したナンセンスなものだということもある。省略があることを知らせてくれるようなためらいがまったく見られないかもしれないし、たいへん長いためらいが見られるかもしれない。

あるとき、私の分析主体のひとりは、自分がディレクターを務める組織に

ついて議論していた。彼は、自分のいくつかの行為が「愚か者によって自分が管理されることを避けるため to avoid being controlled by fools」のものだと伝えようとしたが、実際に発せられたのは「愚か者による管理を避けるため to avoid control by fools」という言葉だった。彼はこの省略について次にように分析した。すなわち、組織の自分以外の全員を愚か者と呼ぶことを避けようとして、結果的に自分自身を愚か者と呼んでしまった、なぜなら自分自身こそ「管理者」なのだから、と。

　私がある分析主体と持ったセッションから、冗語法として理解できるかもしれない例があげられる。夢のなかで彼はある「女のひと female person」に追いかけられていた。もし彼がその前に分析作業のどこかで動物種について話していたのであれば、「女」に「ひと」をつけ加えることは冗長には見えなかったかもしれない。しかしそういうわけでもなかったため、私は引っかかりを覚え、それを繰り返すと、彼も引っかかりを覚えた。実際、そこで彼が認めたことには、それが女であるのか定かではなく、彼の頭に思い浮かんだ最初の人物は、彼が前日の夜に会ったいくらか女々しい男であった。セッションに来る前にその夢について多くのことを考えていたにもかかわらず、この男とその夢との連想は彼には思い浮かばなかったのだ。ここで、この冗長性が実のところ何かを明らかにするものなのか、それとも隠すものなのか、断言するのは難しい！

　迂言法は、まさに茂みをつつついたり、問題を迂回したりする技法である。私の実践からひとつの例をあげることができる。ある分析主体は、自分の肛門に関連する何らかの直接的な言葉を用いることが恥ずかしく、とりわけ自慰の際に使っていた「アナルプラグ」を指すのに、持ってまわった回りくどい表現を使っていた。こうした遠回しな指示のし方は、しばしば、問題となっている活動をごまかすためのものであり、デリケートな問題を私に「詮索」されることを回避するためのものである。

　脱線とは、もちろん、相手を焦らしてくたびれさせるための、あるいは誰も気づかないように話の主題を変えるための、きわめて一般的な方法である。分析主体は夢の背景となるたいへん多くの話をはじめる。その結果、彼の思考の連なりはその夢からさらにいっそう離れていく。「知らないうちに」ではあるが、二度と戻ってこないつもりなのだ。もちろん、有用な連想の素材を「逃げ道 échappatoire」から区別し、分析主体を夢そのものへと導き直すことが、分析家の役目である。

前言撤回もまた、分析において日常茶飯事である。分析主体は「私は母が私をひたすら無視したと思っている」と述べるが、すぐにそれを取り下げて、「いや、私は彼女ができるかぎり私を気づかってくれたと確信している」と言う。より力のこもった言明が合理化のために撤回され、なかったことにされてしまわないよう、私たちは注意しておかなければならない。患者が「私は兄弟にキスしたかった wanted to kiss」の代わりに「私は兄弟を殺したかった wanted to kill」と言うときのような、古典的なフロイト流の言い間違いと同じく、正解よりも「誤り」の方こそ、真面目に受け取るべきものなのだ。
　皮肉とは、もちろん、ひとが話しているまさにその事柄の重要性を否定するための古典的な方法である。「もちろん私は父を嫌っていた——でもそれは私たち誰もがすることだとフロイトは言っていますよね」。そこでもやはり皮肉は、体裁として利用される。それは、自分自身の発話と経験の射程を最も小さく切り詰めるひとつのやり方なのだ。
　私は、これら様々な例によって、こうした文彩がいかに「単なる様々な話し方」ではないのかを、そして「分析主体が実際に発するディスクールの修辞においてはたらいているのが、文彩そのものである」(E521)ことを、明らかにできたと思う。フロイトが述べていたように、分析主体が沈黙に陥るとき、彼は分析家に結びついた何かについて考えている。そして、ここで分かるように、沈黙は、省略や逸脱、さらに分析家に自分が特定の種類の人間として見られることを避けるためのあらゆる種類の防衛を含んでいるかもしれない。夢のなかではたらいている無意識は換喩と隠喩を使用し、自身の夢について語っている分析主体はほとんどすべての修辞的な文彩や転義法を使用する。分析家にとって「単なる言葉の彩でしかないもの」などひとつもない。分析家の読解方法は、提示されるものと提示されないもの、発話と書きもの、言表されるものと回避されるもの、これらの両方に注意を払うのである。本質的に、分析家はすべての発話を、ひとつの妥協形成として、競合する諸力によって生産されるものとして読むのである。
　もちろん、私たちはまったく同様に、書かれたテクストのなかでそのような文彩に出会うときにも、見かけ以上のものがあると考えてよい。ここでわざわざ否定に言及するつもりはない。フロイト自身もラカンも否定についてかなり詳細に論じているからである。しかし、ナンシーとラクー＝ラバルトによる「文字の審級」の分析に見られる次のようなコメントについて考えて

みよう。「私たちはここで、ラカンを攻撃するつもりも、彼のテクストを弄ぶつもりもない」(*The Title of the Letter*, 89)。ここで私たちは、ちょうど分析セッションでそうするように、「ない not」という言葉に着目することができる。ナンシーとラクー゠ラバルトがここで彼らの連想を教えてくれるわけではないが、私たちは、彼らの本の続く40頁が、まさにラカンを攻撃しテクストを弄ぶことへと捧げられているのに気づかずにはいられない！

それゆえまた、ラカンがこれは「書きものとはならないだろう」(E 493) と言うときも同様に、すでに言及したとおり、彼がなぜわざわざ否定するためだけに書きものを持ちだしてくるのかと考えてしまうのも当然なのだ。

第1節：文字の意味

> 文字は現実的なもののなかにあり、シニフィアンは象徴的なもののなかにある。
> ——ラカン『セミネール第18巻』1971年5月12日

このテクストのはじまりと終わりに目を向けた後で、いまや第1節 "*Le sens de la lettre*〔文字の意味〕"(E 495) へと向かおう。これは英語版では「文字の意味 The Meaning of the Letter」とされているが、「意味 meaning」がこの文脈では必ずしも "*sens*" の唯一の適切な翻訳というわけではないことが後ほど分かるようになるだろう。ラカンのここでの根本的命題は、無意識とは、多くの分析家たちが主張してきたのとは異なり、単なる本能や欲動の座ではない、というものである。実際、それは本能の座などではまったくない。むしろ、それは言語構造全体の座あるいは場である。ここで私たちは、無意識とエスを区別しなければならない。

言語構造全体の本営あるいは場が無意識のなかにあるということは、何を意味しているのか。このことは即座に明白というわけではないし、「言語構造」が何を含意しているのか、そしてそれが無意識についてのフロイト的な考え方とどのように関係しているのかということも、即座に明白というわけではない。

散らかった文字くず

いつもどおり、ラカンはこの命題を説明するのではなく、別の概念を導入

する。文字という概念である（「しかし私たちはここでどのように文字を捉えればいいのだろう」）。ここで記しておくと、第1節のタイトル（「文字の意味」）を除いて、このテクストでは、この箇所以前にはどこにも、文字は導入されていない。おそらく、言語構造と文字のあいだには何らかの結びつきがあるのだが、そのような結びつきがあるとしても、それを見つけるかどうかは私たち次第だということだろう。この新たに導入された概念について、ラカンは次のように述べている。「私たちはここでどのように文字を捉えればいいのだろう。単に文字に添って［*Tout uniment, à la lettre*］捉えるのである」（E 495）。これはフランス語ではとても美しい表現だが、ほとんど何も伝えていない。

　テクストは続く。「「文字」とは、具体的なディスクールが言語から借りてくる物質的媒体のことを言う」（E 495）。具体的なディスクール——すなわち、発話——が言語から借りてくるものとは、厳密には何のことか。ラカンによれば、それは文字として知られる物質的な何かである。ひとによってはこれにピンとこないかもしれない。発話は明らかにその語彙と文法を言語から借りてくる。さらに、発話はおそらく、自身が採用する音素を、話されている言語のなかで利用可能な音素の集合から借りてくる。しかし、文字は厳密にはどこからやってくるのか。

　私たちは、言語が何でないかは知っている。言語は「話す主体において言語を管轄する様々な心的および身体的な機能と混同されてはならない」（E 495）。すなわち、言語は、話すこと（あるいは聴くこと）のプロセスに関わる生理学的および神経学的なシステムではない。言語はそれらとは別種のシステムであり、「精神発達のある時点における各主体の言語への参入よりも前に実在している」（E 495）。実のところそれは、人間主体の集まりの外部に、独立して実在していると言える。というのも、どこかの砂漠の羊皮紙のうえに、新たな形式の書きものが見つかったとしよう。誰もそれをいまだ解読することはできない。しかしやはりそれは、ある言語の実在を示すものと考えられるだろう。確かにそれは、もはや誰も話さない死んだ言語、もはや誰も理解できないような言語だろう。かといってそれがそれ自体の語彙や文法、規則と法を持たないわけではない。シニフィアンは無傷のままだが、シニフィエは完全に謎めいたものとなる。ここで言語を成り立たせているのは、そのテクストのなかで用いられているすべてのシニフィアン（ラカンがしばしばひとつの言語のなかのシニフィアンすべての集合を単的に「シニフィアン」と呼んでいることを注記しておこう）と、それらシニフィアンの組合せを統制

する諸規則（知られていないこともありうる）である。

　それゆえおそらく、発話はそのシニフィアンと文法規則を言語から借りてきている。たぶんラカンが文字と呼ぶのは、ここでは単純にシニフィアンのことである。この確認となりそうな事実をあげよう。ソシュールが「物質的」と呼ぶものは「音響イメージ」あるいは「音響パターン」であり、彼はそれをシニフィアンと同一視している[20]。音響イメージが物質的なのは、ある特殊な意味においてである、とソシュールが言っていることにも注意しよう。すなわちそれは、純粋な物理学的現象としての音そのもの（すなわち音波）ではなく、むしろ音が精神に刻む印象あるいは痕跡である（*Cours*, 98〔『一般言語学講義』96頁〕）。このことは、ラカンが「『盗まれた手紙』についてのセミネール」のなかで有名な「シニフィアンの物質性」（E 24）について述べるときに言わんとしていることなのだろうか。

　文字は、「文字の審級」では、その3段落下で再び言及されている。「失語症における障害は［……］概して、私がここで「文字」と呼んでいるものが意味作用の創造のなかで持つ、シニフィアン効果の二つの側面に分配される」（E 495）。ヤコブソンの失語症論文から分かるように、失語症においては主体の隠喩能力か換喩能力のいずれかが害される。それゆえ、ラカンはここで、隠喩と換喩を「「文字」［……］が持つ、シニフィアン効果の二つの側面」だと、すなわち意味作用の創造において文字が行うことの二つの側面だと、示唆しているのである。文字はここで、それがシニフィアン効果を持つかぎりにおいて（意味をつくりだす機能ゆえに）シニフィアンと同一視されているように思われる。ここまではこのように、文字とシニフィアンに何らかの実在的な違いがあるようには思えない。

　このテクストのなかで文字に具体的に言及している残りの唯一の箇所を考察しよう。それはさらに数頁後である。

> 言語学の決定的発見である［発話の最も基本的な］要素は、音素である。私たちはこの語が適用されるような、抑揚の可変性のうちに見られる音声的定常性を探してはならない。そうではなく、ひとつの言語体系〔*langue*〕のうちでそれぞれの語を識別するのに必要な、示差的カップリングの共時的体系を探さねばならない。そうすることで分かるのは、発話そのものにおける本質的な要素は、〔活版印刷に用いる〕可動式活字のうちに流れ込むことがあらかじめ決まっていたということである。

〔印刷機の〕下段にひしめくディド体やガラモン体〔という書体〕において、この活字は、私たちが「文字」と呼んでいるもの、すなわちシニフィアンの本質的に局在化された構造を妥当な仕方で現前させている。（E 501）

　ここで文字とは、音素が書かれたかたちで表出されたもののようでもある。さもなくば、文字とは、ある音素の構造的な位置や場所かもしれない。すなわちひとつ以上の字（ないしいくつかの活字部分）によって書かれた語の一部分である。たとえば、文字 s は、ひとりの話者がいつも同じように発音する特定の音素に対応しているわけではない。あるいは、同じ言語を話すすべてのひと、ないし歴史上その言語を話してきたすべてのひとびとが、いつも同じ仕方で発音する特定の音素に対応するというわけでもない。文字 s はむしろ、その言語のなかの特定の示差的な要素に対応する。それは、同じひとりの話し手であっても場合によって違った風に発音される。さらに話者が違ったり、時代が違ったりすると、それぞれ違った仕方で発音される。しかし、にもかかわらず「ひとつの言語体系のうちでそれぞれの語を識別するのに必要な、示差的カップリングの共時的体系」（E 501）のなかで同じ場所を占めている。この共示的体系とは、私が文字 s を発音する際の個人的な仕方の枠を出ないこともある。たとえば私が舌足らずなら、s の発音は普通のそれからはかけ離れたものになるだろうが、私が他の音素を発音するのとは十分に異なっているので、話し相手はそれをひとつの異なる示差的要素として認識できるだろう。つまりこの要素を頼りに、私が発音するそれぞれの言葉の違いを言うことができるだろう。それゆえ文字は、単語のうちの特殊な場所として理解することができる。それは、様々に異なった音素のそれぞれによって一時的に占められる場所である。

　たとえば、"through" という語のなかで o、u、g、h という字の並びが占めている場所について考えてみよう。私が強調したいのは、"threw" と "through" が同音異義であるという事実ではない。というのもそれは、現行の発音で偶然そうなっているにすぎず、理論上は時間をとおして変化しうるからである。o、u、g、h という字の並びは、ここでひと文字の場所を占めるものとして理解される。その場所を、代わりに異なる綴りが占めることもありうるだろう。というのもそれらの字のおかげで "through" を、"throw" や "thorough" などから区別できるからだ。ここで文字とは音素そのもので

はない。さまざまな音素が占めることのできる場所である。

百年後、"drizzle〔霧雨〕"は"dritszel"と発音されているかもしれない。しかしそれでも、この語の真んなかで子音が占めている場所が、他のよく似た英単語、たとえば"dribble〔こぬか雨〕"などからの違いを生みだし続ける何かによって埋められているかぎり、問題はない。すると、ここで文字は、ラカンが「示差的カップリング」と呼ぶものの半面として理解することができるかもしれない。示差的カップリングとは、"nipple〔乳首〕"と"nibble〔かじる〕"における p と b のカップリングのようなものであり、それによって私たちは時間の特定の瞬間に、すなわちある共時的体系のうちで、それら二つの語を区別することができる。あるいはそれを、語のなかのひとつの位置あるいは場所として理解してもよい。話された言語が変化発展するあいだのある特定の瞬間に、音素が次々この場所に入れ替わり挿入されるのである。

ラカンは、(こうした示差的カップリングをつくり上げているであろう)個別の単位は、個別の印によって表象されることが「あらかじめ決まって」いたと主張している。これらの印は、植字工が活版の列に並べた小さな鉛片のうえに刻まれているものである。ある特定の書体(ディド体、ガラモン体、タイムズ・ロマン、その他何でも)のそれら印は、すべて「私たちが「文字」と呼ぶもの、すなわちシニフィアンの本質的に局在化された構造を妥当な仕方で現前させている」(E 501)。コンピューター用語で言うなら、こうした「キャラクタ」[訳注iii]が、ラカンが文字と呼ぶものを「妥当な仕方で現前させる」、あるいは具現化する。これらの字〔キャラクタ〕——それはある言語のうちである仕方でのみ(例外はいくらでもあるが、たとえば c の後に来るときを除いて e の前は i となる、といった類の綴りの規則にもとづいて)組み合わされうる——は、文字が「シニフィアンの本質的に局在化された構造」あるいはいわばシニフィアンのミクロ構造、ナノ構造であるかぎりにおいて、文字の化身なのである。

かくしてこの論文のなかで、文字の定義が与えられる。この定義はどうやら、シニフィアンとそのミクロ構造(それは活字や印刷文字によって物質化あるいは再現前化されるが、ただしそれらの字と同じものではない)のあいだのどこかに位置しているようだ。つまりシニフィアンと、ひとつの語のなかであ

訳注iii——コンピューター用語で、文字や記号など情報交換の最小単位を指してキャラクタ
と呼ばれる。

る瞬間ごとに様々な音素がその場を占めたとしてもなお同一に留まり続ける位置とのあいだである。しかし、これが文字の意味なのだろうか。あるいはそれは間違った問いで、こう問うべきだろうか。これは文字の方向あるいは方向性（*sens*）なのだろうか。次のことに注意しておこう。すなわち、「シニフィアンの物質性」（E 24）という観念は、ジャック・デリダやラクー゠ラバルトとナンシーによってきわめて重視されているが、「『盗まれた手紙』についてのセミネール」のほんの一年後に書かれた「文字の審級」ではいかなる役割も演じていない。ここでラカンが示唆するのは単に文字が活字において物質化されるということだけである。しかし、物質化されるからといって、それ自体が物質的であるようには見えない。ラカンによる文字の「定義」（「「文字」とは、具体的なディスクールが言語から借りてくる物質的媒体［*support*］のことを言う」［E 495］）は不明瞭なままであり続ける。というのも、問題となっている物質的媒体は、ラカンがしばしば私たちのまわりの「大量の本や紙の山」に含まれている「何キログラムもの言語」について語りながら言及する、紙上のインク以上のものであると考えることができるのだから（Seminar VIII, chapter 2、また Seminar II, 232/198〔『自我』下40頁〕、さらに E 282も参照）[21]。

言語学を基礎づけるアルゴリズム

ここで、言語学を基礎づけるアルゴリズムとラカンが呼ぶものへと目を向けよう。それは、近代科学としての言語学の土台にあるアルゴリズム（E 497）、すなわち$\frac{S}{s}$である。最初に注意しておきたいのは、このアルゴリズムはラカンのテクスト以外のどこにも見つからず、言語学者によっては一度も提示されたことがないということだ。これはソシュールによる記号の描写とも根本的に異なっている（*Cours*, 99〔『一般言語学講義』96頁〕; 図3.1を参照）。

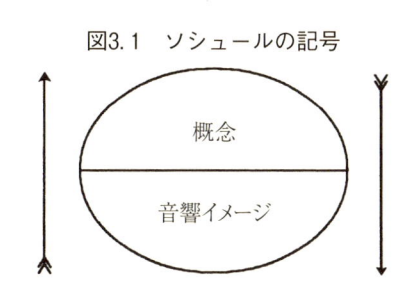

図3.1　ソシュールの記号

ソシュールによれば、シニフィアンとシニフィエ、すなわち音響イメージ（あるいは音響パターン）と概念は、不可分な仕方で結びついている。ソシュールが言うように、「この二つの要素［概念（あるいはシニフィエ）と音響イメージ（あるいはシニフィアン）］は、むつまじく一体となっている」（99〔96頁〕［強調フィンク］）。ソシュールが提供している記号のイメージにおいては、二つの要素は、それらを囲っている線のために、ひとつの全体を形づくっているように見える。これはカプセル化された記号であり、そのなかではシニフィアンとシニフィエが互いに横滑りすることはなく、代わりに陰陽のような形状を形づくっている。ラカンはぶっきらぼうにその囲いを取り払い、そのイメージの見せかけの調和を、そしてそれがつくりだすうわべの全体性を消し去るのだ。

　ダイアグラムの両側にある相方向の矢印は、概念と音響イメージとのある種の相互性を、すなわちシニフィアンの階層とシニフィエの階層との相互性を示しているように見える。そこでは、それぞれが互いに対して持ちうる影響は、比較可能である。その矢印が編者によって導入されたのか、ソシュール自身によって導入されたのかについては議論の余地がある。しかし、ここでの私の関心は、ソシュールのテクストにおける記号を概念化し、可視化し、表象するこうしたやり方から、ラカンが何を抜き取るのか、ということにある。したがって、私たちにとって最も重要なことは、もう一度述べるなら、彼がぶっきらぼうにその矢印を除外するという事実である。

　ラカンによれば、シニフィアンとシニフィエのあいだにはいかなる相互性も、相互浸透も、一方による他方の決定もない。それらは「むつまじく一体となり、互いに呼びかけあう」わけではない（*Cours*, 99〔『一般言語学講義』96頁〕）(22)。その代わりにラカンははっきりと「シニフィアンとシニフィエが互いに独立であること」（*Seminar III*, 258/227〔『精神病』下120頁〕）を強調している。

　次に注意すべきは、ラカンが、シニフィアンを上にシニフィエを下に位置づけることによって、支配的位置と従属的位置とにあるものを逆転させている点である。シニフィアンがシニフィエを支配するのであり、シニフィエがシニフィアンを支配することは決してない。

　私はすでに、ソシュールによる言語学的記号の表象にラカンが加えた三つの主要な変更を指摘した。しかしそれにもかかわらず、ラカンはこうした形式化の参照先としてソシュールをあげる。彼は、シニフィアンとシニフィエ

のあいだの横棒にまったく新しい意味を与えさえする。すなわち「意味作用に抗する障壁」(E 497) という意味である。これは、記号を「二つの面を持つ心的実体」(*Cours*, 99〔『一般言語学講義』96頁〕) とするソシュールの考えとは真逆である。ソシュールにおいては、シニフィアンとシニフィエは一枚のコインの二つの面のようなものなのだから。

これら四つの主要な変更によって、ラカンがソシュールの記号を完全に覆していることが理解できる。実際、彼はそれをもはや記号とは呼ばずに、アルゴリズムあるいは形式化と呼ぶ。それにもかかわらず、彼はそれをソシュールに帰している。なぜそのようなことをするのだろうか。ここではそれに関するいかなる議論も見あたらない。おそらくこの主張は、単にあるべき規範を指示するものなのだろう。あたかもラカンは、このアルゴリズムがこれ以降あらゆる近代言語学を基礎づけるものとして機能すべきだと言っているかのようだ。いずれにせよ、なぜこのような特定のアルゴリズムがあらゆる近代言語学を基礎づけるのかについて、そして、なぜソシュールのダイアグラムよりもこの形式化の方が好ましいのかについて、ここではまったく論証されていない。

その代わりに、多くの観点 (たとえば論理実証主義) が笑いものにされ、多くの主張がなされている。そのなかでも私が最も重要だと思うのは、シニフィアンはシニフィエを表象する機能を担わないという主張である。これは、多くのラカンのセミネールのなかで繰り返されており (たとえば、「シニフィアンは、それがシニフィエといかなる関係も持たないかぎりにおいて措定される」[Seminar XX, 32/29])、言語を人間の思考を表現するためのツールとみなす機能主義的および道具主義的な言語観に対抗している[23]。人間の思考——すなわちシニフィエ (あるいは概念) ——を、言語から独立したもの、あるいは言語に先立つものとみなす理論家たちもいる。そこでは言語は、単に私たちが思考を他人に表現するのに役立つだけである。ラカンは、聞き覚えのある月並みな論拠を用いて、正反対の見方を証明してみせるなどということはしない。むしろ彼は実演する。自分なりに言語を用いながら、言語が機能性の枠をはるかに超えていくさまを示すのである。ラカンの書きもののスタイルは、他と同様ここでも、証明的ではなく行為遂行的である。ラカンは、シニフィアンとシニフィエが相補的で相互的な関係を持っていないということを、言葉の普通の意味で論証しているのではない。そうではなく、彼は、シニフィアンがまずもってどこに位置づけられるのかについて、私たちを混乱

させる例を提供するのである。

　彼はまず、ソシュールの木のダイアグラム（それがソシュールの編者によってつくり上げられたと信じる者もいる）を逆さにし（図3.2を参照）、次いで、自分自身のダイアグラムを提供する（図3.3）。このダイアグラムは、言語についてのいかなる一対一対応の理論も、言語獲得についてのいかなる「指差し発話」の理論も、不適切なものにする。

　　　　　図3.2　ソシュールの「き」（左）とラカンの「き」（右）

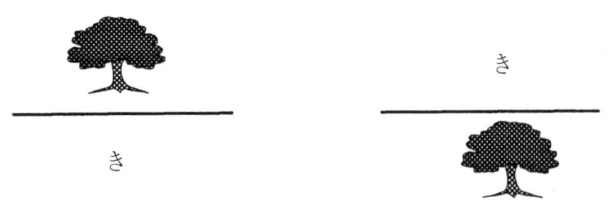

　ソシュールの挿絵のダイアグラムについてはやはり次のように考えてしまいそうになる。すなわち、事物（あるいはそのイメージ）を指差し、確認しながら、ひとつの単語が発音される、というように。そうするとやはり、このような所作が様々な木について十分な回数繰り返されれば、子どもは木という概念あるいはシニフィエを、その音響イメージつまりシニフィアン"き"との連合のもとで形づくり、習得するのだ、と考えてしまう。"き"という語が発音されるといつも木のイメージが不可分に喚起されるだろうし、木を目にするといつも"き"というシニフィアンが不可避的に喚起されるだろう（私はこれがソシュールの論証だと言っているのではない。むしろ、木のダイアグラムがこのような仕方で誤解されがちであることを指摘している）。

　このような見方は、ラカンが「〈殿方〉と〈ご婦人〉」の例のなかでシニフィアンの複製を導入するとき、きわめて問題含みとなる。とりわけ彼は次のような反直観的な「概念」あるいは「シニフィエ」を描いているのだ（図3.3）。

図3.3　殿方とご婦人

殿方　　　　　　　　　　　　　　ご婦人

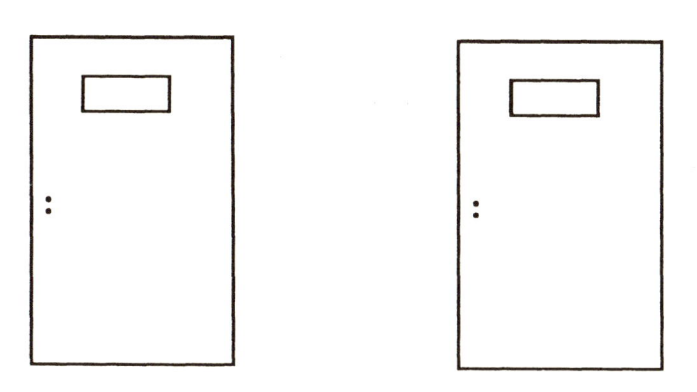

　多くの場合、お手洗いのドアには男女を表す棒人間がついているが、ここでラカンが提示するのはそれではない。むしろ提示されるのは、ドアそれ自体の絵である。その絵には小さなプレートがあり、そこには、ラカンが横棒の上に書いているのと同じシニフィアンが見いだされるはずだ（プレートに書いてあるものはおそらく彼が提示する絵のなかでは小さくて見えない）。ここでシニフィアンはまさに文字どおりシニフィエへと入り込む——シニフィアンは、明らかにふざけて表象されたこの「概念」のうちに含み込まれる。そして「シニフィアンが見えるはずだというのが本当にここ［ドアのプレート］なのだろうかと悩んでいるのだから、近眼の人がやけににらみつけていたとしても仕方あるまい」(E 500)。言い換えれば、もし私たちが近視眼的であるなら、シニフィアンをシニフィエそのもののなかに見ようとしてしまうのである。

　これらのドアを、単純にソシュール的な意味での「概念」とみなすことはほとんどできない。むしろこれらのドアははるかに複雑なものを象徴している。「西洋人男性が外出中に自然の欲求を満足させるために提供される個人的な部屋」だとか、「西洋人男性が原始共同体のほとんど大多数と共有しているように思われる、公的生活を尿隔離の法へ従属させる命令」(E 500) である。これから見るように、シニフィエはここで、実のところはるかに複雑なものである。

ラカンによれば、図3.3は、抽象的概念が客観的に実在する存在者を表すのか否かをめぐる唯名論者の議論に対して「ローブロー〔下半身への反則攻撃〕」(E 500) を繰りだすものだ。おそらく、このきわめて抽象的な観念は、ドアそのものにではなく、二つのドアの並置のうちに実在しているからだ（こう言ってよかろうが、ラカンの図は唯名論者がズボンを下ろしたところを不意打ちするのだ）。そしてその形式は、言葉の両方の意味において「実のないものではない」(E 500)。すなわち重要ではないわけではないし、また、物質性や実質を持たないということでもない。なぜならそれはドア上のエナメルプレートに印刷されているからである。それは同時にシニフィエの運命を決める。ここでシニフィアンの優位と勝利が祝われ、シニフィエは葬り去られる。葬儀に訪れた私たちは、教会の上階の身廊あるいは中央通路から男女別々に列をなすだろう。（私は読者が私と一緒にラカンのテクストを読んでいると想定している。）

この論文をとおして見えてくるのは、シニフィアンがとても行儀が悪いということである。それは「境界線を尊重」せず（少なくともいわゆるソシュール的な境界線を尊重せず）、シニフィエと歩調を合わせず、シニフィエに取り締まられるのをよしともしない。

シニフィアンはシニフィエのなかに入り込む。あるいは、ラカンが16年後に言っているように、「シニフィアンがシニフィエに詰めものをする」(Seminar XX, 37/37)。そこでラカンが用いている「詰めものをする *truffer*」という語は料理用語であり、クリスマス用のガチョウにクリの実やソーセージやパン粉やそういった類のものを詰め込むことを指す言葉である。ここではジョイスの『フィネガンズ・ウェイク』がその文脈をなしている。その作品には "how bootiful and how truetowife of her〔なんと溜めまめしくも美しく、なんと忠実な妻〕" 訳注ivといったフレーズが見られる。"bootifull" というシニフィアンには "boot〔ブーツ〕"、"booty〔戦利品〕"、"full〔満杯〕" が含まれており、その響きは "beautiful〔美しい〕" にかなり近い（実際 "beautiful" をそのように発音する子どももいる）。こうしたシニフィアンのシニフィエには、これら各々が持つ意味がすべてぎっしりと詰め込まれている。私の考えでは、

訳注iv—ジェイムス・ジョイスの著作『フィネガンズ・ウェイク』は、英語を下敷きとしながらも、様々な言語から語彙を取り入れ、言葉遊びを利用した造語により執筆されている。

「シニフィアンがシニフィエに詰めものをする」というのはまさにこの意味においてである。シニフィアンはシニフィエをいっぱいにして溢れかえらせるのだ。シニフィアンはシニフィエに入り込み、これを風船のように膨らませ大きくする。ジョイスのものにかぎらず、何らかの特定のシニフィアンをより詳細に考察すればするほど、その意味はますます膨張するのである。

思考の連なり：いかなる意味作用も持たない（しかし多くの意義を持った）差異

こうしてラカンは、ソシュールのダイアグラムをひっくり返し、そこに「〈殿方〉」と「〈ご婦人〉」という二つのシニフィアンを単に並置することで、驚くほど多くの意味を生みだしたわけだが、この短く示唆的な議論を離れて次に彼が向かうのは、妻から（うわさで）聞いたという少年と少女の話である。彼らは駅に入っていく電車のなかから窓の外を眺めている。彼らはそれぞれ、自分が座っている位置、すなわち車窓の外を眺めるそれぞれの視線の向きにしたがって、自分が「〈殿方〉」という場所にいるか「〈ご婦人〉」という場所にいるかを推論する。彼らはそれぞれ、「〈殿方〉」と「〈ご婦人〉」が実際にこの町の名前あるいは駅の名前だと真剣に考えているようなのだ！（それらが外国語で書かれていたなら、駅の名前であると考えるのも、もっともだろう。）

ここではシニフィアンは、実のところ、車窓の外にあるお手洗いのドアのプレートに書かれたものの並置である（これは図3.3ではシニフィエであったことに注意）。すなわち、二つの項による「カップル」の並置である。そして、このシニフィアンは線路——それは「ソシュール的アルゴリズムの横棒を物質化する」（E 500）ものだが——をある意味でまたぎ越す。踏み段を登って、列車の通路へと降りてくるのだ。何のためにか。「憤慨と嘲笑がこちら側で噴きだす［……］ためのダクトに、その曲線部分を押しつける」（E 501）ためである。「こちら側で」というのは、おそらく、少年と少女が座っている車内のことだろう。そして、そうしながらも、そのシニフィアンは決して「いかなる意味作用も持ちきたらさ」ない。「それはただこうした運び込みにおけるシニフィアン構造をあらわにすることができるだけである」（E 501）。

運び込まれているのは、いかなる意味作用にも対立するものとしての憤慨と嘲笑だと思われる。ここでのシニフィアン——これら二つの二項対立的な項の並置——は、「不一致」（E 500）を生みだし、二人の子どもにバラバラな方向へ飛び立つようなきっかけを与える。そこでは〈殿方〉が何であり

〈ご婦人〉が何であるかに関しては何も言われない。重要なのはこの対立そ
のものであり、その意味ではない。

　クロード・レヴィ＝ストロースは、特定の文化における諸々の対立——聖
と俗、生のものと火をとおしたもの、など——についての入念につくり込ま
れたリストを提供しているが、そこにおいては、諸々の対立そのものが持つ
構造化する効果の方が、それら対立がもたらすいかなる意味作用よりも優位
に立つ。実のところ、私たちは分析のなか、ほとんどの時間を、次のような
問いについて語ることに費やしている。男とは何か、女とは何か、男である
とはどういうことなのか、女であるとはどういうことなのか。男と女に差異
があることはよく分かるのだが、その差異はいかなる特定の意味作用も持っ
ていない。多くの時間をかけて、意味作用が欠けていることに頭を悩まして
いるのである。この文脈のもとではシニフィアンとはひとつの対立をつくり
だすものだ。その対立は、いずれ意味を担う準備はあるにせよ、それ自身で
はいかなる特定の意味も持っていない。私たちはこれを、シニフィエなきシ
ニフィアンとみなすことができるだろう。

　シニフィエあるいは意味作用が欠けていることは、ここで、シニフィアン
とシニフィエの関係は問題含みであるということ、あるいは存在しないとい
うことさえ示唆している。このことは、男と女の非関係、すなわちラカンの
有名な「性関係はない Il n'y a pas de rapport sexuel」（たとえば Seminar XX
17/12, 35/34を参照）を思い起こさせる。〈殿方〉と〈ご婦人〉、男と女の関係
は、ファルスによって媒介されているのだが[25]、実のところ、私の「主体の
転覆」読解によると、ファルスとはまさにシニフィアンとシニフィエの「関
係性」そのものである（第4章参照）。言い換えれば、ファルスとはそれらの
あいだの欠けている関係性のことなのである。ラカンがファルスを「シニ
フィエなきシニフィアン」（Seminar XX, 75/81）と呼んでいることを注記し
ておこう。また、ファルスがシニフィアンとシニフィエのあいだの横棒と無
関係ではないと彼が主張していることも注記しておこう（40/39）。この意味
において、私たちは次のように言うことができるだろう。すなわち、ファル
スとは、シニフィアンとシニフィエのあいだの遮られた関係（または関係の
なさ）を示すシニフィアンである（つまりは性関係のなさのシニフィアンである）。

　ソシュールによればシニフィアンとシニフィエは「むつまじく一体となっ
ている」が、ラカンによればそこにはいかなるむつまじさもない。シニフィ
アンとシニフィエの関係性は、私たちにとって、性関係のモデルにはなりえ

ない！　一方が上に乗っかって、下にいるほうに「詰めものをする」としても——「シニフィアンがシニフィエに詰めものをする」(37/37) ——、その関係は、性関係であるより、料理の関係であるように思われる。しかしこの横棒があるせいで、性関係のなさを執拗に思いださせられることになるのだが。

シニフィアンの「仕様書」

ラカンは次にシニフィアンについてのいくつかの専門的な考え方へと向かう。シニフィアンの最も小さな示差的要素は、すでに論じたとおり、音素である。そしてその最も大きな単位は、文全体であると言ってよいだろう。ラカンはこの論文では厳密にそう言っていない（ここでは次のように言われている。「これが［……］、シニフィアンの構成的包摂の次元を、口語上の言い回しに至るまで、語彙として規定する構造的条件である」[E 502]）。一方セミネール第20巻でははっきりその点が述べられている。そこで彼が指摘するには、"à tire larigot" という表現（比喩的に「バケツ一杯」や「シャベル一杯」〔つまり「大量に」〕を意味する）は、単一のシニフィアンとみなされなければならない（ちょうどアメリカ英語で "How do you like them apples?〔あなたはそれについてどう思うか〕" が単一のシニフィアンとみなされなければならないように）。なぜならその意味は、いかなる仕方によっても、それより小さな意味の単位からは構成されないからである。フレーズ全体によってはじめて特定の意味がもたらされるのだ。ラカンによれば、同じことが諺についても当てはまる。"A stitch in time saves nine〔今日の一針明日の十針〕" のような諺の意味は、それを構成している部分からは必ずしも自明ではなく、学ぶ必要がある。個人的なエピソードになるが、私は最初、この諺が何らかの仕方で時間を縫いつけることに関係していると考えた。おそらくマドレイン・レングルの児童書『時のしわ *Wrinkle in Time*』〔『五次元世界のぼうけん』渡辺茂男訳、あかね書房、1965年〕を根拠にしてのことである。しかし、やがて私はその諺の意味をひとつの全体として、言い換えれば、単一のシニフィアンとして学ぶようになったのである。

ラカンは次に連鎖の比喩を導入する。それはソシュール（*Cours,* 103〔『一般言語学講義』103頁〕）から借用されたものである。たとえば、文章の特定のはじまり、特定の主語や動詞は、ある一定の仕方で文を続けることを要請する（これは、形容詞と代名詞が、それらがかかる名詞とのあいだで性数一致していなければならない言語に比べれば、英語にはそれほど当てはまらない）。"Elles se sont dites qu'il fallait qu'elles le fassent"(「彼女たちはそれをやらなければならないと自分たちに言い聞かせた」)というフランス語においては、動詞 *dire*〔言う〕の形態は女性複数代名詞である *elles* および再帰用法によって規定され、ひとつめの *que* は動詞 *dire* によって規定され（たとえば *parler*〔話す〕だと *que* は取らない）、二つめの動詞の時制はひとつめの動詞の時制によって規定され、三つめの動詞の時制は選択された動詞 *falloir* および先行する二つの動詞の時制によって規定される。したがって、文のなかには語と語の多様な結びつきがあり、それらは一種の連鎖を形づくるのである。私が「一方では……」とはじめれば、ほとんどの場合、どこかで「しかし他方では……」と続けなければならない。これがシニフィアン連鎖についての基本的な考え方である。いくつかの輪っかでできたネックレスがあり、それらの輪っかは、各ネックレスをそれぞれ、「いくつかの輪っかでできた別のネックレスのひとつの輪に」結びつけるのだ（E 502）[26]。

"*à tire larigot*"(Seminar XX, 23/19) や "How do you like them apples ?" のような特定の言い回しの意味作用を知ろうとするなら、私たちはそれらの用法を見なければならない。すなわち、それらが用いられる、より広い言語学的文脈を見なければならない。ラカンがここで述べているように、私たちは「問題となっている単位よりもひとつだけ上位の文脈」（E 502）を見るのである。

これまでのところ、ラカンが論じてきたのはまず文法であった（シニフィアンを「構成する侵食」[E 502]、すなわち文中のすべての要素のあいだの結びつき、さらにはある文中の要素とそれに続く文中の要素との結びつきをシニフィアンがつくる仕方）。それから語彙である（諺のように、フレーズ全体や、複数の文が含まれる）。ここで彼はさらに次のように述べていく。「文法や語彙のアプローチはある地点まで行けばやり尽くされてしまうが、それを理由に、その彼岸に意味作用が遠慮なしに君臨していると考えねばならないわけではない。そう考えるのは間違いだろう」（E 502）。

私たちが到達した地点の「彼岸」に何があるのかは明らかではない。しかしこう考えることはできそうだ。文法および語彙をめぐる考察によっては、私たちが語ることの意味作用は汲み尽くされない、と。とはいえ、意味作用そのものが、それらの彼岸でズバリとものを言っているわけでもない。ラカンは、ある文のはじまりがどのように次にやってくるものを予期させるかを説明することからはじめる。たとえば、私が誰かと会話をしていて、「それ

でも実のところは依然として……」と言うと、相手は私が彼に反対したり何らかの反論をしたりしようとしているところだと分かる。そして、私がそう言ったあとで沈黙すれば（「それでも実のところは依然として……［沈黙］」）、彼が予期する意味は、それだけにいっそう重く「圧迫的」かもしれない——おそらく私の反論がどのようなものなのか分からないからか、あるいは最悪の事態を恐れているからだろう。

　こうしてラカンが示唆するのは、シニフィアンには、こうしたわずかな語を単純に文法や語彙にもとづいて分析することで確認できるよりも、ずっと大きな重み、ずっと重たい意味作用がある、ということである。ラカンによれば、「私は黒いけれども美しい」（ソロモンの雅歌１：５）という文にも同じことが当てはまる。ラカンはここでの「けれども」を、後ずさり recul、すなわち「延期」（E 502）とみなしているが、これは「美しい」という形容詞の到来を一時的に遅れさせ、それにさらなる重みを与える。もしこの文が「私は黒くて美しい」と読まれれば、その意味作用はまったく異なったものとなる。そこにはいかなる対立もないだろう。すなわち、「けれども」という語によってつくりだされる「黒い」との対照がなければ、美しさは同じようには引き立てられず、強調されず、飾り立てられることはなかっただろう。明るい髪の女が自分の髪をよく見せるために暗い色のブラウスを着るように、あるいはそのまったく逆の場合のように、「けれども」という語を使うことによって、それに続く部分は先行する部分との違いにおいて際立ち、注目を集めるようになるのである。

　ラカンが言及する二つめの例「貧しいけれども正直な女」（E 502）では、女の正直さは、彼女の貧しさとの対照ゆえになおさら際立つ。ここで含意されているのは、金持ちは正直になる余裕があるが、貧乏人はそうではないということである（これは『マイ・フェア・レディ』にでてくるイライザ・ドゥーリトルの父が行う論証だ。彼は、自分にはブルジョワ的価値や尊敬に値する態度を身につける余裕はない、と主張する）。想像して欲しいのだが、ここでこの女を単に「貧しくて正直な女」と特徴づけるなら、どれだけ異なる効果が生じるだろうか。貧しくて正直であることにはほとんど美徳はないが、貧しいけれども正直であることの美徳はかなりのものである。

　私たちはこれによって、私がこの節の重要な「結論」のひとつと考えていることへと導かれる。「したがってこう言える。シニフィアン連鎖のうちにおいてこそ意味は執拗に存続する。しかし連鎖のどの要素も、まさにその瞬

間に提供される意味作用から成り立ってはいない」(E 502)。私が先ほど言及した「けれども」の含意するものはすべて、「貧しいけれども正直な」という単純なフレーズのなかに執拗に存続するが、そのフレーズのいかなる要素も、それらの意味作用「から成り立って」はいない。あるフレーズや文の要素がそこで提供される意味作用から成り立つとは、どういうことだろうか。そうした要素が、それが伝達する特定の意味作用に閉じこもり、限界づけられてしまい、他の何かを喚起したり、示唆したりすることがないということだろうか。ここで、この文をセミネール第4巻の次のような文と並置することが助けとなるだろう。ハンスの恐怖症はハンスに、

> このシニフィアン〔「馬」〕を操作し、そのシニフィアンから、それが本来含んでいる以上に豊かな展開可能性を引きだすことを可能にする。実のところ、シニフィアンは、私たちがそれに担わせるあらゆる意味作用を、あらかじめ自身のうちに含んではいない。シニフィアンがそうした意味作用を含むのはむしろ、それが占める場所、すなわち、象徴的父がいるはずの場所によってなのである。(401〔『対象関係』下272頁〕)

ここで重要だと思われるのは、意味は、私たちがシニフィアンを位置づけている場所から出てくるということだ。すなわち私たちがシニフィアンを作動させる構造からである。意味は、ひとつの文や、一連の（連鎖をなす）文章のなかに執拗に存続する。しかし私たちはどの要素が意味を生じさせたのかを厳密に特定することはできない。それらの要素が何らかの順番でどうにかして組み合わされ、文法の見出しには収まらない時間的様相などがそこに加わることで、意味は生じる。しかしその意味が、どの部分に属するかを言うことはできない[27]。言い換えれば、全体（意味）は、諸部分（個々の要素の意味）の総和以上のものなのである。特定のシニフィアンが運ぶ意味もまたきわめて個別的なものであろう。「馬」というシニフィアンは、それがハンスにとって持つのと同じ意味を、私たちのほとんどにとっては持っていない！

「シニフィエの横滑り」

ラカンによれば、以上のことは、「シニフィアンの下のシニフィエの絶えざる横滑り」(E 502) という考えを前面に押しだすものである。これはいく

らか謎めいたフレーズで、私の考えでは、非常に多くの誤解を生みだしてきた。このテクストでも、私が知るかぎり他の個所でも、ラカンは決して、シニフィアンは識別しうるシニフィエを持たない、とは主張していない。精神分析のテクスト、たとえばフロイトやエルンスト・クリスが書いたものを真に解釈することはできない、なぜなら私たちは彼らが何を言わんとしているのかについて確信することはできないからである、だとか、私たちはセッション中の分析主体のディスクールを解釈することはできない、なぜなら分析主体の語ることは何でもかんでも意味しうるからである、だとか、ラカンはそんなふうには決して考えていない（ラカンの注釈者のうちには、先ほどのフレーズを根拠にそんな結論を下しているように見える者もいる）[28]。私たちがしばらく後で見るように、ラカンはディスクールのうちに多様な意味が現れることを繰り返し強調している。事実として、曖昧さがまったくないようなことを言うのはほとんど不可能である。言われたことは何であれ、個々の単語や表現が、そこで使用されている言語や文化的環境のうちで持つ反響すべてを背負ってしまうのだ。よく知られているように、ラカンは強調点を意味から無意味へと移行させていく。「文字の審級」ですでに開始していたその移行は、しかし、ラカンが分析主体のディスクールのなかに識別しうる意味を位置づけられず歯がゆい思いをしていたためになされたのではない。彼の指摘によれば、分析主体のディスクールには単に多くの意味がありすぎるのだ。そのような意味は分析家を催眠状態に陥らせる。こうして、意味を追求するほどに主体が〈他者〉の意味のうちで、そして〈他者〉の欲望のうちでますます疎外されるということが見えなくなってしまう。しかるに、無意味とナンセンスだけが、主体を〈他者〉の意味と欲望から分離させることができるのである（これについては本章の最後にまた取り上げよう）。

　このような前置きをしたうえで、「シニフィアンの下でのシニフィエの絶えざる横滑り」（E 502）ということでラカンが何を言わんとしているのかを考察していこう。彼は、ソシュールが『一般言語学講義』のなかで線画を用いてこの横滑りを描写していると主張する。それが156頁の図である（図3.4を参照）。

図3.4 ソシュールによる下位区分の図

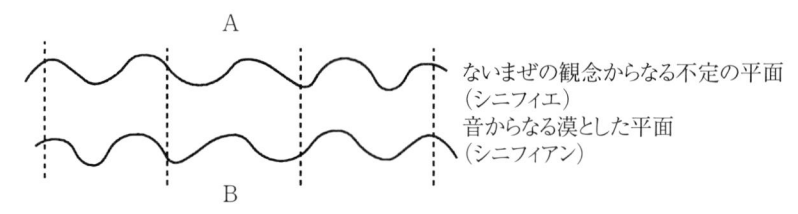

```
         A
～～～～～～～～～～   ないまぜの観念からなる不定の平面
                  （シニフィエ）
～～～～～～～～～～   音からなる漠とした平面
         B        （シニフィアン）
```

　さて、ソシュールが述べるには、上の曲線は、ないまぜの観念からなる不定の平面であり、下の曲線は同じく音からなる漠とした平面である。彼によると、言語とは、「曖昧で不定形な思考の平面（A）と、同じく捉えどころのない音の平面（B）の両方に同時に刻印される、一連の隣接下位区分」（*Cours*, 155-156〔『一般言語学講義』157-158頁〕）である。さらに彼は次のように続ける。「［ある］言語を一枚の紙切れに例えることもできるかもしれない。思考は紙切れの一方の側であり、音はその反対の側である。ハサミを持って紙の一方の面を切りながら他方の側を切らないでおくことが不可能であるのとまさに同様に、ある言語において、思考を音から切り離すことも、音を思考から切り離すことも、不可能である」（*Cours*, 157〔『一般言語学講義』158頁〕）。ここでの思考と音のあいだの結びつきは、それが恣意的であったとしても、いかなる意味でも決して横滑りしないように思われる。思考が音からさらに遠くへ横滑りしたり漂流したりすることは決してない。私が知るかぎり、ソシュールの考え方においては、シニフィアンとシニフィエは異なる方向へ動く地殻プレートではない。

　いずれにせよラカンは次のように議論を続けている。精神分析経験が示すところによれば、思考と音は横滑りして離れていかないようにある決定的な一点で結いとめられている。この点をラカンは「クッションの綴じ目 *points de capiton*」と呼ぶ（E 503）。私はここでこのフランス語を「ボタンタイ button ties」と訳す。ラッセル・グリッグは、この用語がはじめて導入されたセミネール第3巻の翻訳において、それを「キルティングの綴じ目 quilting points」と訳している。これらは、シニフィアンの下でのシニフィエの潜在的な横滑りを止める点である。ここで指摘しておくなら、「主体の転覆」に見られるヴァージョンのボタンタイの図は、ここでのソシュールの線画を改変したものとみなすことができる（図3.5でそれらを簡略化したものを示しておく）。

第3章 「無意識における文字の審級」を読む　133

図3.5　ソシュールの下位区分とラカンのボタンタイ（簡略化したもの）
ソシュール　　　　　　　　　　　　　ラカン

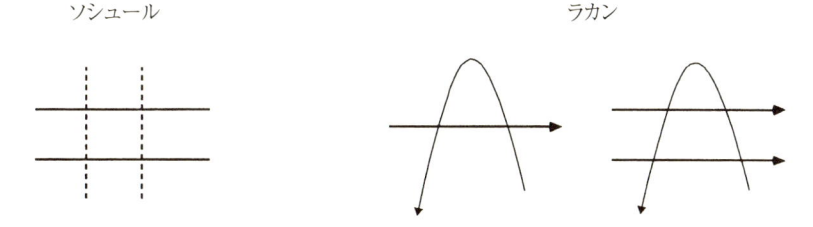

　こうした変形において、ラカンは暗に、ソシュールの線画を、音の時間的展開を含意するものとみなしているように思われる。あたかも、発話において出される音が、線画のなかで左から右へ流れる水の運動に書き込まれているかのように、シニフィエはシニフィアンの展開に沿って「流れる」のである（E 502–503）[29]。（ソシュールとは異なり、ラカンはまたもやシニフィアンを上に、シニフィエを下に位置づける。）このことはソシュールが「線形性」の観念を支持していることを示唆していると、ラカンは主張する。線形性という観念のもとでは、発話と思考を左から右へのまっすぐな線として記録したり書き込んだりすることが可能となり、この線に沿って各々の音のかけらは、ちょうど真下に位置づけられる概念と一致する（E 503）[30]。私は、ソシュールの仕事のなかでこれを裏づけるものを見つけることができていない。しかし、いずれにせよ、ボタンタイのダイアグラムは、意味がそのような仕方では構築されないということを示すためのものである。というのも、文中で後からやってくる諸要素こそが、先にやってくる諸要素の意味を遡及的に決定するからである（第4章におけるこの点についてのさらなる議論を参照）。言い換えれば、文の後半部分が、意味の横滑りをくい止める（すなわち、シニフィエの横滑りをくい止める）のである。こうした横滑りは、ここでは、聞き手が、考えられうる多くの意味のうちでどれが好ましいのかについて感じている不確かさに相当する[31]。
　私が次のように言うとしよう。「ディックとジェーンは、子どもだった頃、繰り返しさらされた……」。聴き手がこの「さらされた」をどう理解してよいか分かるようになるのは、私がこの文を「有害な放射線に」、「外国語に」、はたまた「露出狂の叔父に」といった言葉で終えてからのことである（完璧な文章構成ではないが、こうした言い方はつねに耳にする）。聴き手が文のはじめをどのように理解するか、あるいは「読み返す」かは、文の終わりによっ

て決定される。文の終わりが（いくつかの）意味を固定し、その横滑りをくい止めるのである（その際必ずしも多様な意味が単一の意味へと還元されるわけではない）。文の最初の方でいくつか前置きをしておき、文の後半でそれをひっくり返すというようなことをして、聴衆を楽しませるという芸もある。実際、ユーモアのほとんどはこのようにして作用する。

　ここで次のように言えるかもしれない。注意深い聴き手であれば、「さらされた」という語を聴くやいなや、すでにその語を多くの様々な仕方で理解する準備をする、と。そのとき思いついたありうるいくつかの観念は、それぞれ異なる五線譜上に位置づけられる（図3.6を参照）。

図3.6　楽譜の五線に沿って並んだディスクールⅠ

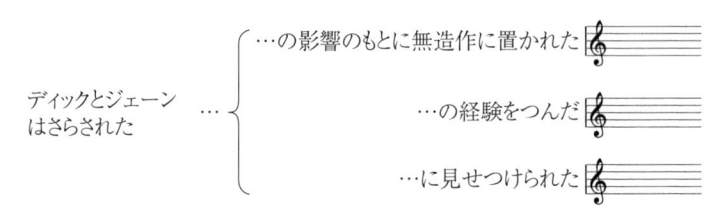

ディックとジェーン　…　⎰　…の影響のもとに無造作に置かれた　🎼
はさらされた　　　　　　⎨　…の経験をつんだ　🎼
　　　　　　　　　　　　⎱　…に見せつけられた　🎼

　ラカンは言う。「あらゆるディスクールは、楽譜上のいくつかの五線に沿って並ぶ」（E 503）。そして、各々の語やフレーズはここで同じように分解されうる。「ディック」と「ジェーン」は小学校の教科書を思いださせるし、「ディック」は「ペニス」の俗語でもあり、「ジェーン」は映画『GIジェーン』を思い起こさせるかもしれない。実のところ、あらゆるシニフィアン連鎖は「その単位それぞれの句読点にくっついたものとして、この点にいわば「垂直に」結ばれているような、実際に用例のある文脈すべてを持続させる」（E 503）。ある語や表現が持つ現存するすべての意味や用法は、これら五線のひとつに書くことができ、それゆえ、何らかの仕方（辞書、文献、インターネットなど）で用例のある文脈はすべて、そうした語や表現からはじまる一種の垂直線を形づくるのである（図3.7を参照）。

第3章 「無意識における文字の審級」を読む　135

図3.7　楽譜の五線に沿って並んだディスクールⅡ

```
          『GIジェーン』
           小学校
            │
ディック と ジェーン は さらされた……
  │                │
 ペニス            ……の影響のもとに無造作に置かれた
 小学校            ……の経験をつんだ
                   ……に見せつけられた
```

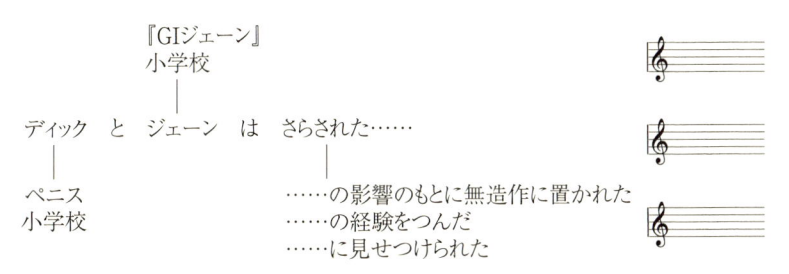

ラカンの「引用」

　ラカンは例として、"arbre〔木〕"についての用例がある文脈すべてを取り上げる。そのために彼は、当時最も完備されたフランス語辞典のひとつであったリトレ編『フランス語辞典』の "arbre" の見出しに依拠する（E 504）。そこで用いている文脈は、聖書の「十字架 tree of the cross」から、ポール・ヴァレリーの20世紀の詩「すずかけの木よ」（Au Platane）までにわたっている。私たちが "arbre" を読むとき、それがどのような文脈のなかであれ、そのありとあらゆる文脈が念頭に置かれていなければならない。ちなみにこのことはラカンを原文で読む際に有益な助言である。なぜなら、ラカンがある語を用いるとき、最も一般的な仕方ではなく、まったく一般的でない仕方でそれに言及していることがよくあるからである。

　ヴァレリーの詩——ラカンが誰かを引用する際によくあることなのだが、若干誤ったかたちで引用されている——を「組織するのは、シニフィアンの並置法という同じ法則である。その合奏は、原初のスラヴ叙事詩と最も洗練された中国詩の両方を支配している」（E 504）。スラヴの詩への言及はヤコブソンの「スラヴ叙事詩」（1952年）[32]を参照してのものだと考えられる。中国の詩については、私は何を見るべきかよく分からない。「シニフィアンの並置法の法則」が意味しているのは、おそらく、シニフィアンはここで平行にはたらくが、シニフィエはそうでないということだろう。（私は、詩に関するラカンの主張について分かったふりをする気はないので、ここでは詳しく述べないでおく。）

　ラカンは次に、予想される反論をあげる。すなわち、これらのシニフィアンはどれも独力ではたらくわけではなく、それが何らかの効果を持つには、ある主体のなかに現前していなければならない、という反論である（E 504）。

この反論に「答える」にあたり彼は、主体はすでにシニフィエの水準へと移行、あるいは落下していると想定する。なぜなら、主体はシニフィアンのはたらきについて何も知る必要はないからである。シニフィエそのものと同様に、主体はここではシニフィアンのひとつの効果なのである。

言語によって自分が言っていることの真逆のことを伝えることができる

語を用いて、私は自分が実際に言っていることとまったく異なることを伝えることができる（E 505）。友人にクラコフに行くところだと教えるなら、真逆のことを伝えることになるかもしれない。それはまさに、彼が、私がいつも彼を欺こうとすることを知っているからである。あるいは、これこれの人物について「私がいままで会ったなかで最も素晴らしい人間だ」と言いながら、声のトーンによって正反対のことを示唆することができる。あるいは、ジョナサン・スウィフトのように、自国の政府を寓話的に批判するために架空の国に関するよくできた話を語ることもできる。多くのひとはその話の筋だけを理解するだろう。わずかばかりのひとが寓話のなかの仮借なき批判をも理解することになる。それではそうした寓話をつくるとしたら、どのようにしてであろうか。二つの根本的なメカニズム、換喩と隠喩を用いてである。

換喩を用いることによって、私は、たとえば大臣（ミニスター）を、彼の職務や服装を示すしるし（たとえば書類かばん）で置き換えるかもしれない。あるいは、音の似た語、たとえば（チーズの）「ムンスター」で置き換えることもできる。これによって、私の政治的な話の外観は著しく変わることになるだろう。隠喩を用いるなら、私は、たとえば話のなかにでてくる「選挙」を、「悪臭コンテスト」というフレーズで置き換えるかもしれない。そして、どのムンスターが最も失神するような臭いを放っているかを選ぶ悪臭コンテストの話を描くことができる（勝者はスーパーマーケットの一番目立つ棚に置いてもらえる）。

ラカン自身があげている例に戻ろう（E 505）。船と帆はしばしば発話や思考のなかで関連づけられる[33]。このときの一方から他方への置換は、「この結びつきの語対語の［すなわち換喩的な］性質」（E 506）に依拠している。この例とは異なり、ひとりの男と麦束は発話でも思考でもめったに関連づけられず、一方が他方を即座に喚起することはない。すなわち、私たちが話す言語においては、それらのあいだに換喩的な結びつきはない（もちろん、私たちがフランス語の詩に精通しているのでなければだが）。それにもかかわらず、

ヴィクトル・ユゴーは、「眠れるボアズ」（E 506）という詩のなかで男の代わりに麦束を用いながら、私たちにその男について考えさせることができている。麦束という概念もこのプロセスのなかで消えてはいない。「麦束」という語を耳にすると、私たちは麦束とボアズの両方を考えるのである。これによってユゴーは、これら二つを巧みに圧縮し、ひとつのシニフィアンで二つの意味を喚起する。このようにあるシニフィアンを他のシニフィアンに代入することを、ラカンは隠喩の本質だと考えている[34]。

ラカンによれば、（何人かのシュルレアリストやヴァルター・ベンヤミンが言ったように）まるっきり異なる二つのイメージをちょっと並置したくらいでは、隠喩の詩的なスパークは創られない。むしろこうしたスパークは、あるシニフィアンを他のシニフィアンによって置き換えることで創られるのだ。たとえば、政治的な寓話において「選挙」の代わりに「悪臭コンテスト」を用いること、あるいは「ボアズ」の代わりに「麦束」を用いること（E 506-507）である。ここでは「ある語が他の語に代わる」（E 507）。すなわち、ある語が他の語の位置に置かれるのだ。そのとき元にあった語は消えてしまうが、その意味は、何らかの仕方で新たに置かれた語のなかに保存されるのである。

ラカンは次のように示唆する。「眠れるボアズ」という詩は、欲深さと憎しみを否定することによって機能する（「彼の麦束は欲深くも恨み深くもなかった」）。こうした否定を行うには、人間存在よりも生命のない自然物についての方が容易である。というのも、そのような物には「私たちの蓄えも廃棄も知ったことではなく、蓄積されていてさえ、私たちの尺度からすれば気前のよいまま」（E 508）だからである。隠れたシニフィアンであるボアズは、麦束に強奪された場所へは簡単には戻れない。なぜなら彼は「外の暗闇へと［……］追放され、そこで欲深さと恨み深さの否定という空洞のうちに匿われている」（E 507）からである。欲深さと恨み深さはすっかり消えてしまったわけではない。それらを否定することは、単にそれらを別の水準へと移行させることであり、その同じ水準に、隠れた「ボアズ」も位置づけられている。彼がどれだけ気前がよくとも、彼の気前のよい麦束にはいつも及ばないだろう。

父性の謎めいたシニフィアン

しかしながら、自分の贈り物の背後に消え失せることで、すなわち彼の麦

束という贈り物を与えるまさにその行為のなかで消え失せることで、ボアズ
は見返りを受け取る。すなわち彼は、人生も遅まきに達して父になるのだ。
ラカンは次のように主張する。このプロセス——その男の固有名が他のシニ
フィアンによって廃止されるプロセス——は、「フロイトがあらゆる男性の
無意識のうちで父性の謎が歩む道をそこに再構成した、あの神話的出来事を
再生産している」(E 508)。私たちは、もちろん、フロイトが父性の謎につ
いて何を語ったのか、そしてそれがこの詩とどのように関係しているのか、
再構成しなければならない。

　手はじめに、「あらゆる精神病治療に先立つひとつの問いについて」の一
節を考察しよう。そこでラカンは、アーネスト・ジョーンズによって提出さ
れた見解を批判している。

> 　［ジョーンズは、］オーストラリアのある部族に見られる信念状況に関
> し、どんな人間集団も、謎めいた例外［処女マリア］を除いて、性交し
> ていないのに女が子を宿すことなどないという経験的事実を見逃すはず
> がないとつっぱねた。ましてや、性交から出産のあいだにかかる期間を
> 知らないわけがない、と考えた。このような信用を、人間の現実観察能
> 力に与えることはまったく正しいと私も思うが、はっきり言って、ここ
> で問題となっていることにおいてはいささかも重要ではない。
> 　というのも、象徴的文脈が要請するなら、父性は、女がどこそこの泉
> やら一本石やらで、そこに住むとされる精霊に出会ったことに由来する
> ものとされるであろうから。
> 　このことが示すのは、生殖の由来が父であるとすることは、ひとつの
> 純粋なシニフィアンの効果でしかありえないということだ。つまり、現
> 実の父からではなく、私たちが宗教により〈父の名〉として喚起するよ
> う学んできたものからの承認の効果でしかない。
> 　もちろん、父になるのにも、死んでいるのにも、シニフィアンは必要
> ない。しかし、シニフィアンがなければ、この二つの存在状態のどちら
> についても、誰も何も知ることはないだろう。(E 556)

　ここでの論点の少なくともひとつは、次のようなものだ。新たに生まれた
子どもの母が誰であるかは即座に明らかであるが——私たちは子どもが母の
身体から出てくるのを自分の目で見ることができる——、父性はより抽象的

で距離のある関係性、すなわち再構成される必要のある関係性だ、ということである。そしてそれを再構成するには、数える能力および時間を可算的な単位へと分割する能力に、すなわち、シニフィアンに依拠しなければならない。さらに、ある文化の成員が９ヶ月を数えることができるからといって、自動的に、子どもの母と９ヶ月前に性交した男に父性が帰属させられるわけではない。父性は、その文化の信念体系に依存するので、泉の精霊や特定の神などに帰属させられるかもしれない。そのときひとつの名前が父に与えられる。だがそれは、たとえばボアズのようなある特定の男の名前ではないだろう。〈父の名〉はそのとき、ゼウスであったり、ビシュヌであったり、麦束でさえあるかもしれない。しかし、そこで起きているのは、自分の固有名にひとつの名前（単純に「父」という名前かもしれない）が代入されるということである。

　ここでフロイトを参照しよう。鼠男の症例のなかのある脚注である（SE X, 233〔全集10巻259頁〕）。そこでフロイトは次のように述べている。「人間が、感覚の証拠に加え、推論を持ちだし、そして母権制から父権性へと踏みだす決心をしたとき、文化の大いなる進展が起こった」。フロイトはまた、ハンス少年の症例のなかでも「父性の謎」について論じている（SE X, 133-135〔全集10巻161-162頁〕）。ハンス少年は「自分の父は妹ハンナの誕生に何らかの関係を持っていたに違いない」と感じている。なぜなら父はハンナのことを我が子と呼ぶからだ。しかしハンスは、父が彼女の父になるためにどのような貢献をし、何をしたのか知らない。思いだしてみれば、ハンスの母と父は、こうしたことに関する彼の問いに答えるのを避けているように思われる、あるいはコウノトリのお話しでごまかしている。ハンスの頭のなかはこうした問いでいっぱいになり、ペニスの役割など、セクシュアリティに関する意識的および無意識的な思弁をたくさん行うようになる。こうしたハンスの苦境は次のことを示している。すなわち、近代文化においてさえ、父性は子どもひとりひとりにとって必ずしも自明ではなく、そのため彼らはそれについて思いをめぐらし、ときには長く険しい思考プロセスも必要とするということである。だからこそ、父はひとつの象徴的な機能なのだ。

隠喩について
　私たちは「父性の謎」という謎を探求してきたが、そのあいだにもラカンはすでに近代的隠喩が持つ構造、そして、「容認できるように思われると述

べてきた次元における愛」という点に話を移している（E 508）。これは、セミネール第3巻における「愛は太陽のなかで笑う小石である」という自身の議論へのちょっとした目配せだが、もし彼が実際にここでその議論について言及したのなら、それはその日のソルボンヌの聴衆にとってまったく謎めいたものだったに違いない。私はここで愛についての議論を取り上げるつもりはない。なぜなら、「無意識の審級」のなかでは、このとおりすがりのほのめかししか得ることができないからである。愛については第6章で、ある程度詳細に論じる。

しかしながら、ラカンは続けて次のように述べる。隠喩は、「意味が無意味のなかで生みだされる」場所に位置づけられる（E 508）。私は、ここで言われている無意味が、ボアズと麦束にはあらかじめ存在する語対語の結びつきがないことに関係していると考えている。それらの関係には、自明なものや明確なものは何もない。意味は、ボアズに麦束を代入することによって生みだされる。このことは何らかの川（おそらくルビコン川）や境界をまたぎ越えることに関わっている、とラカンは示唆しているように思われる。

おそらく意味のなかで無意味を生みだすことでその川が「反対方向に越えられる」（E 508）とき、私たちはジョークや機知の領域にいる。ジョークは、ナンセンスな（あるいは少なくとも表面上は意味を欠いた）ものを、意味のなかに、すなわち、語られるだろうと期待されている話の筋のなかに導入する。私たちが駄洒落やジョークをつくりだすのは、予期されている意味を転倒することによってである。ハインリヒ・ハイネの聴衆は、ハイネが、ロスチャイルド男爵が自分のことを"familiarity〔親しみ〕"を持って扱ったと言うのを予期していた。ところがその代わりにハイネは、男爵が自分のことを"famillionairity〔familiarity + millionaire（億万長者）〕"を持って扱ったと言う。これは、実のところ、厳密には無意味ではなく意味の剰余を生みだしているように思われる。だがラカンはここではそのことについて詳しく論じてはいない。それはともかく、「発話と言語の機能と領野」の次の一節について考えてみよう。

なぜなら、それに対してどれだけわずかな関心しか払われていないとしても——そしてそれに十分な理由があろうとも——、『機知——その無意識との関係』は、〔フロイトの〕最も比類なき著作であることに変わりはないからだ。それは、この著作がこのうえなく透明だからである。無

意識の効果がきわめて細部にいたるまで証明されているのだ。そして、それが私たちに呈する顔は、言語によって与えられた多義性においては機知［*l'esprit*］の顔である。一方その王権の裏の顔は毒舌［*pointe*］であり、この毒舌によって、その秩序全体が一瞬のうちに消滅する。実際、この毒舌を通じて、言語の創造的活動がその絶対的な無根拠さをあらわにし、現実に及ぼすその支配が無意味の挑戦のなかで表現され、ユーモアが自由精神の意地悪な恩寵において、決め手に欠ける真理を象徴化する。(E 270)

ラカンはこのように毒舌を無意味の挑戦と関連づけている。

「文字の審級」の第2節に向かう前に、次のことを記しておこう。ラカンの文字は、適切な意味を持たないが、方向性を持っている。すなわち、"*le sens de la lettre*"と言うとき、それは意味の"*sens*"ではなく、方向性の"*sens*"であり、意味そのものの場所の転覆の方向性なのである。

第2節：無意識における文字

ラカンは、「文字の審級」の第2章で、彼が行うフロイトの夢理論読解が明らかにユング流の読みではないことを、非常に明確に示している。フロイトが夢を、夢に含まれる普遍的象徴や、数々の民族のコスモロジーや神話に関連する夢イメージに依拠しながら解釈しているなどと理解してはいけない。フロイト自身、ときおり、夢のなかで階段を昇ることはつねに性交渉の象徴あるいは置換された表象であると主張するような、大ざっぱな一般化をうっかり口にしている。これは、カール・グスタフ・ユングやその他の連中のように、フロイトの著作のうちにまったく異なる夢解釈のアプローチを読み込むひとびとが採用した類の失策である。そうしたものは前精神分析的なアプローチであり、フロイトがまさに『夢解釈』の第1部で批判しているような、何千年と続いてきたアプローチなのだ。

ラカンは、それとは違い、私たちが主要な筋と呼ぶことができるかもしれないものを取り上げる。それはフロイトの初期の仕事に実に頻繁に見いだされる。つまり、分析主体が自身の夢について語ること（夢の「テクスト」）を、文字に添って読むのだ。たとえば、分析主体が夢のなかで、合衆国〔元〕副大統領のアル・ゴアがリズムにのって〈マカレナ〉を踊っているのを見たなら、まさにその夢はこれによって「アルゴリズム」という言葉を表象してい

るのかもしれない。

　私のある分析主体は、何回かのセッションで自分がペテン師のようで、信頼に値しないし、信用もされていないように感じると語ったあと、二つの異なる方向へと伸びている線路を夢に見た。線路についても二つの異なる方向についても彼にはいかなる連想も浮かばなかった（そしてもちろん彼は「文字の審級」を読んでいたわけではない）。しかし、私が「線路 rail」をさかさまにした言葉、すなわち「嘘つき liar」という語を口にしたとき、彼は突然笑いだしたのである。このことを解釈の「健全さ」の確認として受け取る必要はない。健全さは解釈が生みだす新しい素材のなかにのみ見いだされるからである（E 595）。このことはむしろ、夢が、嘘つき liar を表象することができずに（それは単純なイメージによっては表すことのできないきわめて抽象的な概念である）、より描きやすいものを表象することに訴えた可能性を示唆している。これが、ラカンが分析家にクロスワードパズル（E 266）や暗号ゲーム（E 511）をすることを薦める理由のひとつである。なぜなら無意識は、思考をイメージへと翻訳しようとして、様々な語と戯れ、同音異義語やアナグラムや合成語を見つけだし、簡単に視覚的に表象することができる思考をつくり上げるからである（とりわけ、SE V, 339-349,「表現可能性の顧慮」を参照〔全集5巻79-92頁〕）。

　もちろん、このことは、すべての分析主体の夢にでてくる線路すべてが嘘つきや嘘をつくことを指すということではない。むしろ、自分自身の夢についてのそれぞれの分析主体の説明が、そのディスクールの文字のレベルで読まれなければならないということである。あたかも夢イメージと夢思考のあいだに一対一対応があるかのごとく「デコーディング」（E 510）を行うのではない。むしろ私たちは、「解読」（E 511）するのである[訳注v]。

　多かれ少なかれバイリンガルの分析家であれば、夢がよく用いる術策に慣れ親しんでいる。他の言語では異なる仕方で発音されることを利用して、問

訳注v─デコードは、普通エンコードと対で用いられる。コード（変換規則）に従ってある記号配列を別の記号配列に変換するエンコードに対し、デコードは逆の過程を辿ってそれを復元する。したがって、デコーディングにおいて問題となるのは、二つの情報のあいだの一対一の写像的関係であろう。他方、「解読 decipher」は、現代的な意味での暗号のみならず、古代の碑文などを読むときにも使われることからも分かるとおり、まさしく文字を読み解く作業と関わるものとして考えられる。

題となっている思考を偽装できるような語や名前を、夢は見つけだしてくるのだ。分析家はここで、自分自身の心の眼でその名前の綴りを注視し、分析主体が話すもうひとつの言語でそれを発音することによって、夢の潜在思想を分析主体に把握させる。たとえば、それが有名な映画スターのことではなく、自分自身の父のことなのだ、と。分析主体と同じ言語を話すことができない分析家はここで明らかに不利となる。そのような名前が分析主体の用いる他の言語（通常は母語）において別の発音や意味を持っていないか、慎重に尋ねなければならない。

　ラカンが言うには、文字に注意を払ったからといって、分析主体の文化的および文学的背景のあらゆる側面に慣れ親しむ必要がなくなるわけではない。

> 私たちは、「解毒よしなし草（ファンフルリュシュ・アンチドテ）」を生業にしなければならないのだろうか。やはりそうする決心をせねばならない。無意識は原初的でも本能的でもない。無意識は、基本という点では、シニフィアンという要素しか知らないのだ。(E 522)

「解毒よしなし草」[訳注vi]は、ラブレーの『ガルガンチュア』（第2章）にでてくるもので、おそらくラカンの分析主体のひとり（あるいは分析主体だったときのラカン自身）がセッションのなかで発したと思われるきわめて不明瞭な文学的言及である。ラカンは次のように主張する。すなわち分析家は、きわめて独特であったり、自分になじみがなかったりする分析主体特有の文化的背景に完全に慣れ親しまなければならない、と。多くの場合これは無茶苦茶な要求である！　しかしさもなくば、分析家は、分析主体のディスクールを、それが書き込まれている楽譜の「いくつかの五線譜」のうえに置いて読むことができないのである[35]。

　ラカンはこの節で、数頁を割いて、フロイトの『夢解釈』のいくつかの基本的な題材を論じている。ところで、ストレイチーはドイツ語の"*Traumdeutung*"を「夢の解釈 The Interpretation of Dreams」と英訳しているが、ラカンはそれを「夢のシニフィアン性 *la signifiance des rêve*」(E 510) とし

訳注vi─訳出に際して以下を参照。ラブレー『ガルガンチュア1』宮下志朗訳、ちくま文庫、2005年、第2章。「解毒よしなし草」は、ラブレーのこの著作に登場する、謎かけめいた架空の古文書の題。

ている。夢というものはシニフィアンであって、それが正確に読まれるためには、その最小の構成要素まで解体され、文字に添って(ア・ラ・レトル)受け取られる必要がある。「夢のシニフィアン性」という仏訳は、このことがどれだけ重要かを強調するものだと私には思われる。夢は、それがどのような意味や意義を持っているかによってではなく、そのシニフィアンとしての性質によって、すなわちそのシニフィアン性によって特徴づけられる。もちろん、夢は、私たちがその潜在内容を探究するやいなや、意味や意義でいっぱいになる。しかし夢は何よりもまずシニフィアンであり、解読されるべきテクストなのである。夢から引きだすことのできる意味が、夢が持ちうるすべての意味を汲み尽くすことはほとんどない。

　フロイトが『夢解釈』で言語にもとづく方法をきわめて明晰に示しているにもかかわらず、ラカンが示唆するとおり、分析家たちは、夢があたかも「自然なアナロジーに由来する象徴体系」(E 510) にもとづいているかのように解釈することへと陥っている。夢のイメージを、まるでコーヒーの澱がパターンをつくって、それが鳥や星など自然環境の一部のように見えるのと同じであるかのように解釈しているのだ。言い換えれば、分析家は夢を、曖昧模糊とした同質の媒体に描かれたイメージであるかのように見ている。それは、文字でつくられたシニフィアンとしてではなく、たとえば、浜辺の砂に描かれたイメージ、あるいはガラスの表面に指でなぞったイメージのように見ているということである。彼らは、夢のイメージが何らかの仕方で分析主体から分析家へと伝達されでもするかのように振る舞う。そうしたプロセスにおいては、発話や言語という分節化の媒体は無価値とみなされてしまう。しかし分析主体の夢について私たちが知ることができるのは、本人がそれについて語ることだけである。

　私たちは、夢が何らかのかたちの「自然な表現」をともなうという錯覚を抱くことがあるが、この錯覚をいま一度払拭するために、ラカンはひとつのアナロジーを提案する。夢とは、身振りや符号を用いて相手に格言や、映画名、人名、書名などを推測させるジェスチャーゲームのようなものである (E 511)。これは、そのような格言や名前をつくり上げているシニフィアンがその身振りに内在していることを意味する。身振りの背後で動いているのはシニフィアンなのである。一本の線の下に立っている男 a man standing under a line のイメージは、標準ラインを下まわる〔彼が標準以下の男である〕という観念とは何の関係もなく、「理解すること understanding」に関係

しているかもしれない（ここで私は、読者が『夢解釈』に十分詳しいものと想定し、二次加工の詳細については省略している）。

　この節でのラカンの要点は、フロイトが、夢や幻想や言い間違いといった無意識の生産物における「シニフィアンの構成的役割」（E 512）を最初から認識していたことを示すことである。これらについてのフロイトの解釈は、語、慣用表現、書きもの、同音、こうしたものの重要性を示している。ラカンは、分析家たちがこの点を見落としてきたと主張する。というのも、それは彼らがそれまで見てきたものとは根本的に異なっているからだ。そしてさらには、言語学が当時いまだフロイトに追いついておらず、この領域におけるフロイトの仕事にとって必要な科学的正当化を与えることができなかったからである。ラカンが言うには、分析家がフロイトによるシニフィアンの重視を誤解した別の理由もある。それは彼らが、エディプスコンプレックスや感情のアンビヴァレンスなど、精神分析が前面に押しだしていた特殊な意味作用にすっかり捕われていたからである（E 513）。

　ラカンは続けてここで次のような簡潔な指摘を行なっている。すなわち、無意識ということでフロイトが言わんとしているのは、私たちがそれについて自覚することなく——すなわち、意識の活動範囲を超えて——起こる心的プロセスのすべてではない、と（E 514）。言い換えれば、フロイトは、意識的ではないものと、厳密に無意識的であるもの（すなわち抑圧されたもの）を、区別している。この区別は、論文「無意識の位置」（E 830-831）[36]のなかでさらに詳細に行われている。

無意識の局所論

　ようやくここにおいて、ラカンは「こうした無意識の局所論を定義する」（E 515）ことを提案する。ラカンが主張するには、それは「ソシュールのアルゴリズム」によって定義される。このアルゴリズムは、先に見たように、どうやら近代言語学を基礎づけるらしい。これは即座に次のように変形ないし一般化される。

$$f(S)\frac{1}{s}$$

ラカンがそう言っているわけではないが、これは、「シニフィエ（s）はシニ

フィアン（S）の関数である」と読むことができる。ここで再び、シニフィアンとシニフィエの関係性には相互的なものは何もないということに注意しておこう。彼は、シニフィアンもシニフィエの関数であると言っているわけではない。

　ラカンは次のように続ける。

　　シニフィエにおいては、水平的なシニフィアン連鎖の諸要素のみならず、その垂直的隣接もまた同時に存在している。そのことにもとづき私たちがかつて示した効果は、二つの根本構造にしたがって、隠喩および換喩へと配分される。(E 515)

　先の「〈殿方〉と〈ご婦人〉」の話のなかで、私たちは、シニフィエのなかに、お手洗いに掛けられたプレートのうえにある「〈殿方〉」と「〈ご婦人〉」のシニフィアンが（ともに）現前している例を確認した。また、「ディックとジェーンはされされた……」というフレーズでは、「垂直的隣接」ということでラカンが言わんとしていることを確認した。シニフィアンの用法のうち実際に用例のある文脈すべてが、いわば、書かれた文中の語の上か下につけ加えられたのだった。ラカンはいま、こうした事柄にもとづいて、換喩と隠喩における諸効果（だが何の効果だろうか）を説明したことがあると述べているが、どこで説明したのかは述べていない。けれども、彼のセミネールのいくつかが、出版物および未刊行テクストとして出回りはじめたおかげで、それがセミネール第3巻の第17章および18章と、セミネール第4巻の第22章であったことが分かっている。しかしながら、彼がここで与えている公式は、見たところ、決してそれらのセミネールと同じかたちでは提示されていない。

　換喩は次のように象徴化される (E 515)。

$$f(S...S')\ S \cong S\ (-)s$$

　これは次のことを述べていると読むことができる。換喩とは、帆（S）から船（S'）への置換あるいは横滑り（"..."と書かれている）を可能にする語対語の結びつきの関数であり、シニフィアンとシニフィエのあいだの横棒を維持することへと帰結する（あるいは相当する、ないし一致する）。これは、少

なくとも部分的には、シニフィアンがここでシニフィエに入り込まない、あるいは詰めものをしない、ということを意味している。大臣を、彼の職務を示す記号、たとえば書類かばんへと置き換えるだけで、私は——大勢にとは言わないまでも、少なくとも何人かには——「同じシニフィエ」を伝えることができる。このような仕方で、検閲の目をかいくぐり、アレゴリーによって政治的な話をすることができるのである。しかし、新たな意味を創造しているわけではない。換喩によっては、シニフィエに何か新しいものを詰め込むことはできないのである。私は別の語を用いて「同じ話」をしているだけである（ここでラカンはそのように論証しているように思われる）。

　ラカンは、換喩を表す「アルゴリズム」の括弧のなかにある横棒の、別の読解の仕方を示唆してもいる。すなわち、それは一種のマイナス記号だというのだ。というのもそれは、主体の対象関係にシニフィアンがもたらす存在欠如を象徴化しているからである。ここでラカンはとりわけ言葉足らずである。彼はただ、シニフィアンは「自らが背負う欠如へ向かう欲望でおのれを備給せんとして、意味作用の参照値」(E 515) を利用する、とだけ述べている。

　ここで、そうしたシニフィアンの例として、フォルト‐ダーの二項 (SE XVIII, 14-17) を取り上げよう。フォルト‐ダーは自らが示すものを、現前させると同時に抹消することに注意したい。すなわちフォルト‐ダーは、目の前にいなくても母について語ることを可能にし、それゆえ母を不在において現前させることができる。同時に、目の前にいるときでも母をそこにいないものとして考えることもまた可能となる。これはつまり、母が、以前と同じ仕方では決して再び目の前に現れてくれないということだ。シニフィアンによって子どもが、母の現前に際して不在を想像し、つまるところ、そこにいるのにどこかへいってしまうのではと心配することができるようになることで、いわば無媒介的な現前といったものが不可能になるのである。現前している対象としての母に対する子どもの関係、すなわち子どもの対象関係は、子どもが言語のなかに入り込む以前のように「満たされる」ことは決してないだろう。これ以降、子どもはつねに避けがたく何かを欠いているように感じ、その欠如を埋めることを欲望するようになるだろう（これが子どもの「存在欠如」である）。シニフィアンが現前のうちにもたらしたこの隙間を埋めることは不可能な作業だが、子どもは、それにもかからず、新たな対象が現れるたびに、その対象によって埋め合わせができるのではないかと期待する。こうして、子どもの欲望は、次の対象が前の対象よりも隙間をよりよ

く埋めてくれるだろうという望みを抱きながら、ある対象から次の対象へと、終わらない横滑りに誘い込まれ、導かれるのである。ここでラカンが述べているように、欲望の謎の基礎にあるのは次の事実である。すなわち、「本能は［……］他の何かへの欲望へ向けて永遠に広がる換喩のレールの上に捕えられている」（E 518）。生物学的な本能は、言語へと挿入されることによって人間の欲望へと変容する。そうして存在のなかの欠如（あるいは存在の欠如）を埋め合わせようとして、ある対象から次の対象へ、また次の対象へ、そしてまたその次へと、いやおうなしに引っ立てられていくのだ[37]。これは大ざっぱな注解であり、対象aなどのラカンの後の諸概念を盛り込んだ、もっと別の角度からの説明も可能ではあるだろう。

　第1章で言及したように、ラカンが論文「治療の指針」のなかで「自我とは欲望の換喩である」（E 640）と述べていることを指摘しておこう。私たちはいまやこれをはっきりと理解できる。換喩的横滑りとは欲望の本質的な部分をなすものだが、自我もまさしく存在欠如を覆い隠すべく構築されるものであるかぎりにおいて、自我は換喩的横滑りに等しい。鏡像段階において自我がせき立てられるのは、部分的には、私たちのうちで統一と連携が欠如していることに由来する緊張のためである。私たちは、自分が、周囲の他の統一された存在者のような存在者ではないと感じる。他のものと区別されるひとつのまとまった存在として指し示すことができるようなもの（〈一〉として数えることができるようなもの）はいまだ何もない。その代わりに、顕著な存在の欠如がある。そうした存在は、鏡像段階における先取り行動（何もなかった場所に〈一〉を創造する行動）の以前にはないのだ。このような理由から、ラカンはしばしば自我を偽りの存在に関連づける（Seminar XV, January 10, 1968）。存在の欠如、あるいは存在しそこない──言い換えれば、存在へと至ることの失敗──は、別の水準、すなわち無意識の水準で存続する。無意識の水準における欠如は静的である。すなわち、それは永遠に同じままである。しかしながら、意識あるいは自我の水準では、その欠如は絶えず運動しており、何か別のものへ向けてつねに動いている。

　ここでラカンが隠喩のために提出した公式へと向かおう（E 515）。

$$f\left(\frac{S'}{S}\right)S \cong S\,(+)s$$

これは次のように読むことができる。隠喩とは、あるシニフィアン（Ｓと書かれているもの、たとえば「ボアズ」）の他のシニフィアン（S'と書かれているもの、「麦束」）による置き換えの関数である。前者のシニフィアンは、この置き換えにもかかわらず現前したままであり（このことは ≅ の前にある二つめのＳによって示されている）、シニフィアンとシニフィエのあいだの横棒の横断へと、そして新たな意味作用の創造へとつながる（あるいは、相当するないし一致する）。

$$f\left(\frac{麦束}{ボアズ}\right) ボアズ \cong ボアズ\,(+)s$$

＋はここで、横断（横棒の横断）[38]と、プラス記号（さらなる意味作用、すなわち「[新たな]意味作用の出現」（E 515）を示している）の両方である。別の箇所でのラカンの表現に倣えば、隠喩は「代入であると同時に、代入されたものを維持する」（Seminar IV, 378〔『対象関係』下240頁〕）のだ。

シニフィアンの主体、あるいはシニフィエの主体

> たとえひとがこのような考えを馬鹿にしても、認めたかろうが認めたくなかろうが、ちょうど欲望がひとつの換喩であるように、症状はひとつの隠喩である。
> ——ラカン「文字の審級」

隠喩が私たちにとって重要なのは、その創造性、すなわち詩的効果のためだけでなく、それが、自我に関わる換喩とは異なり、主体の場所に関係しているからである。ラカンによれば、

> このような［隠喩における横棒の］横断は、シニフィアンがシニフィエへ通過する際の条件を表現している。その通過の瞬間について、私は先に、それを暫定的に主体の場所と同一視することで指摘しておいた。（E 515-16）

ラカンはどうやらこの隠喩の瞬間（横棒の横断）を、この論考のもっと前

の箇所で、主体の場所と同一視しているようだ。振り返って、ラカンの次の発言に注意を向けよう。

> しかし、こうしたシニフィアンがはたらくのは、それが主体のなかにあるときにかぎると反論がなされるかもしれない。こうした反論には、主体がシニフィエの水準へと移行したのだと想定することによって答えよう。(E 504)

このことでラカンが何を言わんとしているのかについて、現実的な説明はなされていない。そしてフランス語は例によって曖昧である（この2文目で「主体」と訳したフランス語の "*il*" は、「シニフィアン」を指す可能性もある）。しかし彼は、突きとめたい論点を、次のように定式化し直している。

> 私がシニフィアンの主体として占める場所は、私がシニフィエの主体として占める場所と、同心的なのか、それとも偏心的なのか。これが問題だ。(E 516-517)

私は、実際に、シニフィアンの主体としてある場所を占め、シニフィエの主体として別の場所を占めるのだが、その際問題となるのは、それらが重なるのか否か、ということである（図3.8を参照）。

図3.8　シニフィアン（S）の主体とシニフィエ（s）の主体の同心性と偏心性

偏心的　　　　　　　　　　　　　同心的

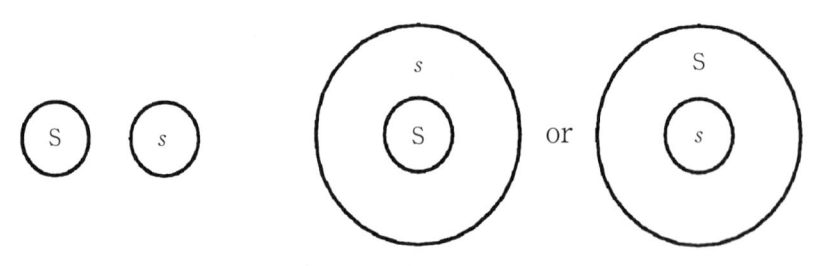

ラカンいわく、重要なのは、私が私自身について述べることが、私が何者であるかに一致しているかどうかではない。すなわち、私の発話（あるいは思考）が私の存在に一致しているかどうかではない。むしろ問題は、「私が

私自身について話すとき、〔話している〕私は、私が話題にしているこの自己と同じものかどうか」である（E 517）。私自身について話題にするとき、おそらく私はシニフィアンの主体である。他方、私が話題にしている人物は、おそらくシニフィエの主体である。この両者のあいだに何らかの重なりがあるだろうか。

これは、ラカンがセミネール第11巻（192/211〔『四基本概念』282-283頁〕）で、意味と存在のベン図を用いて提起しているのとまさに同じ問いであるように思われる。彼はその問いを1960年代に繰り返し提起しているが、その極めつけは、デカルトの「私は考えている、それゆえ私は存在する」に対する素晴らしい応答のうちに見られよう。すなわち、「私は考えていないか、それとも私は存在しないか、そのいずれかである」（Seminar XV, January 10, 1968）。この論考のこの箇所でもよく似た定式が見られる。「私は、私が存在しないところで思考する、それゆえ私は、私が思考していないところで存在する」（E 517）。無意識にはいかなる存在もない——そこには私は存在しない——が、たくさんの思考がある。私は、この無意識の思考が生じないところ、すなわち偽りの存在としての自我のなかに、私の存在を見いだす。

デカルトは、存在と思考が重なるゾーンに、あるいはシニフィアンとシニフィエに共通すると言ってもよい領域にひとは位置づけられると信じていたように思われる（図3.9を参照）。

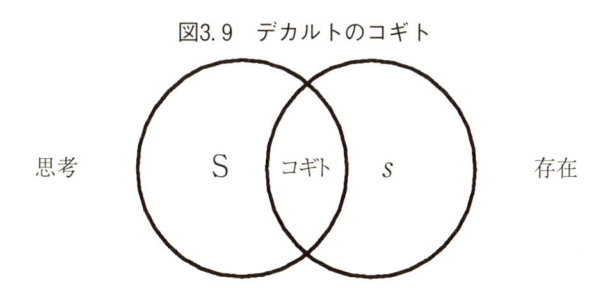

図3.9　デカルトのコギト

思考　　S　コギト　s　　存在

しかし、存在と思考は、シニフィアンとシニフィエと同様、同じ平面に位置づけられることはなく、「ひとは、どこにあるはずもないそれらの共通軸に自分が位置づけられると信じることで、自分自身を欺いていた」（E 518）。ラカンによれば、デカルトのコギトは、シニフィアンの領域とシニフィエの領域が交わるところに位置づけられるように見えるが、ラカンにとってこの

交わりは空である[39]（図3.10を参照）。

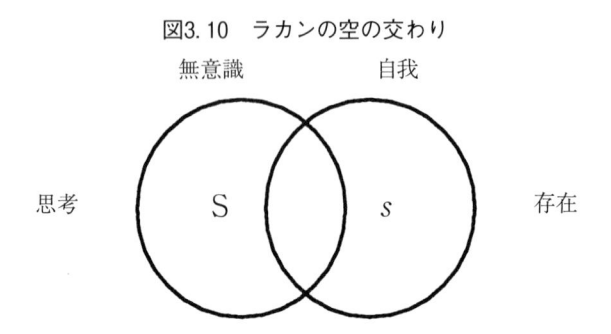

図3.10　ラカンの空の交わり

無意識　　自我

思考　　S　　s　　存在

　図3.10は、無意識が自我の部分集合ではないということを説明している。第2章で見たように、ラカンはクリスの見せかけだけの局所論（図2.1）にいかなる妥当性も認めない。クリスにおいては、欲動は、自我防衛のシステムの部分集合であり、そこに包摂される。ラカンは、いずれの議論（E 517および599）〔「文字の審級」および「治療の指針」〕でも、「同心的」という言葉を用いている。このことが意味するのは、（本当はそうすべきではないのだが、さしあたりエスと無意識を等しいものとみなして言うなら）自我にはたらきかけても決して無意識に到達することはできない、ということである。クリスの考えとは異なり、私たちは、自我の「高次の層」からエスへと移動することはできない。なぜなら、それら二つにはいかなる重なりもないからである。自我の水準ではたらきかけることと、無意識の水準ではたらきかけることは、ラカンによれば、二つの根本的に異なる種類の企てなのである。

隠喩と症状
　この文脈において、「治療の指針」の一節について考えてみよう。

　　［分析主体に、分析における彼のディスクールによって構成されるシニフィアンの流れのなかで］自らを欲望する者として再発見させることは、自らをそこで主体として認識させることとは正反対のことである。［……］
　　　欲望は、分析が主体化するものを服従させる。（E 623）

　分析主体に、分析において語ることのうちで自らを欲望する者として再発

見させることは、すなわち彼の欲望の換喩を継続させることである。この換喩とは、私たちが見てきたように、ラカンが自我と同一視するものだ。ここでは、分析家は、分析主体の欲望の置換あるいは換喩をさらに促すことで、神経症者の自我を支えることに手を貸してしまう。しかしラカンはこの自我をそれ自体ひとつの症状であるとし、「人間の精神の病」(Seminar I, 22/16〔『技法論』上24頁〕) として特徴づけている。「分析経験において、自我は症状の治療へのあらゆる抵抗の中心を表す」(E 118) のだから、分析家は、もし神経症者の症状を治療するつもりなら、別の道を追求しなければならない。

その別の道とは、分析主体に「自分自身を欲望する者として再発見」させることとは正反対の道である。それは、「自分自身を［そのディスクールのなかで］主体として認識させること」に関わっている。なぜならこの後者の企てだけが症状の水準に到達するからである。「文字の審級」でラカンはこう指摘する。

> 隠喩の二段階式メカニズムは、分析的な意味において症状が決定されるまさにそのメカニズムである。性的トラウマの謎めいたシニフィアンと、それが現行のシニフィアン連鎖のなかで取って代わる項のあいだにスパークが走り、ひとつの症状のうちに固定される。すなわちそれはひとつの隠喩であり、そこでは肉体や機能がシニフィアンの要素として捉えられる。またそれは意識の主体には近づくことのできない意味作用であり、症状はそこで解消されるのだ。(E 518)

ひとつの症状はひとつの隠喩である (E 528)。なぜなら、症状のなかで、何かが無意識（の主体）の場所に自らを提示するからである。すなわち、何らかのものが主体の代わりに自らを提示するのだ（このものは、ここではS$_1$として表象される。すなわち、顔面痙攣や蜘蛛恐怖症や跛行などの装いのもとに主体を支配する、ひとつの孤立したシニフィアンである）。

$$\frac{S_1}{S}$$

主体は、それ（そのもの）があったところ、そこに存在として出来せねばならない。では隠喩の領域において、どのようにして症状の水準にある主体

を触発するのか。ラカンの示唆によれば、それは、意味（s）の領域においてではなく、非意味の領域においてはたらきかけることによってである。つまり、シニフィアン（S）のナンセンスで無意味な面を用いてはたらきかけること、その「「文字化する」構造」（E 510）、文字性、すなわちそのシニフィアン性を用いてはたらきかけることによってである。

第4章 「主体の転覆」を読む

　「フロイト的無意識における主体の転覆と欲望の弁証法」は、『エクリ』のなかで最も難解な論文のひとつである。ラカンのテクストの多くと同様、ひとはこのテクストに何度も取り組むか、あるいはそこからほとんど何も得ないか、そのいずれかになる。ラカンは、このことが知のまさにその本性に関係していると示唆しているように思われる。「次のことが目をこらせば見えてくるはずだ。すなわち、そうした知は、厳しい体験をとおして頭に叩き込むことで獲得しないのならば、さえないものにしかならない。それは輸入することも輸出することもできない。使うために形が整っていなければ、いかなる情報もそれとして成立しない」(Seminar XX, 89/97)。

　そのような厳しい体験をする価値があるかどうかは、ひとが自分自身で答えなければならない問いである。セミネール第20巻でラカンが知に関して述べているように、「それを行使する享楽は、それを獲得する享楽と同じものだ」(Seminar XX, 89/97)。それゆえ、こうした知を獲得する享楽が大きな嫌悪感を引き起こすのならば、それを行使するのを愉しむことなどどうしてできるだろうか。このことについては今後検討しなければならない。

　この特殊なテクストの難解さの一部は、それがラカンの仕事のなかで長年にわたって展開されてきた様々な考えにもとづくものである、という事実に由来する。例をあげるなら、クッションの綴じ目という概念は、私はそれを「ボタンタイ」と訳しているが、セミネール第3巻『精神病』ではじめて導入されているものである。また、この論考でラカンが四つに分けて提出しているグラフは、セミネール第5巻と第6巻をとおして構築され、セミネール第8巻で繰り返し言及されている。そして、「主体の転覆」は1966年以前には発表されていなかったので、最後に置かれている去勢に関する題材は1966年に——言い換えればセミネール第13巻の後に——加えられた可能性がきわめて高い。

主体と知の関係

　この論考にはそれを貫くいくつかの経路がある——そしてまさにその経路の多様性ゆえに読者は度々道に迷うことになる。だが、私が出発点に選びたいのは、主体と知の関係である。なぜなら、この論考の冒頭でラカンはまさに次のように述べているからだ。ヘーゲルは「知との関係にもとづいて主体を位置づけ」ようとしており、そして問題は精神分析がどのように主体を位置づけるのかである、と。

　私たちが最初に理解すべきは、知について語るときにラカンが何を除外しているのかである。彼は、知が獲得される心の状態について語っているわけではない。すなわち、ありえる様々な意識の状態（états de la connaissance）、たとえば、熱狂の状態（"en-theos"、つまり、ソクラテスと彼のダイモーンの場合のように、内側に神を持つこと）や、仏教における三昧 samadhi の状態（対象についての「深い瞑想」の状態のこと。その状態において、最初は主体と客体の区別が保存されているが、後の段階ですべての区別が消化され無効化される）、また幻覚剤を使用した際の体験 Erlebnis などについて語っているのではない。ラカンによれば、ヘーゲルは、これらの諸状態は経験の対象ではあるかもしれないが、認識に起源を持つものではないと述べている（E 795）。知が産出されるのは、ひとが何らかの心や感受性の状態にあるからではない。ラカンは、そのような状態において、あるいは催眠によって（たとえある種のヒステリーに特徴的な催眠状態であっても）、無意識を探究する試みを、一種の「恍惚＝略奪」（ravissement）として、つまり力によって奪うこととして特徴づける。彼が主体を位置づけるのは、何らかの経験や意識の状態にもとづいてではなく、「無意識のなかですでにはたらいている」（E 796）論理にもとづいてである。

　このような「すでにはたらいている」論理は、クロード・レヴィ＝ストロースが発見した論理、すなわち、彼が研究した部族の儀礼や活動のなかですでにはたらいている論理、部族の成員には知られることなくはたらいている論理を思いださせる。部族の成員はおそらく、諸々の現象を多かれ少なかれ徹底的に説明するだろうが、それはこの人類学者が発見する隠れた論理ほど徹底したものではない。この意味において、ラカンはすでに、ここで問題となっている主体——無意識の主体——を、無知にもとづいて導入している。知は、何らかの仕方で主体のなかのどこかに書き込まれているが、主体は自分が何をしているのか知らない。（主体は、自分がしていることをなぜしている

のかと尋ねられると、神経症者が無意識の水準で動機づけられた行為に何とか理由づけをするのとちょうど同じように、合理化をでっち上げる。)

　実際、ここで問題となっている主体についてラカンが述べている主な事柄を列挙するなら、次のようになる。(1)「主体は自分が死んでいることを知らなかった」——これはフロイトが詳しく述べている夢への参照である(E 802; SE V, 430〔全集5巻191頁〕; SE XII, 225-226〔全集11巻266-267頁〕)。(2)主体は自分が欲しているものを知らない。分析においてこの主体は分析家に次のように尋ねる。「あなたは私から何を欲しているのですか。あなたが欲しているものを教えてくれれば、私はどうすればいいのか分かるはずです」(たとえば〔分析家の〕言うことに従うか否か)(E 815)。(3)「主体は自分が話していることさえ知らない」(E 800)。ここでの主体の本質的な特徴は、かくして、主体は知らない、これである。

　私の考えでは、この無知は、ラカンが自分自身の「私はそれについて何も知りたくない Je n'en veux rien savoir」(Seminar XX, 9/1) と呼ぶものとは関係ない。なぜなら、ラカンのそれは、抑圧されてきたものを知ることを拒絶し、享楽の理由について知ることを拒絶する、自我の喊声だからである。他方、ここでの問題は、故意ないし意図的な無知ではなく、むしろ、構成的な無知である。哲学——少なくともヘーゲル哲学——が、知との関係にもとづいて主体を位置づけるのに対して、精神分析は、知の欠如、すなわち無知にもとづいて主体を位置づける。ここに見られるのは、ある意味、否定を介した知との関係だと言えるだろう。

　このことが即座に含意するのは、ここでラカンにとって問題となっている主体には、いかなる自己知も自己意識もない、ということである。ラカンの考えでは、主体は、自己意識を説明する自我と自我理想の弁証法から除外されている。

　ラカンによれば、自己意識は次のような仕方で生じる。〈他者〉が自分を見る仕方を内化することによって、すなわち〈他者〉のまなざしやコメント(それらは自分を承認したりしなかったりする)を同化することによって、ひとは〈他者〉が自分を見るように自分自身を見るようになり、〈他者〉が自分を知るように自分自身を知るようになる。鏡の前にいる子どもは、振り返って背後にいる大人が頷いたり、認知したり、承認や追認の言葉をかけたりしてくれるのを期待する。これはセミネール第8巻(第23章と第24章)において鏡像段階を定式化し直したものである。そうすることで、子どもは、あた

かも大人の観点から、自分が親としての〈他者〉であるかのように自分自身を見るようになり、あたかも外部から見るように、そして自分が別人であるかのように、自分自身を自覚するようになる（図4.1）。

図4.1 〈他者〉の内化

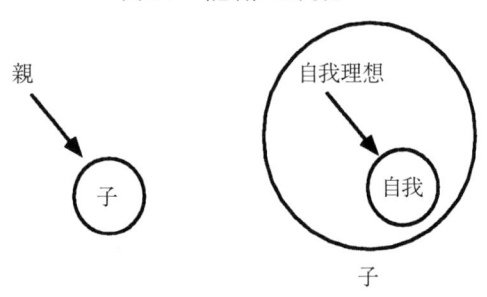

親 → 子

自我理想 → 自我
子

　言い換えれば、私（自我理想）は、自分自身（自我）を、まさに〈他者〉がそうするように、ひとつの対象として見るのである。これが、デカルト的な「私は考える」を可能にする。あるいは単純に、ニーチェがそう言うように、「思考がある」と言うべきかもしれない。ラカンはここで、これが「自己意識」への鍵であると述べている。意識のなかで、「自我は自分自身に疑問の余地のない実在を確証する」のだが、この意識は、「自我に内在するはずがなく、むしろ自我を超越している。なぜなら、意識は一の線としての自我理想にもとづいているからである（デカルト的なコギトはこのことをよく理解している）」(E 809)。デカルト的な自我は、自我の外部にあり自我を超越している意識のおかげで、おのれが実在していることを確かめる。すなわちそれは、意識についての意識、あるいは二乗された意識、要するに自己意識である。数多く出版され続けている自己意識を主題とした出版物を見てみると、ラカンの説明が完全に黙殺されたままであることが分かる。だがそれも、ラカンの説明がきわめて言葉足らずで、この難解なテクストのなかに埋もれていることを鑑みると、おそらく驚くべきことではない。

　いずれにせよ、主体に関して言えば、明らかに、そのような〔自我の場合に妥当するような〕反省性や自己の気づきはない。主体は、死んでいるのにそれを知らず、何かを欲しているのにそれを知らず、自分が話しているということすら知らないかもしれない。主体は、それがどのようなものであれ、自分自身をひとつの対象とみなすことはない。無意識の主体の水準には自己知はない。なぜならそこには自己がないからである。

無意識は、ひ・と・が・知・る・ものではなく、むしろ、知・ら・れ・な・い・ものである。無意識というものは、問題となっている「人物」に・は・知・ら・れ・な・い・ま・ま・に・知られる。無意識というものは、ひとが「能動的に」意識して捉えるものではなく、むしろ、「受動的に」登録され、刻み込まれ、数え上げられるものである。それは、主体がそれに気づくことなく、主体に書き込まれる。この知られざる知はシニフィアンのあいだの結びつきのなかに閉じ込められる。無意識の本質はまさにこの結びつきにある。
　これはラカンが科・学・の・主・体・と呼ぶものである。私たちは、このような知を持たない主体を、レヴィ゠ストロース的な主体と呼ぶこともできる。それはまさに、精神分析のなかで無意識の主体というかたちで扱われている主体である。それは構造主義の主体である。すなわち、科学的な言葉づかいで余すところなく説明することができる主体、（少なくとも理論上は）有限数の項の組合せにもとづいて余すところなく定式化することができる主体である。

知の体制と真理の体制をひとつに結びつける
　知をめぐる問い、そして知との関係をとおしていかに主体を位置づけるかという問いを取り上げながら、ラカンはフロイトの「コペルニクス的一歩」に言及し、その後一歩戻ってコペルニクスそのひとを論じている（E 796）。
　最初に、ラカンが繰り返し述べていることを指摘しておこう。たとえ地球を中心から取り除いて太陽を中心に据えたことの功績がコペルニクスに帰されるとしても、彼は、中心と周縁という構造をそっくりそのまま維持し、物事を説明するために周転円を用いることに訴え続けた。これは、球体の秩序の完全性を想定することにもとづいた偏見である（Seminar XX, 42/42）。球体の秩序、そしてそれが多くの領野で持つ隠喩としての重要性は、ラカンが持続的に取り組んだテーマであり、セミネール第20巻および他の場所でも論じられている（たとえばセミネール第8巻第7章を参照）。ラカンはまた、コペルニクスが、知と真理のあいだの、すなわち科・学・的・知・と〈天・啓・の・真・理・〉のあいだで生じ続ける分裂への扉を開いたままにしたと非難している。コペルニクスの仕事において、知は、いかなる現実的な衝撃も与えないものになる。それは単なるお遊び――周転円のような――である。コペルニクスは計算を単純化するために地球を中心に位置づける。彼の考えでは、これは聖書にもとづく〈真理〉にはいかなる影響も与えない。それは、様々な天体がある時点にどこにあるのかを、より簡単に予測するための装置でしかない。ここで

知は真理から離別する。

　ラカンは、精神分析にとっての問いが、いかにして知の体制と真理の体制をひとつに結びつけるか、というものであると断言する。少し先走って、次のように示唆しておこう。すなわち、私たちはここですでに、フロイトとラカンの仕事をとおして見いだされる根本的な区別を手にしている、と。つまり、表象および言語（知）vs.情動、リビドー、享楽（享楽としての真理）、という区別である。

　ラカンによれば、ヘーゲルは独自の仕方で知と真理の関係を説明しており、それはある必然的な目的論に関わっている。その目的論によると、人間はまさにその本性からして、すなわち意識のまさにその本性からして、すべてを理解するようになるだろう。意識は、すでに完全であり（あるいは完成されており）、人間が必ずや到達する絶対知を保証するものである（E 797-798）。言い換えれば、人間の知と真理のあいだには、必然的な収束があり、根本的な割れ目や離接はないのだ。

　しかしながら、ラカンによれば、科学の歴史は、いつかそのうち絶対知が獲得されるようなヘーゲル的弁証法に従っているわけではない。私たちが科学理論のなかに見いだすのは、収束というよりもむしろ回り道である（特殊相対性理論が一般相対性理論のうちに包摂されるという事実にもかかわらず、そうなのだ）（E 798）。かくして、ヘーゲルの主体が絶対的である（つねにすでに完璧な仕方で完成へと接近している）のに対して、科学は、先に言及したレヴィ＝ストロース的な主体以外のいかなる主体も全面的に廃止しようとする。そのうえレヴィ＝ストロース的主体は、ほとんどまったく、主体的ではない。それは厳密に言えば〈他者〉である。科学の純粋な主体は、結局のところ、生物に刻み込まれた〈他者〉以外の何ものでもない。たとえば、部族の成員が体現するが、彼ら自身は知らない、その部族の文化についての知がそうである。科学は進んでこうした存在のなかの〈他者〉に目を向けようとする。しかし、主体性に関わるものには、すなわちホモ・サピエンスにおける〈他者〉の刻印以上のものにはまったく目を向けようとはしないのだ。

　それにもかかわらず、「精神分析における攻撃性」のなかでラカンが述べているように、「ハードサイエンス」でさえ、決して主体性のあらゆる側面を消去することはできない。

　　物理学が奉ずる理想に照らして、［分析家の］主体性など何にもならな

いと反論するようなことはできない。[物理学は]記録装置を用いることで主体性を消去するが、結果を読み取る際のヒューマンエラーに対する責任は避けてはとおれない。(E 102 [強調フィンク])

　科学はいかなる主体的な要素をも消去し、それを縫合しようとする。あたかも主体性が、科学の側にとっての、突き刺さる一種の茨の棘であるかのように。あるいはあたかもその刺し傷が、縫い合わされ縫合されなければならないかのように（E 861）。
　では、科学が縫合するこの主体性とは何だろうか。そして、それはどのようにして縫合されるのか。ラカンはこれらの問いに「欲望のグラフ」によって答えようとする。

欲望のグラフ
　〈欲望のグラフ〉についての徹底的な注解を行うには、理想を言えば、セミネール第5巻と第6巻を詳細に考察し、その後にセミネール第16巻（December 11, 1968, January 8, 1969）および他の箇所でのグラフの解説を詳細に考察する必要がある。私はここでそうするつもりはない。しかし、それにもかかわらず、次のことは念頭に置いておくべきである。すなわち、ラカンは長きにわたって何度も何度もグラフに取り組んでおり、その段階的な展開と変化は、少なくとも、「主体の転覆」のなかで私たちが手にする書かれたかたちでのグラフと同じくらい重要なのである[1]。
　〈欲望のグラフ〉のもともとのきっかけは、ラカンが、シニフィアンとシニフィエの関係性についてのソシュールのモデルに不満を抱いていたことであるように思われる。第3章で見たように、ラカンは、「ないまぜの観念からなる不定の平面」（シニフィエ）と「音からなる漠とした平面」（シニフィアン）についてソシュールが与えている図（*Cours*, 156〔『一般言語学講義』158頁〕；図4.2を参照）——あるいは「範囲確定」図（*Cours*, 146〔『一般言語学講義』147頁〕；図4.3を参照）——を、時間のなかでの音の展開を示すものとして、そしてそれと対応するシニフィエの時間的展開へとつながるものとして解釈する。

図4.2　ソシュールの下位区分図

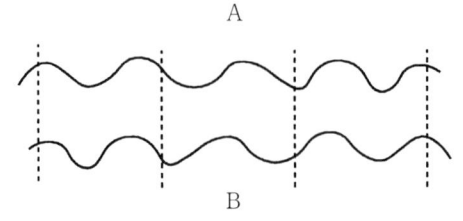

　　　　　　　　A
　　　　　　　　　　　　　　　　　ないまぜの観念からなる不定の平面
　　　　　　　　　　　　　　　　　（シニフィエ）

　　　　　　　　　　　　　　　　　音からなる漠とした平面
　　　　　　　　　　　　　　　　　（シニフィアン）
　　　　　　　　B

　ラカンは（少なくとも彼の頭のなかでは）上下の項目を転倒し、「シニフィアンの下でのシニフィエの絶えざる横滑り」（E 502）について語る。しかし、「横滑り」が厳密にはここで何を指すのかは明らかではない。ラカンの注釈者たちによって、それはしばしばシニフィアンの意味が恒常的にずれたり、あるいは変化したりすることとして解釈されてきたように思われる（「シニフィアンの横滑り」というキャッチフレーズにおけるように）。これは間違いなく、ソシュールが、彼の研究する共時的なシステムのなかで強調していることではない（ソシュールの考えでは、意味の変化が起こるのは、通時的に、すなわち時間をとおしてである）。ソシュールの文脈から見たとしても、「シニフィアンの下でのシニフィエの絶えざる横滑り」は、シニフィアンの意味がずれたり、変化したりするという仮説には何の関係もない。
　ラカン自身の言葉の用い方を見ても、その大部分は語源学および古典的なフランス語の用法（それらは彼の典拠と同様に曖昧だが）にきわめて緊密に結びついたもので、シニフィアンの意味を何らかの仕方で「こじつけ」たり、ずらしたりすることにはまったく訴えていない。彼は、隠喩がどのようにある語に新たな意味をつけ加えることができるのか、またあるシニフィアンの場所がいかにしてより広い構造のなかで様々な意味作用をもたらすことができるのかを強調しているが、換喩に帰すことができる（置換に関連づけられる）以外のいかなる横滑りをも強調していない。ソシュールの仕事においてもラカンの仕事においても、シニフィアンとシニフィエの「危険な食い違い」を証拠立てるものは何ひとつとしてないように思われる。
　むしろ、「シニフィアンの下でのシニフィエの絶えざる横滑り」が指しているのは（第3章で言及したように）、ラカンによるソシュールの図の解釈なのだ。すなわち、シニフィエが発話と同時に展開し、意味が実際に増大してつけ加わり、ひとつの文の後ろの方のパートがそれぞれ、その文のはじめにすでに与えられていた意味の諸部分に意味を一部つけ加える（図4.3を参照）、

という解釈である。おそらくラカンの解釈では、ソシュールの図は、節Aが意味aを生じさせ、節Bが意味bを生じさせ、節Cが意味cを生じさせること、そして、特定の順序でひとまとまりになった三つの節の意味はa + b + c以外の何ものでもないことを示唆している。ここでは、シニフィエは、シニフィアンに沿った（あるいは$\frac{S}{s}$のアルゴリズムによればシニフィアンの「下での」）展開あるいは「横滑り」として考えることができる。ここで言うシニフィアンとは、三つの節の言表行為によって生産される音響イメージ（あるいは音響パターン）のことである。

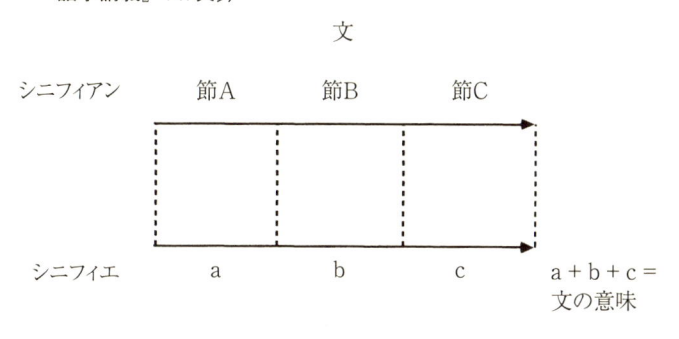

図4.3　改良版ソシュールの「範囲確定」図（*Cours*, 146〔『一般言語学講義』147頁〕）

　　　　　　　　　　　　　　　文
シニフィアン　　節A　　節B　　節C

シニフィエ　　　a　　　b　　　c　　a + b + c =
　　　　　　　　　　　　　　　　　　文の意味

　ラカンは、このようにソシュールの仕事を独自に解釈したうえで、これに対して、シニフィエはそのような仕方ではつけ加わらないと論じようとする。ラカンによれば、予期あるいは遡及効果によって、いわば、何らかの意味が沈着するあるいは結晶化するような瞬間がある。第3章で見たように、「一方では……」という節は、厳密に言って、シニフィアンそのものが含意する以上のものを予期させる。それは私たちに、たとえば、「しかし他方では……」を予期させる。節Cが「有害な放射線」なら、節Aおよび節Bである「ディックとジェーンは、子どもだった頃、繰り返しさらされた……」は、遡及的に特定の意味を担う。より正確に言えば、「さらされた exposed to」の意味は、節Cが与えられるときに「縫いつけ」られるのである。その意味は他の可能な意味（「〔外国語の〕経験をつんだ」や「〔露出狂に〕見せつけられた」などの意味）から絞り込まれる。シニフィアンとシニフィエは、いわば、その瞬間にひとつに結びつけられるのである。
　ラカンは、このようにシニフィアンとシニフィエをひとつに結びつけよう

とすることを、布張り職人がスティッチによって布地にボタンをつけること（そしておそらく布地の裏側に当て物をつけること）に喩える。そのような布張り職人のスティッチは、フランス語では*"point de capiton*〔クッションの綴じ目〕" として知られている（この *"point"* は「スティッチ」を意味し、*"capitonner"* という動詞は「キルティングにする」や「縫い合わせる」を意味する）。マットレス製作者は、そのようなスティッチを用いて、マットレスの詰めものと外側の布地に規則正しい間隔でボタンをつけることができる（図4.4を参照）。

図4.4　ボタンタイと呼ばれる布張り職人のスティッチ

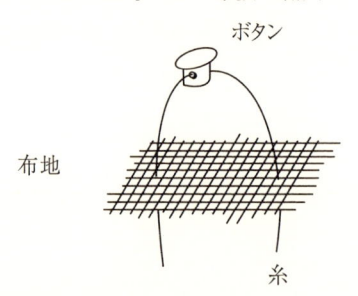

私がこれまでに室内装飾の本を読んで見つけることができた *"point de capiton"* の英語での最も近い等価物は、"button tie〔ボタンタイ〕" である。アラン・シェリダンはそれを「固定点 anchoring point」と翻訳しているが、ボタンタイは、「固定点」というより、一種の独立懸架装置[訳注ⅰ]である。ボタンタイは、物同士を適切に保ちはするが、物を何かへとしっかりと固定するのではない。物同士が互いに結びついているだけなのである。シニフィアンとシニフィエは、それ自身の外側にある何かへと、すなわち「外的現実」や「指示対象」へと固定されるのではない。

このような図式をとおして、特定のシニフィアンとシニフィエはひとつに結びつけられ、置換不可能なひとつの意味に、すなわち完全に根こそぎにされてしまうことはありえないようなひとつの意味になる。「主体の転覆」において、ラカンは、意味を生みだすプロセス一般について説明するためにこの図式を一般化する。図4.4における布地は、たとえばある文を言表するときのような、発話におけるシニフィアンの時間的展開になる（ラカンはグラ

訳注ⅰ―自動車のタイヤのサスペンションの形式のひとつで、左右のタイヤを一貫して中心軸に固定するのではなく、それぞれが独立して動くように保つ仕組み。

フ1のなかで、この時間的展開を略してSとS'で表記し、二つのベクトルが交差する地点に置く。SとS'はそれぞれ「あるシニフィアン」と「別のシニフィアン」を表す。図4.5では、私はそれを後のラカンのマテームにもとづいてS_1とS_2に変換している)。図4.4における糸は、意味を生みだすプロセスそのものになる。そのプロセスは、文の終わり(S_2)から進行し、文のはじめ(S_1)の意味を生みだす。

図4.5　ラカンのクッションの綴じ目

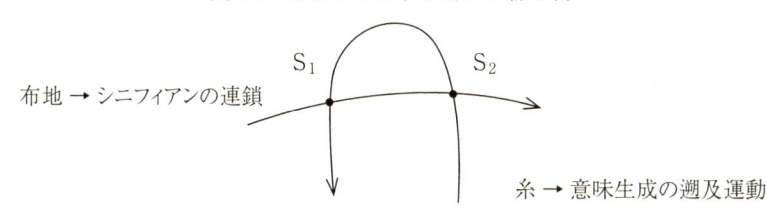

布地 → シニフィアンの連鎖　　S_1　　S_2

糸 → 意味生成の遡及運動

　意味は、ある文の各部分の下に単に自動的に登録される（ソシュールの「範囲確定」図についてのラカンの解釈）わけではなく、文の意味を摑まえるためには遡及運動が必要である。しかしどうすればそのような運動がつくりだされるのか。むしろこう言ったほうがいいかもしれない。誰があるいは何がそのような運動をつくりだすのか。ラカンの言葉を借りるなら、「ここにはどこに布張り職人がいるのか」、「どこにマットレス製作者がいるのか」(Seminar V, 14〔『形成物』上10頁〕)、ということだ。あるいはより広くこう言ったほうがいいかもしれない。意味を生みだすプロセスに参与している主体はどこにいるのか。誰がそして何がこの主体なのか。これらは、ラカンが〈欲望のグラフ〉を構築するなかで取り組もうとする、特に重要な問いである。

グラフ1の注解

　〈欲望のグラフ〉の完全形は、集合論と〔数学的な〕組合せの研究に見いだされるいくつかの図式にもとづいている。それはある純粋な組合せの、すなわち「『盗まれた手紙』についてのセミネール」の「続きの紹介」のなかで論じられている組合せ (E 57)[2] の、発展的展開として理解することができる。ラカンはこのグラフを段階的に構築しており、そのはじめから主体を導入している。図4.6はグラフの第一段階（あるいは「原始細胞」[E 805]）を表している。

図4.6　グラフ1

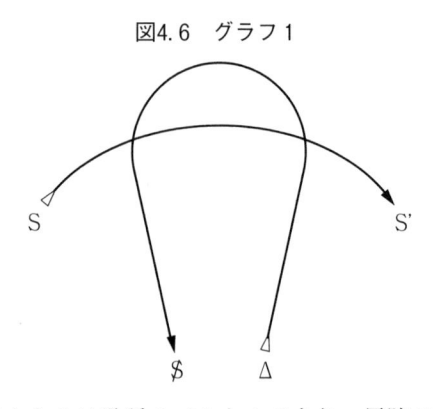

　左から右へのベクトルは発話のベクトルであり、馬蹄のかたちをしたベクトルは主体性のベクトルである。主体性のベクトルの出発点にある三角形は、生きている有機体（le vivant）としての、すなわち物理的、生物学的、動物的な存在としての人間を表している。それはいわば、私たちの前言語的で前主体的な食べて寝るだけの状態を表象しているのだ。主体性のベクトルの終着点は、言語の使用によって分裂した、明確に人間的な主体である。このきわめて単純なモデルのなかで、何らかのいまだ不確定な発話のプロセスをとおして、私たちは、種の生物学的成員すなわちホモ・サピエンスから、言語によって決定される特定の人間的な主体へと移行する。そのような仕方で決定される主体は、このプロセスのなかで固定され、縫いつけられ、ピン留めされる。主体はここで固着する、あるいは何か別のものに従属する、と言うことができるだろう。それは、限界づけであり、境界を確定するプロセスである。

　先に見たように、S_1によって文のはじめを、S_2によって文の終わりを指し示すことで、ボタンタイの図式を、意味を生みだすプロセス一般を説明するのに用いることができる（図4.5）。文のはじめに言い間違いが含まれる場合、次のように考えることができる。分析家が、言い間違いの直後に間髪入れずに分析主体の発話を中断するなら、話者と聞き手の双方が参与している通常の意味を生みだすプロセス――話者と聞き手が、言い間違い〔S_1〕を、文脈すなわちS_2に依拠して、S_1が本来（少なくともある水準では）そうであったはずだと考えられるものへと置き換え、「合点がいく」ように言い間違いを体裁よくごまかす、そうしたプロセス――をぶった切ることになる。つまり、意図された意味、ないし意図されたクッションの綴じ目をぶった切るこ

とになる。分析主体の発話を中断することで、意図されたS$_2$（ここでは文脈として理解できるだろう）が言表されるのを防ぎ、それによって、意図されていた遡及的な意味の産出を妨害することができる。こうして、言い間違い（S$_1$）は「文脈から引き離され」、他の可能なS$_2$（あるいは文脈）を思い浮かべることができるようになる。そのようなS$_2$は、S$_1$に異なる意味を遡及的に与えることができる。これは、最初のうちは分析主体に不満を与えることが多いが、意味の産出——それは、〈欲望のグラフ〉の下段に、すなわち想像的な段階と呼ぶことができる段階に位置づけられる——を超えるための、唯一の道である。

　ボタンタイは、後のラカンによる主人のディスクールの定式化と、本質的に同じ構造を持っている。図4.7と図4.8を比較することで、それを理解することができる。

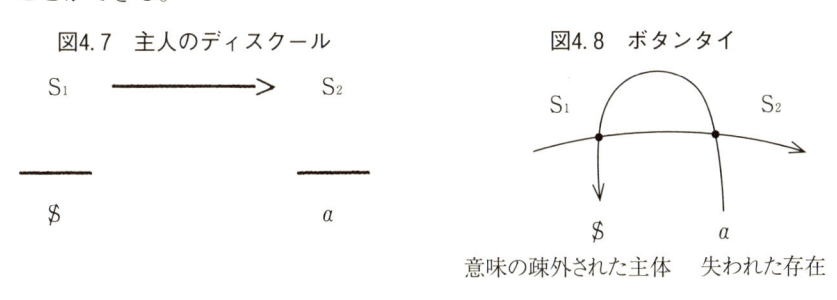

図4.7　主人のディスクール

$$\frac{S_1 \longrightarrow S_2}{\$ \qquad\qquad a}$$

図4.8　ボタンタイ

　　　　　$\$$　　　　　a
意味の疎外された主体　失われた存在

　主人のディスクールにおいては、あるシニフィアンから別のシニフィアンへの移行のなかで、主体は、一方で意味（$\$$）として決定され、凝固し、固着するが、他方でその存在（a）は失われ、犠牲にされる。ひとは自分の存在をいくらか諦めるよう強いられるのである。ここで私たちは、その諦められる存在を、生物としての存在とみなすことができる。すなわち、身体の生、私たちの生物学的実在、そしてそれゆえに、身体から得られる無媒介な快感である。できるだけ一般的な言葉づかいで言うなら、私たちは、「社会的な」動物として誕生するために、自分たちの動物的な存在の多くを失うのである（クマはこのような仕方では誕生しない。クマは、ラカンが「主体性」と呼ぶものなしにパーソナリティを持つ——仲良くなったり愛情を抱いたりする——かもしれない）。これは本質的に、ラカンが「疎外」と呼ぶものである（たとえばSeminar XI, chapter 6〔『四基本概念』第6章〕を参照）[3]。

グラフ2の注解

〈グラフ〉の下段は本質的に鏡像段階を描いている（図4.9を参照）。

図4.9　新たな出発点と終着点

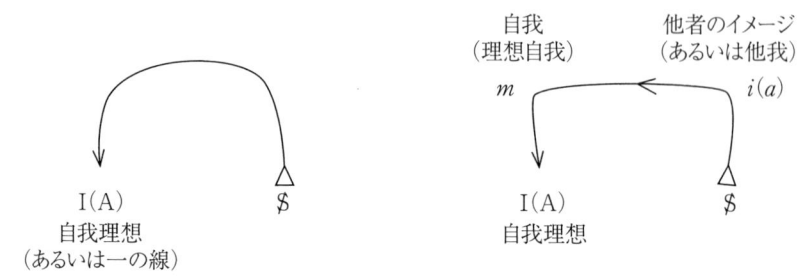

```
                              自我              他者のイメージ
                            （理想自我）        （あるいは他我）
                               m                    i(a)
       ⌒                        ⌒
      ↓ ↓                      ↓ ↑
    I(A)    $                 I(A)    $
    自我理想                   自我理想
  （あるいは一の線）
```

　主体性のベクトル（馬蹄のかたちをしたベクトル）の終着点は、グラフ1とグラフ2とでは異なっている。終着点であるⅠ(A)は、自我理想、すなわち主体が内化する〈他者〉の理想である[4]。Ⅰ(A)というマテームは、「〈他者〉から与えられる（あるいは受け取られる）理想」、あるいは「〈他者〉の理想」と読むことができる。それはまた、〈他者〉の理想への主体の同一化と理解することもできる。主体は、〈他者〉による主体に対する見方に同一化する（〈他者〉の理想や価値で満たされる）かぎりにおいて、ここで誕生する。言い換えれば、主体は、〈他者〉が持っている主体にとっての理想を、すなわち、〈他者〉の目に理想的なものとして映るために自分がそうあるべきものを、内化する。それが自我理想である。先に言及したように、自我理想は本質的に自我の外側にある点である。すなわち、ちょうど親が子を見るような仕方で、ひとがそこから自分自身の自我をひとつの全体ないし全体性として観察し評価する、そうした点である。グラフの上では、自我 moi が m で示され、その反対側に i(a) ——自分自身の自我の母型や鋳型として機能する、自分自身に似た小さな他者（あるいは「同類」）——が、互いが互いを映すように、位置づけられる。

第 4 章 「主体の転覆」を読む　169

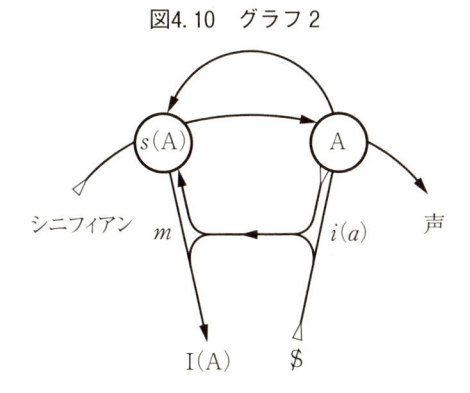

図4.10　グラフ2

〈グラフ2〉には、I（A）にたどり着くための可能な経路が二つ示されているように見える（図4.10）が、ラカンはそれらのうちのひとつをショートカットとして除外する。

> 想像的な過程は、鏡像イメージから、シニフィアンによる主体化の経路に沿って、自我の構成へと進む。この想像的な過程は、私のグラフのなかで、$\overrightarrow{i(a).m}$のベクトルで示される。このベクトルは一方通行だが、二つの仕方で分節される。第一に、$\overrightarrow{\$.I(A)}$のベクトルが表すショートカットとして、第二に、$\overrightarrow{A.s(A)}$のベクトルが表すリターンルートとして。このことが示しているのは、自我は、ディスクールの私としてではなく、その意味作用の換喩として分節されることによってのみ完全なものとなる、ということである。(E 809)

私たちは、ラカンがここですでに、自我は「完全なもの」となるために〈他者〉との関係を必要とするということを示唆している、と考えることができる。$\overrightarrow{i(a).m}$のベクトルによって表象される想像的な関係性は、十分に、自分自身の同類との敵対関係のなかで最初の自我のかたちを沈着させることができるかもしれない。しかし、それだけでは自我を仕上げ、完全なものにすることはできない。そのような完全化が起こるには、自我理想が打ち立てられなければならない。ここで言う完全化とは、自我理想の定着によって、自我がもはや解体へと、すなわち、精神病できわめてよく見られる解体へと従属しなくなることを意味している[5]。なぜなら自我理想は、ある意味で、

自我に統一性を与えて自我をひとつに結びつけるのに必要な、自我の外側にある視点ないし固定された点（さらに言えばクッションの綴じ目）を提供するからである（図4.11を参照）。

　〈欲望のグラフ〉が言語をとおした主体の到来を描くものであることを念頭に置いておかなければならない。そのなかに私たちは、欲求が他人に向けられた欲求へと変わることを見る。その他人とは、自分ほど寄る辺なきものではなく（すなわち同類ではなく）、むしろ、自分とは質的に異なり、欲求を満たしてくれると思われる、そうした人物である（図4.11）。ラカンは、この〈他者〉に向けられた欲求（あるいは単純に、〈他者〉に向かうこと）を、要求と呼ぶ。そして、主体が要求しているものは、それ自体で自明というわけではない。それは〈他者〉によって解釈されなければならない。そして、主体の要求についての〈他者〉による解釈を表すマテームが、$s(A)$ である。これは〈他者〉によって与えられるシニフィエ（あるいは意味）と読むことができる。それは、〈他者〉によって解釈されたものとしての、主体の要求あるいは要望の意味である。

図4.11　〈他者〉に向けられた欲求としての要求

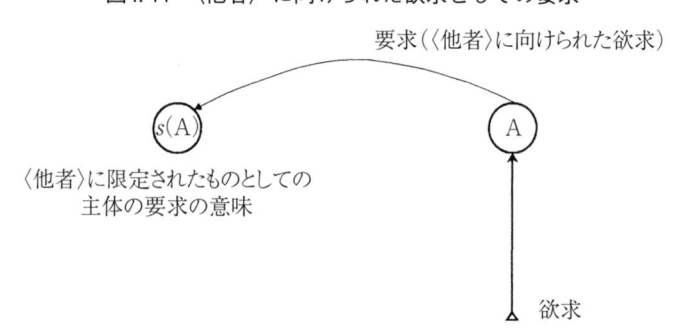

要求（〈他者〉に向けられた欲求）

$s(A)$　　　　　A

〈他者〉に限定されたものとしての
主体の要求の意味

欲求

　欲求が要求に変わる瞬間、ひとつの離接が導入される。私たちは自分自身を言語によって表現しなければならないという事実のため、欲求が要求のなかで十分に表現されるということは決してない。私たちの欲求は、他人に向けられた要望や要求のなかで、決して完全には表現されない。その要望や要求は、つねに、欲望されるべき何かを残す。つねにひとつの残り物があり、ラカンはその残り物を「欲望」と呼ぶ。ここで、グラフの上段が関わってくる（図4.12を参照）。

図4.12 欲求が要求のなかで完全に表現されることは決してない

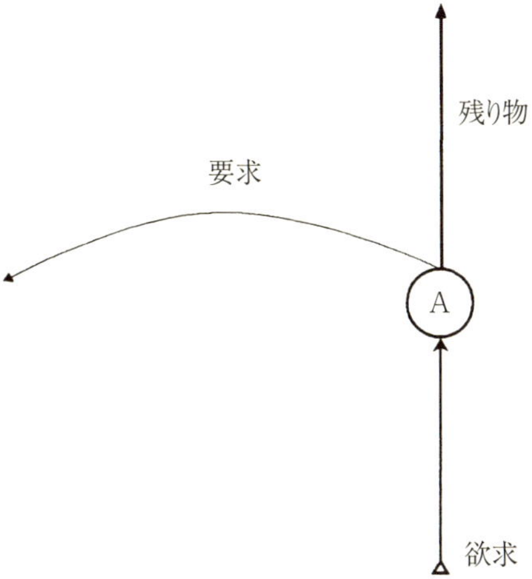

解釈されたものとしての私たちの要求は、私たちが欲するものすべてをもれなく説明したり、カバーしたりしない。また、〈他者〉が私たちの要求への応答のなかで与える様々な対象が、私たちを十分に満足させることもない。幼いクマは、母グマに食べるべき蜂蜜を与えられれば、自分自身でがつがつと食べ、居眠りし、満ち足りる。私たちは、要求する毛布を母から受け取っても、車や、人形や、世界支配を夢見る。私たちにはつねに、さらに欲望すべき何かがある。私たちは、自分自身がさらなる何かを欲していることを見いだすが、しかし、その欲を満たしてくれるもの、その欠如を埋めてくれるものは何だろうか。こうした問いが、私たちを〈グラフ3〉へと導くのである。

グラフ3の注解

その問いに対するラカンの最初の答えは次のようなものだと思われる。すなわち、ひとりの主体として私が欲するのは、〈他者〉による承認であり、この承認は、〔〈他者〉によって〕欲されること、というかたちを取る。私は欲されたい。欲されるために、私は〈他者〉が欲するものを知ろうとする。それを知れば、私は、〈他者〉が欲するものになって、欲されることができる。私は、私に対する〈他者〉の欲望を欲望するのである。幻想を表すマテームのなかの対象 a は、ある程度まで、私に対する〈他者〉の欲望として理解することができる。かくして、私は、私の幻想のなかで、私に対する

〈他者〉の欲望との関係における自分自身を、想像するのである。

どうすれば私は、〈他者〉に欲してもらえる、あるいは欲望してもらえるのか。〈他者〉（たとえば両親）が欲するものを知ることができれば、私はそれになろうとすることができるだろう。私の両親は何を欲しているのか。この問いが、〈他者〉の欲望を探究し続け、探り続けるよう私を導く。私は、自分自身の欲望（それが何であれ）を知ることでは飽き足らず、〈他者〉に、「あなたは何を欲するのか」と尋ねる。私の考えでは、このように尋ねることは、欲されるために「私は何をするべきなのか」、「私は何であるべきなのか」という問いに答えるのを助けてくれる。

〈他者〉が欲するものを発見しようとするこの試みは、しばしば分析のなかでも起こるが、分析家はその問いを主体へと差し返さなければならない。そんなことをしても最初から何か良い効果が見られるということはない。そもそも欲望が〈他者〉の欲望であるなら、主体が何を欲するか——あたかもそれが〈他者〉が欲するもの以外であるかのように——尋ね返すことが、何を意味するというのか。しかし、やはりそれは、主体を自我理想すなわちI（A）から離れさせるための一種の計算された試みなのである。分析家は、この二つを分離するために、すなわち、主体が欲するもの（〈グラフ３〉の上段: 図4.13）を〈他者〉が主体に欲するもの（グラフ２、あるいはグラフ３の下段）から分離するために、「お前は何を欲するのか」（グラフ３の"Chè vuoi?"）という問いを掲げる。

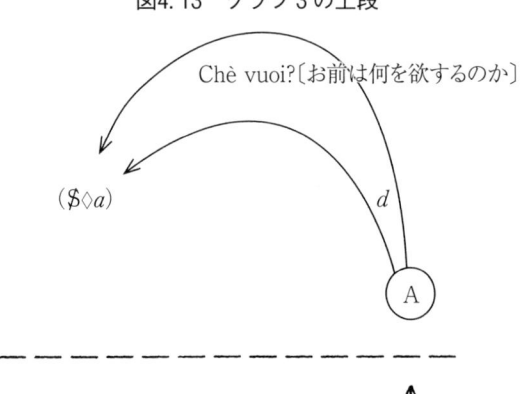

図4.13　グラフ３の上段

Chè vuoi?〔お前は何を欲するのか〕

($ ◊ a)　　　d

A

——————————————————

↑

〈欲望のグラフ〉の上段への移行は、要求および言語における疎外を越え

る経路をしるしづけている。たとえば、要求はもはやグラフの頂上には現れない。少なくとも剥きだしのままでは現れない。ここで関わってくるのが欲望の領域（グラフ上の d）であり、その欲望は主体と〈他者〉のあいだに隙間あるいは余白を導入する。

〈グラフ2〉の底の部分では、主体は、〈他者〉への同一化をとおして、〈他者〉の理想というかたちで構成される（I (A)）。それに対して、〈グラフ3〉の頂上は別の可能な経路を示唆している。実のところ私が示そうとしているのは、〈グラフ3〉によって次のように考えてみたくなるということである。すなわち、完全版グラフのなかで概して神経症者によって辿られる経路は、A → d → 幻想（$ \$ \diamondsuit a$）→ S (A) と進む（図4.14を参照）、と。

図4.14 完全版グラフの上段の軌道

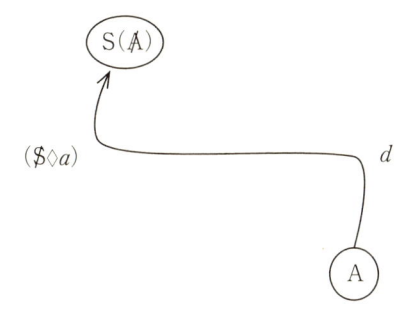

なぜなら、ここでの本質的な動き（d → $\$ \diamondsuit a$）は、主体自身の問いによって動機づけられているからである。すなわち、〈他者〉は何を欲しているのか、〈他者〉は何を欠いているのか、それゆえ、私はどこに収まるのか、という問いである。

（$\$ \diamondsuit a$）と d のあいだの中間的水準では、いかなる意味においても〈他者〉は締めだされていない。欲望は〈他者〉の欲望であり、〈他者〉の欲望への欲望である。（ラカンが「フロイトの欲動と精神分析家の欲望」［E 853］で述べているように）欲望と幻想は〈他者〉に由来し、〈他者〉と結びつけられている。

完全版グラフの下段部分では、主体は〈他者〉が欲するものに同一化し、直接的にそれになろうとする。すなわち、〈他者〉が主体にそうあって欲しいと言うものになろうとする。グラフの上段部分では、主体は次の事実に直面しなければならない。すなわち、〈他者〉はしばしば、〈他者〉が欲しいと

言うものとはきわめて異なるものを欲しているように思われるという事実である。そして、〈他者〉もまた意識的な願望と無意識の欲望のあいだで分裂しているという事実である。〈他者〉は根本的に何かを欠いており、自分が本当は何を欲しているのか知らない。〈他者〉が欲するものになろうとする主体の試みは、かくして、失敗するように思われる。主体は〈他者〉にとってのファルス——ここでは〈他者〉の欲望のシニフィアンとして理解されるファルス——にはなりえないのである。2、3年後にセミネール第11巻で展開されるラカン自身の用語を用いるなら、グラフの下段から上段への移行は、疎外から分離への移行である。この分離とは、〈他者〉の欲望からの分離、〈他者〉の欲望の最終的なシニフィアンになろうとする不幸な試みからの分離である（「最終的な」というのは、そのような欲望を完全に満足させ、治療を終わらせるという意味である）。

完全版グラフの注解

完全版グラフ（図4.15）の上段の線で出会われる最初の点はS(A)である。そして、ラカンがそれについて詳細に論じている最初の場所のひとつは、セミネール第6巻におけるハムレットの注解である[6]。

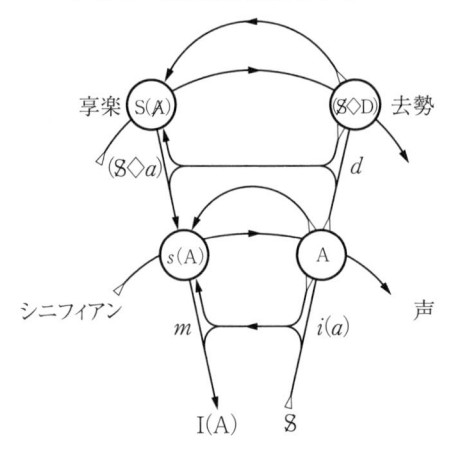

図4.15 完全版の欲望のグラフ

ラカンによれば、ハムレットは、自分自身が母の欲望のどこに収まるのかを、すなわち、自分が母にとって持つ意味を、自分が母にとってどれだけ大切であるかを、確かめようとする。言い換えれば、ハムレットは、母におけ

る欠如というかたちで欲望を確定し、その欠如の名を、すなわち母がその欠如に割り当てるシニフィアンを知ろうとする。しかし、〔母である〕ガートルードは、ハムレットの問いに対して、彼女が切望しているもの——第三項——についてではなく、彼女自身について語ることで、答え続ける。ラカンは彼女に次のような言葉を語らせる。「私は、四六時中やっている必要がある、そうした類の女です。私は真の性器的なパーソナリティを持っているのです。だから喪に服すことを一切知りません」(Seminar VI, March 18, 1959 〔339〕)[7]。ラカンは彼女のこの答えを、グラフ上の $s(A)$ に位置づける。言い換えれば、彼女の答えは、ハムレットを、〈他者〉についての意味へと、〈他者〉によって与えられる意味へと連れ戻す。実際、〈他者〉が主体の問いの意味を決定するのだから、ガートルードはハムレットの問いをまったく異なるものへと、彼女がすでに自分自身で理解しているところの彼女についての問いへと変えてしまう。彼女の応答は、「あなたの父に対してどのように感じているのか、もはや自分でも分かりません」(すなわち、ハムレットの問いに対して彼女がいかなる答えも持ち合わせていないということを意味する)や、「私は、あなたの父の思い出に敬意を表したいのですが、どうしてもできません」(すなわち、彼女が矛盾した欲望を持つ分裂した主体であるということを意味する)といったものではない。彼女は、自分がすべての答えを持っていないとほのめかしたり、〈他者〉に欠如があると暗示したりするのではなく、別の答えを与える。こうしてガートルードの答えは、ハムレットをＳ(Ａ)と向き合わせることに失敗する。Ｓ(Ａ)とは、〈他者〉における欠如のシニフィアンである。あるいは、ハムレットに自分が何者であるのかを教え、彼を定義し、彼を保護し、彼に自分が何をしなければならないのかを教えることができる、そのようなシニフィアンの欠如である(図4.16を参照)。

図4.16　ハムレットの苦境

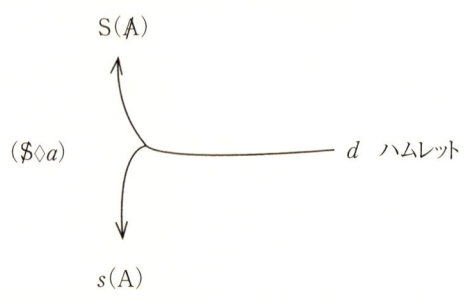

```
                    S(A̸)
                     ↑
                     │
        ($◇a)  ──────┼──────  d  ハムレット
                     │
                     ↓
                    s(A)
             ガートルードが供給する意味
```

　「主体の転覆」では、ラカンはS(A̸)というマテームについてより抽象的な言葉づかいで記述している。それによると、このマテームは、〈他者〉の〈他者〉はいないという事実、すなわち、〈他者〉——家族的な〈他者〉であれ、司法的な〈他者〉であれ、宗教的な〈他者〉であれ、精神分析的な〈他者〉であれ——が言うことを保証するもの（神のような保証人）はいないという事実を指し示している。ラカンが主張するには、どのような言明も、まさにそれが言表されているということ以外のいかなる保証も持たない。「客観的現実」は、分析のなかで分析主体が言うことの保証人ではない（フロイトは当初、「実際に起こった」出来事に関心を寄せており、患者が語ったその出来事を、患者の家族の誰かが思いだすかどうかを知るために、その家族全員に調査をしていた。しかしこの実践は早いうちに放棄されている。SE XII, 141〔全集13巻265-266頁〕を参照）。たとえば、神もまた、科学者が言うことの保証人ではない。唯一の保証はディスクールそのもののなかに見いだされる。「真理は、その保証を、それが関わっている〈現実〉以外のどこかから引きだす。すなわち、〈発話〉から引きだすのである」（E 808）。それゆえメタ言語はない。ディスクールの外側にあるようなディスクール、言語の曖昧さに服従しないようなディスクール等々はない。一種の形式的な象徴体系としての論理学でさえ、伝えられるためには、語られなければならず、そのことが論理学を発話とその曖昧さへと従属させる。かくしてS(A̸)は、多様な意味を担い、ある意味で、グラフのなかの最も重層的に決定される部分なのである。

　完全版グラフの下段においては〈他者〉が何かを与える、ということを注記しておこう。それは意味すなわち$s(A)$である。それに対して上段では、〈他者〉は何も与えない。このことはきわめて重要である。なぜなら、〈他

者〉はときおり、必死になって何も与えないようにしなければならないからである。すなわち、時期尚早でしかありえないような答えを与えないようにしなければならない。上段では、〈他者〉は、主体の存在あるいは享楽に対していかなる説明も与えず、いかなる存在理由も、奉じるべきいかなる大義〔原因〕も与えない。主体は、あらゆることに対して、自分自身で責任を持たなければならない。〈他者〉は、端的に、〈他者〉自身の彼岸を指し示し示唆する。ラカンが主張するには、神経症者は、おそらく分析場面や人生の例外的な出来事──たとえばハムレットがシェイクスピアの戯曲の終わりで経験するようなこと──を除けば、このことに十分に向き合えていない。セミネール第6巻のまさに終わりでラカンが述べているように、「神経症者の欲望は神がいないときに生まれるものだ」（June 24, 1959〔541〕）。すなわち、神経症者の欲望が生まれるのは〈他者〉によっていかなる理想も、答えも、保証も与えられないときである。欲望は、もしもそれが単なる〈他者〉の欲望以外の何かであるなら、不在を求める。すなわち、何かが失われていること（図4.17を参照）を、そしてこの「何かが失われていること」を象徴化することを求めるのである。

図4.17 〈他者〉によって可能になった「何かが失われていること」

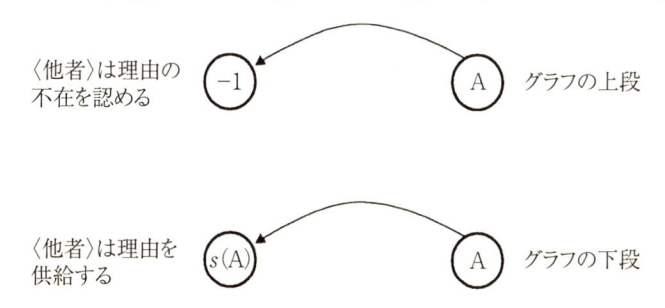

〈他者〉は理由の不在を認める　　-1　　　　A　　グラフの上段

〈他者〉は理由を供給する　　$s(A)$　　　　A　　グラフの下段

ラカンはつねに、人間のなかにあって構造を超えるものを、すなわち、シニフィアンの秩序の自動機能を超えるものを、いかにして書き、グラフ化し、トポロジー化するのか、このことを知ろうとしていた（シニフィアンの秩序の自動機能については、「『盗まれた手紙』についてのセミネール」の「続きの紹介」において、このグラフの基礎となるダイアグラムのなかで説明されている）。そしてそれを、このグラフの頂点に位置づける。それが享楽である（図4.18を参照）。彼は言う、「この場所は享楽と呼ばれる」（E 819）。言語が私たちを動物とは異なるものにするなら、享楽は私たちを機械とは異なるものにする。

図4.18　言語を超えた享楽する主体

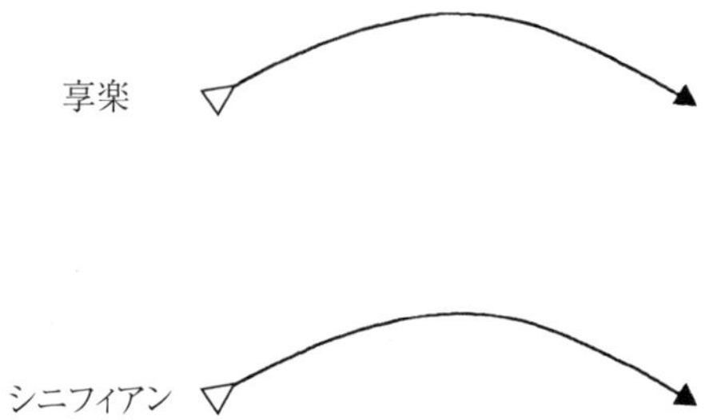

享楽

シニフィアン

　グラフの二つの水準は、かくして、フロイトにおける最も重要な二つの領域、すなわち表象と情動、ないし思考と感情に対応する。ラカン的主体はここで、言語と享楽のあいだで分割される。すなわち、純粋に言語的な機械——同化した言語によって屈服させられた身体、つまりはシニフィアンに服従させられた身体——としての主体と、生物の残存部分、意味作用を逃れる部分、あるいはいかなる分別も持たない部分（「享楽はいかなる目的にも奉仕しない」Seminar XX, 10/3）のあいだで分割される。

　それゆえ、S（A）の占める位置は、グラフのなかの論理的な例外——規則を証明する例外、シニフィアンのひとつのクラスを定義するために除外されなければならないシニフィアン（それはシニフィアンの宝庫の外部にある）——の位置であり、そしてまた主体の名であるような位置である。それが享楽であり、言表行為である。それは、話すというまさにその行為において、言われたものを超えながらも言うことのなかに見いだされる、そんな何かである。それは知ることを超えており、愉しむことに関わる[8]。この論文の冒頭でラカンが宣言した目標が、知との関係をとおして主体を位置づけることだった、ということを思いだそう。グラフの頂点は、科学的に探究可能な知には属さないものである。それは、こうした知を超える真理と関係している。（ある明白な問いが浮かび上がる。そのような真理についての精神分析的な知は、いかなる地位を持つのか。）

グラフの頂点を横断する運動

　グラフの頂点を横断する運動についてはどうだろうか。享楽としての主体は、シニフィアンの秩序そのもののなかの欠如のシニフィアンに出会う。享楽としての主体は、享楽のシニフィアンΦに出会う、と言うことができるか

もしれない。それは、シニフィアンがシニフィエを支配しつくりだす、まさにそのプロセスのシニフィアンである（第5章を参照）。なぜなら、シニフィアンの機能そのものを基礎づけているものは、すべてのシニフィアンの集まりあるいは集合としての〈他者〉には含まれないものだからである。

すべてのシニフィアンの集合のなかに、S'、S"、S'''は見いだされるが、$\frac{S}{s}$、すなわちシニフィアンがシニフィエをつくりだすプロセスは見いだされない（図4.19を参照）。

図4.19　下段で失われているものが上段で見いだされる

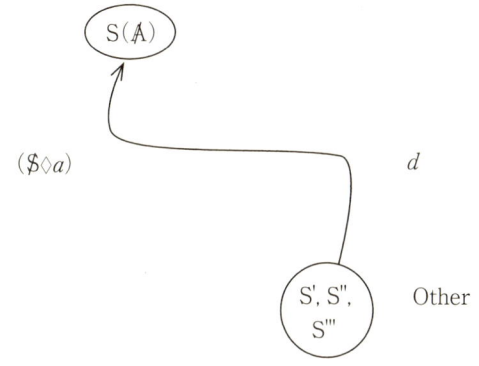

$$S(\cancel{A})$$

$(\$ \lozenge a)$　　　　　　　　　　d

S'、S"、S'''　　　Other

このことが示しているは、〔シニフィアンの〕宝庫としての〈他者〉のなかに、意味作用のプロセスそのものを表すシニフィアンがないということ、すなわち、シニフィアンが、自らが意味するものを殺す際の、その仕方を表すシニフィアンがないということである。さて、ラカンによれば、そのシニフィアンはΦである。〈他者〉のなかに欠けているもののシニフィアンは、S（A）であるが、その別名がΦである。（しかしながら、セミネール第20巻までに、ラカンはこれら二つのマテームを分ける。）これから確認していくように、ラカンはΦについて多くのことを語っている。

しかし、S（A）は、フロイトの神話における死んだ父でもある。すなわち、欲望を見てみぬふりをし、自分が死んでいることを知らない、そんな父である——この父は、エディプス的な闘争においてあからさまに殺される（E 818）。ラカンは、これに等しいものをほとんどきりなくあげていきながら、S（A）を〈父の名〉とも関連づけている（E 812）[9]。このことは、ここではたらいているのが父性隠喩であるということを示唆している。それは、母の

欲望（あるいは母に対する子どもの欲望）を父が名づけることであり、この名づけが引き起こす享楽の禁止である。

したがって、完全版グラフ上段の左から右へのベクトル（図4.20を参照）は、享楽がS（A）のなかに入ってくることを示しているのだが、そこには、Φの効果だけでなく、S（A）で起こる享楽の喪失（ラカンはそれをマイナス・ファイ、−φ、と略す）があるように思われる[10]。

図4.20　最上段の線における横断の運動Ⅰ

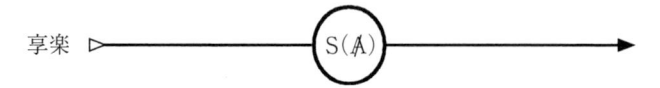

享楽 ▷ ───────── S(A) ─────────→

マイナス・ファイ（−φ）は、〈父の名〉の定着が持つ「意味」である。実際、それを最初の意味とみなすことができるかもしれない。それは、失われ、象徴化され、取り消された享楽である。もちろん、それがマイナスであるのは、それが名づけられるかぎりにおいてである。さもなくば、それは、何かとしての実在をまったく持たない。何かが名づけられなければ、いかなる欠如もない。欠如は名づけられることによってのみ生まれる。さもなくば、それは単に動物が空腹を経験するのと同じでしかない。その空腹は、強力で獰猛と言うべきものにまでなるかもしれないが、満たされるや否や、忘れられる。しかしそれが名づけられるなら、空腹が満たされてしばらく経った後でも、何らかのときに再提示されうるのである。それは生き続け、執拗に存続する。

この享楽の喪失は、すべての享楽の終わりを意味するわけではない。確かに主体は、享楽の喪失をそのような仕方で捉えるかもしれないし、人生をもはや生きるに値しないものと考えるかもしれない。（「この場所は享楽と呼ばれる。そしてその享楽の不在は、宇宙を空虚なものにする」[E 819]。）けれどもまだ、欲動の満足がある。上段の水平ベクトルの左側に（享楽の）マイナスがあるが、しかし右側にプラスがある（図4.21を参照）。

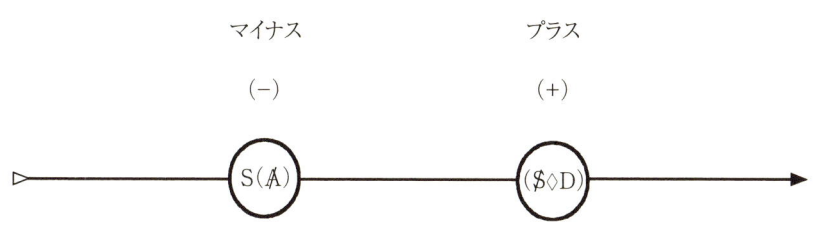

図4.21　最上段の線における横断の運動Ⅱ

マイナス　　　　　　　プラス
　(−)　　　　　　　　　(+)

◁─────○S(Ⱥ)──────○($◊D)─────▷

　右側には欲動の公式が見いだされるが、ラカンは、主体（S）と〈他者〉の要求（D）の両方がここで消えて、切り口だけが残る、と述べる。ひし形、ないし刻印、それが去勢の切り口である。そして、S（A）から欲動へ、さらにそれを超えて走っている矢印の終わりに、去勢が見いだされる（図4.22を参照）。

図4.22　最上段の線における横断の運動Ⅲ

享楽　▷──○S(Ⱥ)──○($◊D)──▶　去勢

　私たちはこれをどのように理解するべきだろうか。セミネール第11巻の後ろの方に付されたコメントにもとづくなら、グラフのこの部分が描いているのは、いかにして「自分自身の最も基本的な幻想を横断した主体が、欲動を生き抜く［ことができる］」（246/273〔『四基本概念』368頁〕）か、であるように思われる。すなわち、要求を超えた主体[11]、享楽の禁止と〈他者〉における欠如のシニフィアンに出会った主体が、いかにして愉しむことができるか、である。私の考えでは、ここでの去勢は、愉しみの終わりを表してはいない。むしろそれは、禁止や喪失の後に、それにもかかわらず、欲動の満足を愉しむことを表している。

　要求は、この水準において二つの部分へと解体されると理解することができるかもしれない。すなわち、満足への衝動と、（その衝動を〈他者〉へと）差し向けることである。こうした差し向けは、ここで消失するように思われる。主体は満足を、それに対して責任を持つ〈他者〉を固持することなく、また、それを与えることができる唯一の者としての卓越した地位を〈他者〉に見ることなく、追求するのである[12]。

結論

「主体の転覆」は、知との関係としての主体と、次のような主張（それは「科学と真理」[E 858]で繰り返されている）からはじまった。すなわち、精神分析において私たちは科学の主体――組合せの純粋主体、言語の純粋主体――を扱うという主張である。それに対して、私たちは、グラフの主体が、言語（組合せ）と享楽（知の欠如、無知。ラカンは「無頭（アセファル）」という言葉を用いている[Seminar VIII, 254; Seminar XI 167/184〔『四基本概念』244頁〕; Seminar XVIII, June 9, 1971〔147〕）のあいだで分裂していることを見た。科学の主体は、享楽する主体すなわちエスから離別するが、精神分析においては愉しむ主体であるエスを取り除くことはできない。科学の主体とは端的に〈他者〉であり、無意識である。すると、〈欲望のグラフ〉を、無意識とエスのあいだの差異を説明するものとして見ることができるかもしれない。この差異は（第2章で見たように）自我心理学においてしばしば崩壊する。

それゆえ、ここでの「主体の転覆」というラカンの用語は、多くの様々な事柄を含意している。たとえば、科学の主体は意識的に思考する主体ではなく、むしろ、無意識の主体である。これは、これまでよく知られてきたコペルニクス的／フロイト的な脱中心化すなわち転覆である。思考することが、いまだ人間的主体の中心にあると考えることができるなら、デカルトの「私は考える」の「私」は考えることができない。むしろ、思考が起こる、あるいはラカンが述べているように、「雨ガ降ッテイル it's raining」と言うときの意味において、「ソレガ思考スル it think」のである。しかしながら、ラカンが去勢コンプレックスの文脈においても転覆に言及していることを注記しておこう（E 820）。このことが意味するのは、ここで問題となっている転覆が、去勢コンプレックスによってもたらされる転覆である、ということである。それは、想像的なもの（マイナス・ファイ）があった場所に象徴的なもの（ファルス）を定着させることである。これこそが精神分析に固有の転覆である。

精神分析と科学の関係性について言えば、私は、精神分析においては科学の主体を扱うというラカンの主張は、論争的なものだと感じている。私たち〔精神分析〕は、言語によって構成されたものとしての主体を扱う、なぜなら私たちは主体の発話にだけ取り組むからである――ラカンがこのように言うのは、主体の身振りやボディランゲージを読み取ったり、あるいは主体の身体を操作したりするような連中に対抗するためである。しかし、それにも

かかわらず、私たちは、欲動としての主体、享楽としての主体に影響を与えるのである。

　1965年に書かれた「科学と真理」では、やや異なる仕方で定式化がなされている。原因——ラカンいわく科学によって縫合されるもの——とは、享楽が位置づけられる場所である。その論考においては、縫合されると言われるのは主体ではない。なぜなら、科学は、精神分析で扱われるのと同じ主体を扱うと言われるからである。しかし実際、科学は原因を縫合すると言われるが、取り扱うのは「不飽和的 nonsaturated」主体のみであり、「飽和的 saturated」主体と呼べそうなものではない（E 863）。飽和的主体、つまり原因により飽和した主体、つまり精神分析で扱われる主体であろう[訳注ii]。「主体の転覆」のなかで、科学によって縫合されるものの説明のためにラカンが用いる用語は、「主体性」と「真理」である。1965年に彼が用いる用語は、「享楽」と「原因」である。いずれの場合にも、科学によって縫合されるもの、あるいは科学を越えるものを描くのは、〈欲望のグラフ〉の上段である。すなわち、原因、情動、リビドー、享楽である。

　なぜこのようなグラフが必要なのだろうか。それは私たちに役立つのだろうか。マルコム・ボウイ[13]を含むいくらかの者たちは、それが不毛なものだと言う。しかしグラフは、主体の二つの面を摑もうとするラカンの様々な試みの文脈のなかで見る必要がある。主体の二つの面とは、言語と享楽、意味と存在である。グラフは知の体制と真理の体制をひとつに結びつけようとする。ボウイのように、グラフがすべての答えを与えてくれないと言うことは、ラカン自身のパースペクティヴから見れば、とんでもない批判に他ならない。ラカンが私たちにすべてのグッズを、すなわちすべての意味を配るような日がくるとすれば、それは、彼が私たちを眠りにつかせ、精神分析を終わらせる日だろう。しかし実際には、ラカンはつねに欲望されるべきものを残しているのである。

訳注ii――同論文におけるラカンによる「飽和的 *saturé*」という語の使用は、数学・論理学の使用（例えばフレーゲ）を念頭に置いている。この点に関しては本書第6章の註29を参照されたい。

第5章　ラカン的ファルスとルートマイナス1

> ファルス器械を言語スルことができる見込みはまったくない。
> ――ラカン『セミネール第18巻』1971年2月17日

『知の欺瞞』[(1)]においてアラン・ソーカルとジャン・ブリクモンは、ラカンが「主体の転覆」で展開しているファルスをめぐる議論を注釈しつつ、次のように認めている。「我らが勃起性の器官が$\sqrt{-1}$と等価だなどと言われると心穏やかではいられない」(*Fashionable Nonsense*, 27〔『知の欺瞞』38頁〕)。精神分析になじみのある読者は、こうした発言のうちに何かがどうも自白されているのでは、と聞き耳を立てるかもしれない。彼らはさらにこう続けている。「これは、映画『スリーパー』のなかで脳を再プログラムされそうになって「おれの脳にさわるな、そいつはぼくの二番目にお気に入りの器官なんだ！」と抗うウッディー・アレンを思いださせる」(*Fashionable Nonsense*, 27〔『知の欺瞞』38頁〕)。このようにくれば、明らかにこう結論しろということだ。彼らにとってはペニスこそが「一番お気に入り」の器官なのであり、そんなペニスが、どんな風にであれ、ルートマイナス1のような抽象的あるいは無機質な響きのものと関連づけられるのは非常におぞましいことなのだと。ただ、彼らにとって最も「心穏やかならぬ」(「萎えさせる」？) ものが、「ルート」の部分なのか、「マイナス1」なのかは、一目瞭然というわけではない。しかし、それを言い当てるのにそれほど労は要さないだろう。

もちろん、そのことが彼らが伝えようと意図する当のことだというわけではない。またここで彼らを精神分析するつもりもない。しかし彼らの注釈は、ひとがいつも言おうと意図する以上のことを言ってしまうさまを範例的に示している (Seminar V, 18〔『形成物』上16頁〕)。それこそ、ソーカルとブリクモンが「真面目な文章」を理解するためにはむしろ考慮に入れてはならないとした言語の側面である。たとえば、私はここで彼らを精神分析するつもりはないと主張したばかりだが、それ自体、古典的な否定というものであり、明らかにある水準では、まさしく彼らを分析しようとする意図が私にあるこ

とを示している。結局、そんな意図がまったくないのだとしたら、どうして口に出すものか。

ところが彼らの見方によれば言語とは、意図された意味を伝達すること、特にあらかじめ熟考された物事について読者に教えることを目指すものであり、ラカンの言うように「喚起する」ためのものではない[2]。真面目な文章は、彼らの見方によれば、明快な意味を運ばねばならず、それがすべてなのだ。その他のことをしようとすれば、それはすぐさま詩となってしまう。しかし反対に、ラカンがはっきりと表明していた目標とは、読者に仕事をさせることであった[3]。ひとが言ったり書いたりすることのうちに様々に異なる意味を聞き取る仕事、物事の表面では少しも明瞭ではない意味について解読する仕事である。物事の意味について、結論に飛びつくのではない。このような慌てふためいた理解のもとでは、物事は私たちがすでに知っている事柄へと還元されて終わる他ない。

こうした目標があるからといって、ラカンの晦渋さの言い訳が立つわけでは必ずしもない。この晦渋さについてのソーカルとブリクモンの指摘は正当であろう。しかしながら、彼らが無視していることもある。フランスでのやり方——聴衆の理解を超えることを語ることで、そこで言及された著者や専門用語などの素養を深めるための読書に彼らをいざなうこと——は、英語圏では同じようには通用しないということだ。ラカンなら、自分のセミネールの誠実なる聴衆——1970年代には700人以上にものぼった——が図書館や本屋へ行って、彼がふとほのめかしたことの少なくともいくつかについて「お勉強」してくれるだろうと当て込むのは容易であったろう。ちらりと参照しただけの話をくだくだと解説し、アナロジー全部（科学的、数学的、哲学的、言語学的、その他何でも）についてこまごまとつくり込むようなことをすれば、聴衆の一部は、自分たちが子ども扱いされ、論じ諭されていると感じ、離れていってしまっただろう。結局、その聴衆のなかには、一人前の科学者、数学者、哲学者、作家がいたのであった。英語圏で講義を聞きにでかけるひとびとは、大部分、そうした同じ仕方を取りはしない。証明を補うことを任されるよりも、上げ膳据え膳を好むからだ。

第3章で指摘したとおり、ラカンの著作の多くは宣言的であって、証明的ではない。彼の口頭でのセミネール（特に1970年代以前のもの）には、きわめて証明的なものもある。そのような際には、ラカンは、精神分析の文献で提示された症例の内実を取りだしてみたり、メビウスの帯やトーラス、クロス

キャップのような位相平面について細かい議論を行ったり（Seminar IX〔『四基本概念』〕）、フロイトが様々なテクストで使用している用語について鋭い注釈を行ったりしている。ところが書かれた仕事となると、ラカンはフロイトとは異なって、はっきりした主張を提示して、それをいくつもの例を使って正当化することはきわめて稀である。その代わりに彼は、論証を提示する仕事を読者に委ねる。読者はラカンが毎週続けているセミネールに出席し、そこで議論されたテクストを読み、それから少し頭をはたらかせて、論証を自分で再構築できるようになるべきなのだ。ラカン自身が言っているように、彼のレトリックは、聴衆に対して「訓練効果」を及ぼすためのものなのである（E 493-494, 722）。

　これは特殊な文筆家戦略である。それを気に入らないひともいるだろうし、そのせいで私たちのほとんどが——ラカンの仕事の解読に多くの時間とエネルギーを割いている私たちでさえも——あれこれの機会にラカンに腹を立てることになる。しかし簡単にこれを無視してしまえないのは、これがソーカルとブリクモンが支持するような類の文筆家戦略ではないからである。もしかすると、彼らも必要な証明の提供を試みてはみたものの、それをやってのける能力が自分たちにはないことに気づいたのかもしれない。

ファルスの強調

　ソーカルとブリクモンは、ラカンの非難のためにかなり大きな網を放っているため、彼らが引用しているすべての箇所について適切な説明を行おうとすれば、本一冊分は必要となろう。しかしそれでも指摘しておくとすれば、彼ら自身が概して、論証方法という点ではたいしたことを提供しておらず、テクストの見かけ上の「支離滅裂さ」を自明のものとして扱っている。論点についてまったく知らない読者にとっては、おそらくそうなのだろう。しかし、これらの引用箇所をその文脈——ソーカルとブリクモンが示唆するように、引用された特定のテクストの文脈よりもはるかに広い文脈——に戻すなら、そのほとんど（すべてと言わないのは、それらすべてを説明することを迫られるからだ）は、彼らの「解釈学」から取り逃された、きわめて重要な何かを運んでいる。これについて、ファルスの例（*Fashionable Nonsense*, 25-27〔『知の欺瞞』36-38頁〕）を使って説明していきたい。

　まず、彼らが「主体の転覆」から引用している最初のテクストについては、もっと良い翻訳を提示しておきたい。これは、私自身が2002年につくった

『エクリ：セレクション』での訳文である。

> 私たちとしては、この略記号 S（A）が、何よりもまずひとつのシニフィアンであるという点で何を表すのかということからはじめたい。……
> さて、それらシニフィアン一式が、そのものとしては完全であるとすると、このシニフィアン〔S（A）〕は、それを囲む円から、そこに数え入れられることなしに引かれるひとつの線でしかありえない。これは、シニフィアンの集合における －1 の内属性により象徴化される。
> これはそのものとして口に出すことはできないが、その操作についてはそのかぎりではない。なぜなら、この操作は、固有名が口に出されるたびごとに生産されるものだからである。その文言はその意味作用に等しい。
> その結果、私たちが使用する代数に従い意味作用を計算するなら、以下のようになる。
>
> $$\frac{S（シニフィアン）}{s（シニフィエ）} = s（文言）であり、$$
>
> $$S =（-1）のとき s = \sqrt{-1} \quad (E\ 819)$$

この一節は、これ以上の説明がなければ、明らかに理解不能である。そしてソーカルとブリクモンのコメントからはっきりと分かるのは、彼らはラカンがそこまでに何を行ってきたのかについて、何も知らないということだ。まず何より、彼らはシニフィアンとシニフィエのあいだの横棒を、「勝手に選んだ記号」だとしてあげつらっている（*Fashionable Nonsense*, 26〔『知の欺瞞』37頁〕）。ところが、ソシュールの『一般言語学講義』を読んだなら誰でも知っているとおり、ソシュールこそがシニフィアンとシニフィエのあいだの横棒を導入したのであり、ラカンはそれについて「文字の審級」で注釈して、それが有する特定の意味を拡大（あるいは転覆と言ってもいいだろう）しているのだ。ラカンの著作における横棒は、シニフィアンとシニフィエのあいだの抵抗を示している。すなわち、（単純化すれば）語と意味のあいだに一対一対応はないという事実、そして通常の話し言葉で使われているような多義性なしに語の意味をピン留めすることは非常に困難であるという事実をで

ある。シニフィアンとシニフィエは相補的なものではない。記号形成において同じ重みを持つのではない（ここは、ラカンがソシュールから離れる点である）。むしろシニフィアンがシニフィエを支配し、創造するのだ。（以上は、ラカンが使用するかぎりでの、横棒の意味のほんの一部である。）

「文字の審級」（特にフランス語版515頁）に明らかなとおり、ラカンはこの横棒を「分数を示す」(*Fashionable Nonsense*, 26〔『知の欺瞞』37頁〕) ために使用してはいない。また、それと分かる仕方でも、分からない仕方でも、いかなる数学的計算も行ってはいない。ラカンが彼のアルゴリズム（S（A）, S, *a* など）を組み合わせるときに、それが数学の代数と似ていたとしても、ほんのたまたまに過ぎない（彼の教え子であるジャン・ラプランシュとセルジュ・ルクレールがたまたま似ている以上の仕方で組み合せようとするときに、ラカンは批判さえしている）[4]。ラカンが自分の使用する象徴を「ひとつの代数」と名指しているとしても、それが数学の一部門としての代数に関係しているなどと、うっかり主張することは決してない。彼の象徴は、精神分析の重要概念を書きとめ記憶しておくのを容易にするための略記号である。これによって、精神分析をある種の仕方で「形式化」することができるが、それは量化とは何の関係もない（彼の公式は、たとえば、一般に言って、数として解が得られるようなものではない）。

上記に引用した一節でのラカンの論点に戻ろう。読者がまずそこで知らねばならないのは、「A」とは〈他者〉（フランス語で "*Autre*"）を表すということである。ラカンはこれをすべてのシニフィアンの集合（あるいは一式）として定義している。特定の言語を組み立てるすべてのシニフィアンの集合を仮定するということであり、また定義上、この集合は完全である（というのも、ラカンはこれをすべてのシニフィアンを含むものとして定義するからである。ときに彼はこれを別の仕方でも定義しているが、ここで取り上げる必要はあるまい）。大文字の「S」が表すのはシニフィアンであり、小文字のイタリックで書かれた「*s*」が表すのはシニフィエ（あるいは意味）である。「S（A）」は、〈他者〉における欠如のシニフィアンを示す。つまり、完全であると定義されているとしても、〈他者〉には何らかの点で欠如があるという事実を指し示すシニフィアンである。やはり何かが足りないのである。

ラカンの主張によれば、固有名が口に出されるときには、それが誰かの父の名前であれ、サスカチュワンのようなある地方の名前であれ、つねに「その文言」（あるいはその言表内容つまり言われたこと、述べられたこと）「はその

意味作用に等しい」（E 819)。「サスカチュワン」という名前は英語においては、サスカチュワンとして知られる地方の名称の他に意味を持たない。それが意味するのは、言われたことに他ならない。複数の意味作用はそこにない。いくつもの物事を呼び起こすことはない。単に、サスカチュワンとして知られているものを意味するのだ(5)。ソール・クリプキが固有名を「固定指示子」(6)と形容するときにも、まさに同じことが言われている。

さて、最も厄介な箇所にさしかかる。ここでは意味作用がラカンにより$\frac{S}{s}$（シニフィエ上のシニフィアン）として示されているのを認める（あるいは推量する）ことが必要だからだ。私の考えでは、この表示のおかげで、ラカンは、「[固有名において]文言がその意味作用に等しい」ということを以下のように書くことができるのである。

$$意味作用 = 文言$$

$$\frac{S（シニフィアン）}{s（シニフィエ）} = s（文言）$$

ラカンの著作でいつも意味作用が$\frac{S}{s}$と等しく置かれているわけではない。しかし少なくともこの文脈においては、意味作用はシニフィアンとシニフィエの関係性を指しているように思われる。とりわけ、ここでの意味作用は、シニフィアンがシニフィエを存在へともたらすプロセスを指している(7)。

実際ここには二重の等式がある。なぜならラカンはまた、固有名が口に出されるときに述べられることは、固有名のシニフィエと等価であることも示唆しているからだ。言い換えれば、固有名が口に出されるときには、述べられたこととその意味とのあいだには差異はない（固有名はその名前によって知られるもののみを示すのだから）。文言とシニフィエのあいだのこの等式は、ラカンがそれらを二つとも「s」で記述していることからも示されよう。

ここでラカンがシニフィアン——つまり、固有名（たとえばサスカチュワン）——を、マイナス1と等値していることに注意したい。彼がそのようにした理由としては次のように考えられる。誰かがはじめて何かに名前をつけるとき、たとえば赤ん坊に名前をつけるとき、そこでは、存在するシニフィアンの集合のまだ一部となっていないシニフィアン、少なくとも名づける者にとっては既存のシニフィアンの集合の一部だとはかぎらないようなシニ

フィアンが供給される。これは、ひとの場合よりも、事物の場合にいっそう当てはまる。「インターネット」という用語がつくられたとき、この語は、存在するすべてのシニフィアンの集合のうちにそれ以前にはない新たなシニフィアンであった（既存の語と接頭辞の組合せであるとしても）。その集合にはなにか足りないものがあったのだと言ってもよいだろう。

　名づけのプロセスが示すのは、すべてのシニフィアンの集合には何かが足りないということである。新たな町の名前や新たな装置のために考案された名前は、たとえば、既存の辞書や百科事典には含まれていない。この新しい名前を指す場合には、「マイナス1」ではなく「プラス1」として考えたほうが容易かもしれない。しかしラカンが強調しようとしたのは、固有名が、完全であると想定されたすべてのシニフィアンの集合の不完全性を指し示すさまなのだ。上記に引用した一節では、彼はこの集合（あるいは一式）を円に喩えている。この円とは、少なくともギリシア時代このかた完全性のイメージであった。新たな名前は、ラカンによるならば、この円の内側に数え入れられることのできないものなのだ。

　S（固有名）をマイナス1と等しいとしたうえで、ラカンは意味作用と文言の等式を弄ぶ。ここで彼はしばらく、本物の代数方程式を操作しているかのように振る舞っている。彼によれば、

$$意味作用 = 文言$$

$$\frac{-1}{s} = s$$

であるから、約分すると

$$-1 = s^2$$

となり、その結果

$$\sqrt{-1} = s$$

が導かれる。

ラカンの結論によれば、固有名が意味するもの（そのシニフィエあるいは意味）はルートマイナス1のごとく思考不可能な何ものかなのだ。つまり、数学では無理数として知られているものである。ひとの固有名は、主体としての彼について思考不可能な何かを意味している。それは、ある固有の特性のことではなく、また、彼の特定の歴史のことでもない（もちろん彼の固有名が、彼の系譜について多くを物語っていることもあるだろうが）。ラカン自身の言葉で言えば、「これは、主体が自らをそのコギトに汲み尽くされた者として考えようとするときに、欠けてしまうものだ――つまり彼には、自分について思考不可能なものが欠けてしまうのだ」(E819)。

　ありていに述べれば、ラカンの良く知られたテーマ、つまりデカルトのコギトは人間主体の全体を説明するものではないというテーマが、ここでも繰り返されている。コギトは無意識をないがしろにしているのであり、主体の存在の問いをないがしろにしている。誰かが「私はこれを望む」だとか「私はそれだ」と言っても決して言い及べない何かを、ないがしろにしているのである。

　もしラカンがここでルートマイナス1を比喩的に使用していることにまだ気づかないのだとしたら、以下のくだりを読むしかない。

> 相当に悪しざまに言われることも覚悟のうえで、私はかなり思い切って、数学的アルゴリズムを自分なりに歪めて使っていることを指摘しておいた。たとえば、複素数理論で i とも書かれる $\sqrt{-1}$ という象徴の私なりの使い方は、明らかに、その後の演算にも自動的にそれが使用されうるという主張を私が諦めるときにのみ、正当化されることができよう。
> (E821)

　言い換えれば、主体について思考不可能なものを論じるために $\sqrt{-1}$ を使用したとしても、それを通常の方程式にはめ込むことはできない。「自動的に」つまり数学者が使用しているような仕方で、それを使うことはできないのだ。ラカンはこの象徴を、彼自身の目的のために使用しているのであり、数学者の使い方に倣っているのではない。それは物事について考えるひとつの方法なのだ。$\sqrt{-1}$ あるいは i とは、固有名の意味である。固有名の意味は、その点において、思考不可能なものである。主体とは、自分について思考不可能なものなのだ。

しかしこの思考不可能なものということすら、ソーカルとブリクモンにとっては考えられるカテゴリーあるいは概念ではない。彼らは言う、「精神分析と数学のあいだの［ラカンによる］アナロジーは、おおよそ考えられるかぎり気ままなものだが、彼はそれらのアナロジーの経験的あるいは概念的正当化を金輪際与えない（ここ［「主体の転覆」］であげた例だけでなく、他のいかなるところにおいてもそうである）」(*Fashionable Nonsense*, 36〔『知の欺瞞』50頁〕)。もし思考不可能なものという概念をはじめから拒絶しているのなら、確かに「概念的正当化」など、ここに探しだすことは難しいだろう。

なぜファルスのことでそんなに心穏やかでないのか

さてファルスはどこに当てはまるのか。ラカンによれば、「ファルス」というシニフィアンは、それがすべてのシニフィアンの集合に現実には含まれていないという意味で、固有名のようなものである。あるいはむしろ、ファ・ル・ス・と・は・、意味作用のプロセスそれ自体を厳密に（ないしは膨張的に？）指し示すシニフィアンである。つまりファルスはシニフィアンとシニフィエの関係性を、あるいはより正確に言って、その無関係性を指し示す。ラカン自身がそう直接的に言っておいてくれたなら！　ソーカルとブリクモンが引用した一節（*Fashionable Nonsense*, 27〔『知の欺瞞』37-38頁〕）を（もっと良い翻訳で）見てみよう。

> かくして、この勃起性の器官は——それ自体としてではなく、イメージとしてでもなく、欲望されたイメージに欠けている部分として——享楽の場所を象徴化するようになる。このために、勃起性の器官は$\sqrt{-1}$と等値されうる。これは、上記で産出された意味作用の象徴である。(E 822)

いつものごとく、ここでももう少し詳しく展開する必要があるだろう。勃起性の器官はここでは「それ自体としてではなく」（言い換えれば、現実の生物学的器官としてではなく）、「イメージとしてでもなく」（生物学的器官の視覚的ないし感覚的イメージとしてではなく）、「欲望されたイメージに欠けている部分として」みなされている。ここで思いださねばならないのは、鏡を前にして自分のイメージを眺める子どもについてラカンが行った仕事である。そこで彼は、生殖器領域の鏡像イメージに問題が孕まれていることを示唆して

いる。子どもが去勢威嚇として解釈すること——たいていの場合には、それに触れること、つまり自慰を親に禁止されたことによって、快あるいは享楽が威嚇を通じて失われることとして理解される——のために、生殖器領域は、親により欲望された自らのイメージのなかで負の含みを持つようになる（「欲望されたイメージ」とは、親により価値を与えられた子どものイメージであり、またそうして子ども自身も価値を与えるようになるイメージである。子どもは〈他者〉が価値を与えるものに価値を与え、〈他者〉が欲望するものを欲望するようになる）。たとえ親がそう伝えようと意図したわけではなくとも——つまり親の言わんとしたことが「ここではダメ」、「いまはダメ」あるいは「お客さんの前ではダメ」ということであっても——子どもは自分の生殖器の快のすべてが親によって禁止されていると信じるようになる。生殖器は子どもの目には「負の性質を帯び」、ひとつの負債と化し、喪失を被ることとなる（去勢によるにせよ、切断によるにせよ、あるいは他のかたちをとった享楽の剥奪によるにせよ）[8]。

ラカンにおいて生殖器の負量化の象徴が−φである（ラカンはファルスを表すのにギリシア文字ファイを用いている）。この象徴は、フロイトの去勢コンプレックスの概念と結びついている。去勢コンプレックスとは少年、少女の両方に及ぶものであり、そもそもの由来は、観察のなかで少年たちが、何らかの要求や禁止に従わなければペニスが切り落とされるのではないかという恐怖を表明したことだった。小文字でφと記す場合には、ラカンの慣例のとおり、それが想像的なもの——ペニスのイメージ——であることを示しており、またマイナス記号は、このペニスのイメージがつねに潜在的には失われたものであること、それゆえある意味ではつねにすでに失われたものであることを示している。このようなわけで、φは負量化されているのだ。それゆえ、ラカンがここで「勃起性の器官」を「欲望されたイメージに欠けている部分」と呼んでいるのは、この−φを指すのである[9]。

この去勢恐怖は、確かに一度完全に克服されているとしても、どのようにして克服されるのだろうか。ハンス少年が言うのに倣えば、古いやつを取り外して新しいものに入れ替える配管工によってである——あるいはもっと理論的に述べれば、想像的ファルス（取り去られる恐れがあるために、貴重ながらも不安定な享楽の源泉を表すものとしてのペニスのイメージ）を諦めて、象徴的ファルス（ひとが人生のなかでとる別の姿に相当する価値のもの、〈他者〉に欲望されている彼の資質や能力に相当する価値のもの）を子どもが選ぶことに

よってである。「負の」（あるいはマイナスの）イメージが諦められ、「正の」象徴が選ばれる。自慰の快の源泉としてのペニス（あるいはより一般的に言って生殖器）への子どもの愛着は、子どもと親のあいだの懸案事項である。子どもは親の承認を守るためにそれを諦める。そうして、以前は性感帯にくっついていた価値のいくらかを、親や世間が認める活動や目的に置き換えるのである。

　ここで私はかなり図式的な見取り図を示しているが、そのかぎりで言えば、これら活動や目的は社会的に価値を与えられたものである。家庭でも社会でも、ステータス・シンボルとしてそれらの価値を語るディスクールが存在している。他のひとびとがそれらを欲望し、子どもの親がそれらを欲望し、そして子どもは（このシナリオのなかで）やはりそれらを欲望するようになる。そうした目的を促進するような子どもの資質や活動は、いかなる曖昧さもなく価値を与えられる。それらは「正のもの」として認められるのだ。（ここでの正負〔ポジティブ‐ネガティブ〕はもちろん数学的価値ではなく、むしろ、社会的評価や非難を指し示す。もちろんさらに別の水準でこの二つを読むこともできよう）。ラカンの用語法では、ファルスとは、象徴的ファルスであり、社会的に価値を与えられ、定められ、そして欲望されたものである[10]。ファルスが——落っこちたり、切られたりする幻想に現れるイメージとしてはなく——象徴としてラカンによって名指されるとき、それは大文字のギリシア文字を使ってΦと表される。この水準で価値を持っているのは、物理的に現前しているものではなく、むしろより抽象的なもの、見ることも触れることも適わないようなものである。それは、子どもの「魅力」、「ユーモアセンス」、「知性」から、「器用さ」、「直観」といったものまで多岐にわたるだろう。

　（威嚇による）享楽の欠如は、ここで潜在的に正の量の享楽となる。つまり、〈他者〉が価値を与えるものを追求することにより到達されうるような享楽である。ファルスは、子どもの身体的属性を超えて、〈他者〉により欲望されるものを表すようになる。ラカンの言葉によれば、ファルスは「享楽の場所」を表すようになるのだ（E822）。〈他者〉の欲望と潜在的満足を規定するものの場を占めることで、ファルスは、子ども自身の欲望と潜在的満足を規定するものとなるのである[11]。

ラカン的「代数」

　ラカンによってここで定式化された去勢不安の克服とはどのようなものか。

彼によれば、

> 勃起性の器官は $\sqrt{-1}$ と等値されうる。これは、上記で産出された意味作用の象徴である。すなわち、欠けたシニフィアン（-1）の機能に対して、これが——その文言の係数により——復元する享楽の象徴である。(E 822)[12]

上で見たように、「欲望されたイメージに欠けている部分として」の「勃起性の器官」をラカンは $-\phi$ と書いた。ラカンはこれを $\sqrt{-1}$ と等値する。$\sqrt{-1}$ は、彼がその前にテクスト中で、固有名と-1（すべてのシニフィアンの集合に欠けたシニフィアン）を等値することにより「産出した」意味作用である。言い換えよう。出発は以下の公式であった。

$$\text{意味作用} = \text{文言}$$

$$\frac{S}{s} = s$$

このSに-1を代入すると

$$\text{意味作用} = \text{文言}$$

$$\frac{-1}{s} = s$$

この方程式を s について解くと、s は $\sqrt{-1}$ に等しいことが得られる。$-\phi$ もまた $\sqrt{-1}$ に等しいので、$-\phi$ を、上記方程式中 s が現れるところすべてに代入することができる。

$$\text{意味作用} = \text{文言}$$

$$\frac{1}{-\phi} = -\phi$$

第5章　ラカン的ファルスとルートマイナス１　197

ラカンはここでさらに続ける。

> ファルスイメージとしての－φ（小文字のファイ）は、想像的なものと象徴的なものをまたぐこの方程式の一方から他方へ移動することにより、たとえ欠如を埋めながらではあれ、正量化される。－１を支えながらにして、そちらではΦ（大文字のファイ）となるのだ。つまり負量化されえない象徴的ファルスであり、享楽のシニフィアンである。（E 823）

ここでΦは明らかに－１と等値されている。この象徴としてのファルスは、その名つまり「享楽のシニフィアン」として名指されている[13]。したがってこの方程式において、Φを－１に代入することができる。方程式の象徴的なものの側に、私たちは象徴的ファルスを見いだすことができ、想像的なものの側には、想像的ファルスのみを見いだすことができる。

$$\text{意味作用} = \text{文言}$$

$$\text{象徴的なもの} \quad \text{想像的なもの}$$

$$\frac{\Phi}{-\phi} = -\phi$$

そこでこの方程式を「解く」と以下が得られる。

$$\text{意味作用} = \text{文言}$$

$$\text{象徴的なもの} \quad \text{想像的なもの}$$

$$(+)\Phi = (-\phi)^2$$

負の量の二乗は数学的にはいつでも正となることに注意しよう。したがって、この公式が示唆するのは、ここに見られる二乗によって正量化が達成されたということである。

これの含意するところは、去勢コンプレックスの克服には、想像的もの

（性器的享楽が、親に要求されたため想像のうえで失われていること、あるいは、少女の場合、他者が価値を与えていると考えられたペニスが奪われているために、知覚のうえで享楽が失われていること）から、象徴的なものへと移動する必要があるということである。マイナスの価値からプラスの価値への移動が、想像された喪失を中和するのである。これは結局、シニフィアンの固有の機能である。子どもが、初歩的な仕方でさえまだ話すことができないとき、母の不在は極端な苦痛として経験されるかもしれない。他方で、母について言葉で話すことができるようになれば、母が不在のときでさえ、母を目の前に呼びだすことができ、苦痛のいくらかを軽減することができる。

　第3章でフォルト‐ダーの二項論理について議論した際に見たとおり、母の不在は、象徴化されるまでは無なのであって、まだ「喪失」ではない。不在は、それに名が与えられるまでは何らかの物事として理解されすらしない。母の不在に名を与えるにせよ、ペニスの不在に名を与えるにせよ、言語はまさしく名を与え意味を生じさせるプロセスそのものによって、不在の重圧を軽減する力を発揮する。不在に名を与えるとき、言語はそれを、語られうる何ものかとして、すなわち私たちのディスクール界に実在する何ものかとして存在に持ち来たらす。これによって不在にともなうやっかいな負荷を流し去るのである。欠如や不在が象徴化されるときにはいつでも、ひとつの正量化が必ず起こっている。発話のなかでシニフィアンを使用する私たちの能力は、不在に打ち勝ち、喪失を正のものへと止揚するのだ。

　ラカンによれば、ファルスとはまさにこうしたアウフヘーベンの象徴であり、言語が実行する喪失の止揚あるいは正量化の象徴である（E 692）。ラカンの用語法においてファルスは、まさにこのプロセスと力の名前である。あるいは、1970年代に彼が述べていた言葉で言えば、「ファルスが表示するものとは、意味作用の力［*puissance*］である」（Seminar XIX, January 19, 1972 〔56〕）。ファルスは、シニフィエを存在へともたらすシニフィアンの力を指し示す。つまり、シニフィアンの創造的な力である（シニフィエはいつもすでにそこにあるとはかぎらず、象徴化されるのを待っている）。「ファルスの意味作用」で述べられているように、「［ファルスは］意味の効果を全体として指し示すためのシニフィアンである」（E 690）。この意味において、この論文のタイトル（「ファルスの意味作用 *la signification du phallus*」）を「意味作用としてのファルス」と理解することもできるだろう。というのも、ラカンにおけるファルスとは、意味作用そのもののシニフィアンであるからだ。つまり、

シニフィアンが物事を意味する仕方のシニフィアンなのである。ラカン自身、後になってこの論文のタイトル（『エクリ』ではドイツ語のタイトル "*Bedeutung des Phallus*" も併記されている）はひとつの冗語表現だとして、こう述べている。「言語のうちにはファルス以外の意味 *Bedeutung* はない」のであり、「言語はたったひとつの意味 *Bedeutung* によってそれが構成されているという事実から、その構造を引きだしているのである」(Seminar XVIII, June 9, 1971〔149〕)[14]。

　このように、ラカンはファルスを、シニフィアンすべての集合のうちに含まれないシニフィアンとして概念化している。ファルスとはひとつの例外、他のものとは似ていないひとつのシニフィアンである。この意味で、ラカンの仕事のこの段階では、ファルスは本質的にＳ（Ⱥ）と等しいものと見なされる。というのも、Ｓ（Ⱥ）とは、すべてのシニフィアンの集合としての〈他者〉に含まれていないもののシニフィアンだからである[15]。

　「主体の転覆」の数頁でラカンが論じた点をこのように再構築してみた。もしそれが実際に正しいのであれば、そこには豊かな示唆と、概念の力強さが認められるだろう。「主体の転覆」のこの箇所を不用意に1977年に訳されたもので読み直したとしても、ラカンのテクストからこうした議論が引きだされうるとも、こうした帰結が導きだされうるとも、にわかには信じられまい。しかし、フランス語で綿密に読むなら違う面が浮かび上がることを主張したい。白状すれば私もここでの定式を読み解くのに何年もかかった。多くの読者にとってはどんなテクストであれ読み解くのにそれほど長い時間がかかることは「心穏やかでない」だろう。それでもなお、ラカンがここで何か理解が可能なことを言おうとしていること、そしてそれが『知の欺瞞』に見いだされるものよりもはるかに面白くて、思考を挑発するものであることを示せたのなら本望である。少なくとも、「我らが勃起性の器官が $\sqrt{-1}$ と等価だなどと言われる」ときにソーカルとブリクモンが「心穏やかでない」のは、彼らが、ラカンが勃起性の器官で言おうとしたこと（「欲望されたイメージに欠けている部分」）についても、$\sqrt{-1}$ で言おうとしたこと（主体「について考えることのできないこと」）についても、何も知らないためだということは明らかにできたと思う。彼らの心の動揺は、置換によって出てきたのでないにせよ、少なくとも置き場所を間違えているように思われる。

第6章　テクストの外で——知と享楽：セミネール第20巻の注釈

　精神分析は多くの社会科学や人文科学とひとつの問題を共有している。このことは一見して明らかというわけではないかもしれない。精神分析家が患者との取り組みのなかでしばしば見いだすように、分析家と分析主体の双方が説得的で示唆的であるとさえ感じるような無数の解釈や説明がなされたとしても、分析主体の症状は消えない。症状形成を取り巻く出来事や経験を、言語と解釈だけによって分析したとしても、症状を取り除くには十分ではない。（このことが、他の領域で直面する問題とどのように関連しているかはさらに見ていくことになるだろう。）

　フロイトは早くからこの問題に直面していた（SE XII, 141-142〔全集13巻265-267頁〕）。彼はこれを、1920年に次のように定式化してさえいる。「分析は、二つのはっきりと区別できる段階に分けられる」。はじめの段階では、「医師は患者から必要な情報を入手し、［……］そして患者の障害の発生を、彼が語る素材から推論されたものとして再構成し、それを患者に伝える」。第二の段階においてようやく変化が生じる。患者は自らの仕方で「自分の語った素材を把握する」（SE XVIII, 152〔全集17巻244頁〕）。後にフロイトはこれとは違った仕方で、すなわち彼が「経済的要因」と呼ぶ観点から、この問題を定式化している。すなわち、強い力が患者の症状を一定の位置に固定し、患者はそこから多くの満足を引きだしているに違いない、というわけである（たとえそれが、フロイトが言うように、「代替的な」満足であるとしても〔SE XVI, 365〔全集15巻435頁〕〕）。

　ここから導きだされるのは、フロイトが表象と情動に設けた根本的な区別である。この点に関しては第4章で簡単に論じた。もしある患者に催眠をかけるなら、その患者からあらゆる種類の表象を引きだすことができる。さらに、覚醒しているあいだはまったく覚えていない出来事を、細部に至るまで詳細に思いださせることもできるだろう。また患者に自分の個人史の様々な局面について語らせることもできる。しかし結局いかなる変化も生じない。患者を催眠から目覚めさせると、患者が覚えていることは以前と変わらない。

それらの出来事と結びついているように見える症状も、しばしばそのまま残っている。自らの個人史を語るだけでなく、同時に何かを感じることができるようになって、すなわち感情や情動を抱くことができるようになってはじめて変化が生じるのである。

　情動なしの表象は、このように不毛である。いわゆる自己分析が不毛な理由のひとつはここにある。自らの過去に関するすばらしい物語を自身に語ったとしても、また自らの夢や幻想について自分で分析したり紙に書いたりしても、何も生じない。何も変わらないのである。それが非常に有益な情報であったとしても、とても興味深いものであったとしても、また自らの過去に関するあらゆる事柄を想起するとしても、そこにメタモルフォーゼは起こらない。そうした思考や夢や幻想の宛先である他人がいてくれないのなら、情動が生じることはほとんどない。

　ラカンはフロイトによる情動と表象の根本的な区別を、言語とリビドーの区別、ないしシニフィアンと享楽の区別として翻訳している。主体についてのラカンの議論、すなわち主体とは精神分析において誰であり何であるかをめぐる議論の多くは、この根本的な区別ないし離接と関わっている。

　フロイトはすでに表象と情動をどこに位置づけるかという問題に取り組んでいた。彼は心の重層的な局所論をいくつか考案しながら、表象を自我に、情動をエスに割り当てている。情動は、エスの本質的な部分であるとされる欲動によって放出される。しかし超自我の収まりがつかなかった。というのも、超自我は命令や批判などに表象を使用しているが、そこに結びついた厳しい道徳的調子からは、超自我が自我を叱ることでやや過剰な満足を引きだしていることが察せられるからだ（SE XXII, 59-67〔全集21巻76-88頁〕）[1]。心を理論化するフロイトの初期の試みは、情動を考慮していなかった。たとえば、意識‐前意識‐無意識の局所論は、表象がこれら三つの水準で見いだされることを示唆している。しかし情動についてはどうだろうか。私が論じたいのは、フロイトがここで、一貫性のない仕方であるとしても、情動は無意識であるかもしれないと示唆しようとしているということである。確かに彼の理論的な仕事のほとんどは、無意識でありうるのは表象だけだと述べる方へ向かっているのだが[2]。

　ラカンは、表象／情動の対立をフロイト以上に明確に両極化したと言えるかもしれない。とはいえそのことは、ラカンの仕事においてつねにそれとして示されているわけではない。ラカンは主体なるものについて語ったが、

ジャック゠アラン・ミレールがその未刊行の講義、『それゆえ *Donc*』(1993-1994) で述べているところによれば、実際のところラカンの仕事には二つの主体があると言えるだろう。シニフィアンの主体と享楽の主体である[3]。あるいは少なくとも主体には、このような二つの側面がある。

第4章で指摘したいくつかの点を要約しておこう。シニフィアンの主体は、「レヴィ゠ストロース的な主体」と呼べるかもしれない。というのもこの主体は自らがそうしているという観念を持たないまま、知を抱え、知にもとづいて行為するからである。たとえばその主体が、なぜ村のそのような場所に小屋を建てたかを尋ねられたとする。彼の答えは、その世界を構造化し、実際に村のレイアウトを秩序づける根本的な対立とは無関係のように見える。言い換えれば、レヴィ゠ストロース的な主体は、自らが知らない知、自らが気がついていない知にもとづいて生活し、行為している。ある意味では、知が主体を生きている。観察者は、主体が意識的に気がついていることとは無関係に、知を主体のうちに見いだすのである。

これは催眠術を介して発見される知と同じ種類のものである。結局のところそれは、その語の通常の意味における主体をまったく要求していないように見える。それこそ、ラカンが「主体の転覆」において組合せの主体と呼んだものである。個人の言語、家族、社会によって提供される対立の組合せがあり、そうした組合せが機能する (E 806)。「科学と真理」でラカンはこの主体を「科学の主体」と呼んでいる (E 862)。すなわちそれは、科学によって研究されうる主体である。そしてラカンは逆説的にも、「精神分析において私たちが扱う主体は、科学の主体でしかありえない」(E 858) と主張する。それは組合せの純粋主体、言語の純粋主体である。(これは厳密な意味で、ゲーム理論における位置の主体であり、「推測科学」に属する主体である。)

このラカンの主張は幾分不誠実なものだ。というのも、精神分析が求める効果を達成するために言語にのみ依拠する――言語はその唯一の媒体である――というのが本当だとしても、にもかかわらず精神分析は情動に対して、すなわち情動、リビドー、あるいは享楽としての主体に対して、効果をもたらそうとするからである[4]。ラカンの著作を読む際に突き当たる困難のひとつは、彼が、各々の瞬間にどちらの主体について語っているのか、ほとんどはっきりさせないまま、一方の意味から他方の意味へと秘密裏に横滑りしていくことだ。ここで示唆しておけば、「科学と真理」で、ラカンが「対象」について語っているとき、彼が言及しているのは情動としての主体である。

これに対して、そこで彼が「主体」について語るとき、それが意味しているのは構造としての主体であり、すなわち組合せの純粋主体としての主体である。

はじめに確認しておきたいのは、シニフィアンの主体は、欲動の主体（あるいは享楽としての主体）よりずっと扱いやすいことである。欲動の主体は把握するのが「簡単ではない *n'est pas commode*」。この困難ゆえに、ポストフロイト派の多くの分析家たちは、J因子すなわち享楽因子と呼べるようなものを扱うための別の方法を模索してきた。（ヴィルヘルム・ライヒは、彼の仕事のある段階で次のように考えた。「なぜそれを直接的に、すなわち患者の身体に接触することで扱おうとしないのか。なぜわざわざ言語を介して対処しようとするのだろうか」。）

現代の認知行動的心理学アプローチの多くは、享楽としての主体にシニフィアンの主体を対置したうえで、後者へのみ関心を制限する試みとして理解できる。実際、認知行動心理学者の多くは、自分たちが何かを見落としていることを直観的にさえ把握していないと思われる。すべては合理的であると想定されている。それ以外の何かは、彼らのシステムではまったく必要ではなく、その余地もない。彼らは「不合理な信念」を追及し、「正す」か、さもなくば破壊するのだ。

ラカンは1950年代に、生まれたばかりの科学であった言語学に夢中になった。彼は最初、言語学が、精神分析に固有のある種の科学性のモデルとして役立ちうると考えた。言い換えれば、精神分析は、言語学のような科学と似たような仕方で科学になりうると考えたのである。言語学はその関心を、シニフィアンの主体に制限する。同じことは構造主義者のディスクールにも当てはまる。構造主義者のプロジェクトは、ラカン自身が1950年代のいくつかの仕事で示しているように、シニフィアンの純粋主体から知を引きだす試みであり、そこに刻印された知を取りだし位置づける試みである。

その後のラカンは、言語学を精神分析のモデルとすることを拒否した。このことは、1972年にラカンが、言語を用いて自分が何をしているかを指す新しい用語をつくった点に示されている。すなわちラカンが行うのは言語学と同じではない。彼は自らの試みを「言語いじり Linguistricks」[訳注i]と呼んでいる (Seminar XX, 20/15)。彼は単に言語に含まれている知を、たとえば文法やイディオムに含まれている知を引きだすのではない。むしろ言語を用いて、シニフィアンの純粋主体とは別の何かに効果をもたらそうとするのであ

発話

> 私たちは性的享楽に直接的にはたらきかけることができるのだろうか。そんなことはできない。だからこそ発話があるのだ。
> ——ラカン『セミネール第18巻』1971年3月17日

　もしシニフィアンの主体を介して享楽の主体のうちに変化がもたらされるのだとすれば、両者には何らかの収束や重なりがあるはずだと思われる。ラカンは早くから、発話において二つの主体が同時に生じることに気がついていた。発話は、語彙や文法をそこから借用するという点で、シニフィアンのシステム（あるいは単に「"シニフィアン"」）に依拠している（「"シニフィアン"」とは、言語の完全なシニフィアンシステムを示唆するために、ラカンがつねづね使っていた言葉である）。その一方で発話は、それとは別のもの、すなわち言表行為を必要とする。発話は言表されなければならず、そこに身体的な要素が導入される。呼吸、顎や舌の動きといったすべてが、発話の産出のために必要とされるのだ(5)。

　言語学が問題とするのは、言表内容の主体、すなわち文言の主体である。たとえばそれは、「私はそう思う」という文章の「私」であり、言語学では「シフター」として分類されるものである。さらに言語学では、文言の主体と言表行為の主体の違いが考慮される。もし誰かがフロイトの言葉を繰り返して、「精神分析は不可能な職業である」と言ったとする。その場合、文言の主体は「精神分析」であるが、言表行為の主体はそれらの言葉を実際に話した人物である。言語学は、二つの主体の違いを考慮に入れざるをえない。

　しかし言語学は、言表行為の主体そのものを説明することはない。言表行為の主体は話すことで快を得る主体であったり、話すことに痛みを感じる主体であったり、話しながら口を滑らせる主体であったりする。言表行為の主体とは、自らの感覚、欲望、あるいは快を暴露する何かを滑りださせる主体

訳注 i — ラカンの元のフランス語では linguisterie。言語の一種の原素材としての「ララング」を扱う自らの実践について語る文脈で用いられた用語である。既訳には「原言語学」や「言語学もどき」がある。

なのだ。
　このようにして発話は、二つの主体が同時に作用するひとつの場となる。そして精神分析は、それが発話を扱うかぎりで、そのどちらも無視することができない。
　経済学もまたどちらも無視できないことを示唆しておこう（しばらく社会科学へと目を転じておく。私が冒頭で主張したように、社会科学には精神分析と共有しているものがある）。これら二つの主体が株式市場の「取引所」に現れるとき、経済学は理念的にはそれらをともに考慮に入れなければならない。シニフィアンの主体を、「合理的」だと想定される市場の経済学的な主体、すなわちホモ・エコノミクスと等値できるだろう。それでは言表行為の主体、あるいは享楽としての主体は何に対応するのだろうか。それは、アメリカ連邦準備制度〔アメリカの中央銀行〕の議長アラン・グリーンスパンが、「理屈に合わないほど」株価を競り上げるような行為をしているとして、「不合理な熱狂」という言葉で非難した、その主体ではないだろうか。「不合理な熱狂」、この言葉はグリーンスパンがはじめて口にして以来、メディアで何度も繰り返された。それはまさに、経済的な領域における享楽の呼び名である。不合理な熱狂とは、私たちの時代のポトラッチである。むろんそれが唯一のポトラッチというわけではないだろう。だが、やはり重要なポトラッチである。
　（株取引とは対照的に）もし発話が、精神分析のうちで二つの主体が現れる場であるなら、それはまた精神分析が発話状況として、すなわち人間の行為のその他ほとんどの形式が、明示的であれ暗示的であれ、あらかじめ排除された状況として構成されるからである。精神分析は、グループ状況ではない（待合室での振る舞いが、何らかの理由で分析状況それ自体の主要な部分として把握される場合は別である）。グループ状況においては、グループによる集団的行為、すなわち集団ヒステリー、暴動、略奪などを考慮に入れなければならない。社会学や政治学は軽率にもこうした行為の主体、すなわち享楽の主体を無視しようとしている。自らのフィールドをすべて、シニフィアンの主体だけにもとづいて説明できると信じているのだ。

ラカンの初期の仕事を再訪する

　ラカンによる分析状況の最初のモデルないしグラフであるシェーマLは、レヴィ＝ストロースが『構造人類学』[(6)]で提示したモデルを基礎としている。

そこでラカンは、これまで論じてきた二つの主体を対立するものとして、あるいは食い違いながら作動するものとして描きだしている（図6.1はシェーマLを簡略化したものである）。

図6.1　簡略化したシェーマL

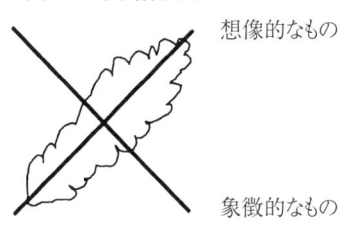

想像的な領域は、ラカンの仕事のこの時点では、嫉妬による怒り、羨望、敵対性としての主体と対応する。それはラカンが後に、「嫉妬 jealousy」と「享楽 jouissance」を結びつけて、主体の「嫉妬享楽 *jalouissance*」と呼んだものに等しい（Seminar XX, 91/100）。初期のこの時期では、嫉妬享楽は、発話をとおして消散され、徹底作業され、解消されうる、すなわち一言で言えば取り除かれうると考えられている。シニフィアンの主体と享楽の主体が衝突するなら、享楽の主体は廃棄されなければならない。享楽の主体は、シニフィアンの主体に対する障害をなし、これに干渉するものであった。

第4章で見たようにラカンは、欲望の複雑なグラフを提示した。そこでは、下段に言語における主体の到来が見いだされ、上段には享楽と主体の交差が見いだされる（図6.2はグラフを簡略化したものである）。

図6.2　簡略化したグラフ

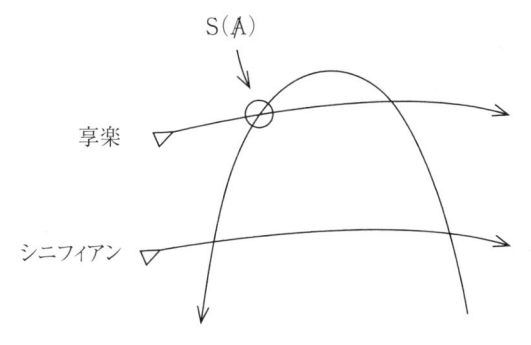

主体は右下から出発する経路を通って、まずシニフィアン連鎖（下側にあ

る水平のベクトル）と交差し、そして次に享楽（上側にある水平のベクトル）と交差する。第二の交差は、困難に満ちたものである。というのも主体がそこではじめに直面するのは、自らの享楽の説明や答えとなるようないかなるシニフィアンもないということ、すなわちS（A）だからだ。主体の享楽にはいかなる道理もともなわない、そう言うことができるだろう。ラカンが描きだしているように、シニフィアン（下段）と享楽（上段）のあいだで、主体は窮地へと追い込まれる。両者にはいかなる提携も容易にはありえない。

こうした議論は、二つの主体を調停する何らかの方法へと帰結するわけではない。ラカンは、いわば二つの主体が仲良くやっていく方法を示すような特別な定式を何ら導入しなかった。明らかなのは次のことだ。精神分析において私たちは、享楽の主体を発話という媒体をとおして扱う。そして私たちは発話を用いて、分析主体の訴える症状の享楽に関して変化を引き起こそうとする。

精神分析は明らかに、主体の異種混交性と取り組まなければならない。だが人文科学と社会科学の多くの他の分野でも、その理論形成と実践において、主体の二つの側面と取り組む必要があると思われる。おそらくそこでは、異なった目的がそれぞれの領域を特徴づけているがゆえに、精神分析よりも様々な方法でこうした取り組みがなされなければならない[7]。私たちはこれまで、ラカンの多くの仕事で問題となっている二つの異なった主体の輪郭を描きだしてきた。以下では、これら二つの主体のうちの前者、すなわちシニフィアンの主体と結びつくかぎりでの知について検討していこう。

前科学的な文脈における知

ラカンは少なくとも20年にわたって、知の前科学的な類型と呼びうるものに焦点を当て、それを近代科学的な文脈における知から区別しようと努めた。彼はこうした知の前科学的な類型を、アリストテレス的な科学と結びつけている。アリストテレス的な科学、それは、コペルニクス自身が行ったわけではないにもかかわらずしばしばコペルニクス革命と呼ばれる変化に先行する科学の類型である。

なぜラカンはこのような知に焦点を当てるのか、そしてなぜ彼は、ほとんど強迫的な仕方で繰り返しそこに立ち戻るのだろうか。それは科学の歴史にのみ関わる論点ではないのか。ラカンは分析家でないときには、隠れ歴史家なのだろうか。

ここで彼が主張しているのは、精神分析が自らを哲学と心理学の両者から切り離すのに苦労してきたこと、さらにはあらゆる種類の前科学的な構築物、あらゆる種類の単純な疑似科学や古臭い哲学観念へと横滑りし続けたことだと思われる。近代心理学は、「想像上の醜さという障害」（DSM-IV では〈身体醜形障害〉とされている）[8]のような輝かしい疾病分類上のカテゴリーの拡散を促しているが、もし精神分析が、こうした近代心理学よりも信頼できる何かであるとするなら、精神分析が探求すべきは、単にひとびとが科学をどのようなものと考えるかではなく、科学とは一体何かである。

たとえば近代科学は表面上、測定すること、そして「厳然たる事実」の産出に関わってきた。実際、アメリカの心理学施設すべてが、あらゆる種類の測定と統計の産出に参加してきた。

とはいえそうした科学性は、精神分析による達成が望める、あるいはそう望むべき科学性なのだろうか。アメリカ心理学協会〔ＡＰＡ〕の月刊の機関誌『ＡＰＡモニター』は折に触れて、フロイトの理論のどの側面が経験的な調査によって裏づけられているかをリスト化している。しかし心理学者たちが、フロイトの理論を試験のために平凡な仮説に還元していることを考えれば、そしてそのように水で薄められた仮説を試験するために彼らが考案した調査設計を検討するなら、単に反論を申し立てる以上の価値を持つかどうかを疑わざるをえない！

ラカンによれば、これは精神分析が目指すべき科学性ではまったくない。彼の考えでは、精神分析は現在のところ科学ではない。そして測定可能な事実を産出するという方向性を進んだとしても、科学になることはできない。「ひとがそう考えるのとは反対に、重要なのは科学で測定されるものではない」（Seminar XX, 116/128）。私たちはすぐに、ラカンの考えたことが科学において重要であるのを見ていくことになるだろう。

しかしまずは、古代に知がどう見られたかについてのラカンのコメントを見ていこう。ラカンが示唆するところでは、古代の世界観はひとつの幻想にもとづいている。すなわち、精神（ヌース）と世界があらかじめ調和しているという幻想である（Seminar XX, 116/128）。それは考えていることと考えている対象としての世界のあいだに、そして世界を語るための言葉同士の諸関係と世界のうちに実在する諸関係それ自体のあいだに、調和があるとする幻想である。

近代科学はこうした考えをかなり決定的に放棄した。それどころか、既存

の言語では自然を特徴づけるのに不適切であるとして、新たな概念、新たな言葉、新たな定式が必要であるとした。にもかかわらず十分奇妙なことだが、精神分析ジャーナルのうちにはジュール・H・マッサーマンのようなひとの論文が見いだされる(9)。彼は、ラカンによれば、「比類のない素朴さで、現実に見いだされる諸関係に、彼が幼い頃に習った文法カテゴリーの逐語的な対応物を発見した」(E 274)。言い換えれば20世紀中頃になっても、分析家が産出する研究のうちには、自問することをしない言語アプローチと、そこから提示されるカテゴリーおよび諸関係が見いだされるのである。この最も前科学的な推定は、今日の多くの心理学のうちにいまだに見ることができる(10)。

　古代の世界観を特徴づける幻想は、ラカンによればさらなる問題を提起する。これを最初に言ったのがラカンというわけではないと思うが、彼いわく、そこではすべてが性交と関わる (Seminar XX, 76/82)。すなわち、すべてが異性間の関係の洗練された隠喩である。形式が質料を貫通したり、受精させたりする。形式は能動的であり、質料は受動的である。形式と質料、能動と受動、男性原理と女性原理、両者には関係がある。根本的な関係が。当時のあらゆる知は、ラカンの言葉では「性的な結合の書き込みという幻想」(76/82) に関わっている。すなわち性関係のようなものがあり、この結びつきないし関係は私たちすべてにおいて確認されるという幻想である。知と世界の関係は、性交の幻想と同質なのだ。

　もちろん今日の精神分析において、こうした幻想はまったく通用しない！しかし実のところ、今日の精神分析において通用するひとつの原初的幻想があるとすれば、それは両性間の調和的な関係が可能でなければならないというものである。こうした見解はフロイトの仕事のなかの目的論的なパースペクティブと考えられるものを基礎としている。それはおそらく、口唇期、肛門期、性器期として知られるリビドー段階の「発展」から生じた目的論である。口唇期と肛門期において、子どもは全体としての他人ではなく、部分対象と関わる。だがポストフロイト派の分析家の主張によれば、性器期において子どもは、部分対象の集合としての他人にではなく、全体的な人物としての他人に関わるのである。

　フランスでは1950年代の半ばに、分厚い一冊がこうした考えのために捧げられた。『現代の精神分析』のことだ(11)。そこではある世代の分析家が揃って次のような考えを提出した。ひとが首尾よく性器期へと達したなら、完全

に調和的な状態が達成されるという考えである。そのような状態においてひとは、自らの性的パートナーを対象ではなく主体として、すなわち目的に対する手段としてではなく、カント的な意味で、即自的目的としてみなすというのである。この段階の最大の達成は、彼らが献身的と呼ぶものになることである。それは、真に利他的になることであり、すなわち自らにもたらされる利益を考えることなしに、他人のために何らかの行為をなすことができるようになることである[12]。

　この世代の分析家は、この種の行為をこれまでに見たことがあるのだろうか。そう考えるのは難しい。にもかかわらずこれらの分析家たちは躊躇なしに、このような両性間の完全な調和の状態を仮定し、ナルシシズムと利己主義が全面的に消去されると仮定した。また彼らは、分析主体との作業においても躊躇なしに、性器的関係を無私無欲のものとして、そして口唇的な関係と肛門的な関係を利己主義的なものとして掲げた。たとえ誰もそのような無私無欲を見たことがなかったとしても、それは存在しなければならなかったのである。

　別の言葉で言えば、それは精神分析の理論と実践を歪めるもうひとつの幻想である[13]。ラカンの目標は、こうしたすべての幻想を精神分析から取り除くことであった。もちろん言うは易く行うは難しである。そのようなわけで科学史の研究は、非科学的な要素を追放し今後いつか科学になろうとする領域において、大きな重要性を担う。もし自らの領域の歴史を知らないなら、それを暗に繰り返すことになるだろう。

　両性間の調和という幻想は由緒ある系統を持っている。なにしろ少なくともプラトンの『饗宴』にまで遡ることができる。そこでアリストファネスは、私たち皆がかつて、何も欠けることのない球体的な存在であったという見方を提示している。しかしゼウスは、私たちを二つに分裂させ、いまや私たちは皆、自分の片割れを探すことになった。分割された存在である私たちは、再びひとつに接合されることを望み、それができないがゆえに少なくとも互いに抱き合って安堵を得るのである（それは、ゼウスが私たちを憐れみ、陰部を内側へとひっくり返したおかげである）。アリストファネスが言うように、「愛は、私たちの以前の状態を再発見しようとして、二つをひとつに結びつけ、人間の傷を癒そうと試みる」[14]。愛とは、原初的な分裂を補うことのできるものであり、これによって調和が達成される。

　調和の可能性への信念が見いだされるのは、人間の歴史や個人史における

原初的な喪失の瞬間（前者［系統発生］ではエデンの園の喪失、後者［個体発生］では母子関係の喪失）のうちにだけでない。それはいまや、西洋においては現代的なユング心理学のある種の形式のうちに、東洋においては中国のいくつかの宗教（たとえば陰と陽の観念）のうちにも見いだされる。

　本来は球体的な存在であった人間というアリストファネスのイメージはまた、球体を、最も完全で調和的で何も欠けるところのない形として提示するものである。多くの古代の宇宙論と天文学は、ケプラーの時代に至るまで、球体の完全性という幻想を基礎にしていた。多くの「科学的な」仕事が、真理を救済する (salva veritate) ため、見たところ円環ではない惑星の動きが、形の最たるもの、つまり円に沿った運動にもとづいて説明されうることを示そうとした。コペルニクスでさえ周転円を採用している。それゆえコペルニクス革命はそれほどコペルニクス的ではない。コペルクニクスが言ったのは、もし太陽が世界の中心であると考えるなら、計算が単純化されるということだけだ。このことが意味するのは、その場合周転円の数が60から30へ削減されるといったようなことである。

　第4章で述べたようにラカンは、中心と周縁といった観念を無傷なままに維持するような動きでは、革命をなすことはできないと主張した。それでは以前と同じように物事は回り続ける。ケプラーが完全ではない形、すなわち楕円を導入することでちょっとしたゆさぶりが生じ、中心という観念が問題化された (Seminar XX, 43/43)。ラカンの見るところでは、その後さらに重要な動きが生じる。つまり、もし惑星が、その場に何もない点（焦点）へ向かって動いているのだとするならば、その動きは、かつてそう呼ばれていたように回転や円環として描きだすことは困難であるという考えの登場である。おそらく、それはむしろ落下のようなものである。ここでニュートンが登場する。その他のすべてのひとが千年にわたって言い続けてきたこと、すなわち「それは回転する」の代わりにニュートンはこう言ったのだ、「それは落ちる」、と (43/43)。

　ニュートン革命にもかかわらず、私たちの「世界観は［……］依然として完全に球体のままである」(42/42) とラカンは主張する。私たちの自己に対する見方の中心から意識を追いだしたフロイト革命にもかかわらず、意識は不可避に中心へと逆戻りしている。さもなくば中心は不可避にどこか別の場所で再建されている。精神分析が要請する「脱中心化」を持続するのは困難である、そうラカンは言っている (42/42)。分析家は中心／周縁という古い

思考方法へと逆戻りし続ける。したがって必要なのは別の「転覆」、ラカン的な転覆である。

「主体の転覆」の要点のひとつは、主体とは知っている者ではなく、むしろ知らない者であるということだ。フロイトは無意識を強調し、意識的な考える主体、すなわち自我には知られないままに知られる知を強調した。どこかに刻印され、登録され、記録されるが、厳密に言えば誰にも知られることのない知である。それにもかかわらず、精神分析家は意識的な自己という考えへと立ち戻る。それは、統合機能を備えた自我であり、「現実統合」の際に、あるいはエスの荒れ狂う欲動と超自我の厳格な道徳的拘束を媒介する際に能動的な役割を担う自我であり、一言で言えば、志向性と有効性を担った行為主体としての自我という考えである（こうした自我の観念は、フロイトの後期の仕事に主に見いだされる）。

フロイトによるはじめの一手の革新性は失われたか、あるいは覆い隠されてしまった。そして統合する自我という幻想が背後の扉から忍び込まないようにするのは困難である。ラカンは、無知な主体の重要性が、フロイトの仕事の道程のほとんどすべての段階において見いだされることを示唆している。ラカンは問うている。フロイトの時代に知られていた古代の神話のうちには、父を殺し母と寝るという主題の神話が一見して数多くある。にもかかわらず、なぜフロイトはオイディプスの神話を選んだのだろうか。ラカンの答えは、オイディプスは自分がそんなことをしたとは知らなかったから、というものである（Seminar VIII, 122）。このようにオイディプスは無知な主体、すなわち、意識的に「知る」というかぎりでは、その理由を知ることなしに行為する主体の完璧なモデルであった。精神分析の観点から見れば、「知っている主体のようなものはない」（Seminar XX, 114/126）。

知と全体

視覚的な領域に関して、そしてそこで出会うイメージに関して、実際にひとを惹きつけ動かす何かがあるように思われる。さて、ここで別のディスクールへとしばらく目を転ずるなら、円（あるいは少なくとも卵型）のイメージはソシュールの記号のモデルにおいてさえ回帰して私たちにつきまとっている（図6.3を参照）。

図6.3　ソシュールの記号

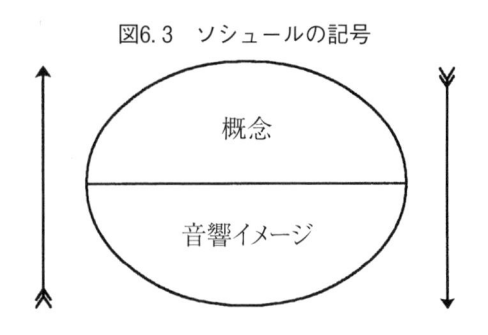

　第3章で見たように、ソシュールにとってシニフィアンとシニフィエ、音声イメージと概念は、分かちがたく結びつけられている。ソシュールの言うように「二つの要素［概念（シニフィエ）と音響イメージ（シニフィアン）］はむつまじく一体となって」(15)おり、記号に関して彼が提示するイメージのなかで、それらは二つでひとつの全体を形成しているように見える。それはカプセル化された記号であり、そこにおいてシニフィアンとシニフィエは分離的というよりは相関的な階層をなし、陰陽のような形状を形づくっている。ここで私は、異なった記号間の多様な関係がもたらす複雑さは考慮しない。むしろ記号それ自身を概念化し、視覚化し、表象するその方法に焦点を当てよう。

　第3章ですでに見たように、ラカンはソシュールの記号を転覆させることで、言語学への進出をはじめる。シニフィアンとシニフィエのあいだにはいかなる調和的な関係も、全体化する関係もない、とラカンは言う。ソシュールにおいては、相互的な矢印が書かれており、この矢印によって、ある種の相互依存性、ないしそれぞれの階層が別の階層に対して同等の効果を持つという可能性が示唆されていた。しかしラカンにおいてはシニフィアンがシニフィエを支配し、両者のあいだにソシュールが提示する矢印を無効にする真の障壁がある。ラカンはすでに、（第3章で見たように）「文字の審級」で、このようにして記号を転覆した。1970年代に、この転覆はさらに推し進められる。そのために彼は繰り返し、二つの領域のあいだの障壁ないし横棒を強調し、そしてまたシニフィアンがシニフィエをつくりだし、存在させるという事実を強調する（Seminar XX, 35/34）。記号に関するソシュールのイメージが持つ影響力を何とか消散させようとするのである。

　ラカンが歴史のテーマを取り上げるとき、彼は明らかにヘーゲルの試みに

反対していた。ヘーゲルは、歴史のうちに何らかの全体化する意味や目的論を見いだそうとする。ラカンは概して全体というものに懐疑的であり、あらゆる全体のうちにその穴を指し示す。すなわち、それが患者の世界の全体を説明するのであれ、すべての精神分析的経験を、たとえば（「二者心理学」における）二者関係や「コミュニケーション状況」に還元するのであれ、すべてを説明しようとするあらゆる精神分析理論のうちにその裂け目を指し示すのである。

　精神分析家たちはこうした全体化する説明に宿命的に惹かれているように見える。だがこの点に関してはもっぱら精神分析家だけがそうだというわけではない。近代物理学のように、抽象的で、イメージや想像的なものの誘惑から自由に見える領域においてさえも、「あらゆるものに関する理論」、すなわち既知の、そして知られうるすべての力を説明しようとする「統一場理論」への関心はますます強くなっていると思われる。私にはそれは、まったく空想的なものであり、たとえn次元の球体であるとしても、球体のようなイメージにもとづく科学知への見方と関わっているように見える。そのイメージは、クラインの壺やメビウスの帯にもとづくイメージとは対立するものである。

　このことは実際、ラカンが1960年代前半の仕事で、クラインの壺やメビウスの帯といったイメージを導入した理由の少なくともひとつである。彼は聴衆に、円や球体といった観点から考えることをやめ、代わりに面の観点から考えるように促した。面は、内側と外側、前と後ろ、身体と開口部といったカテゴリーからは容易に把握できないものである（特にセミネール第9巻を参照）。世界を、全体を構成するものとして把握する見方は、「ひとつの見方、ひとつのまなざし、ひとつの想像的な理解」（Seminar XX 43/43）にもとづく、そうラカンは述べる。それは、まるで世界がひとつの側面でしかないかのように、何か特権的な外側の点から[16]世界を眺めるかのように、いわば外側から球体を見る見方である。しかし私たちはクラインの壺の外側にいるのだろうか、それとも内側にいるのだろうか。クラインの壺のような面がモデルとなったとき、何らかの外部性という観点から自らを位置づけるのはより困難である。しかしそうした面でさえもイメージのままであり、それでは精神分析は想像的なものに根づいたままとなる。約12年後にラカンがセミネール第20巻で導入した結び目さえも、思い浮かべるのがおそらくかなり困難であるとしても、視覚的な性質を帯びている。

ラカンは、私たちを視覚的なものから離れさせようとする試みにおいて、文字へと導かれた。ケプラーが楕円を導入することでコペルニクス的な古い思考法から私たちを抜けださせたのだとすれば、ニュートンはある種の書きものを導入することで、私たちをさらに先へと進ませる。

$$F = g \frac{mm'}{d^2}$$

これは、ラカンによれば「私たちを想像的な機能から引き離すものである」(43/43)。

数学化なしの形式化
幻想を超えるひとつの方法は文字への還元である。実際、セミネール第20巻でラカンは言っている。「数学による文字の使用法以上にうまく、分析のディスクールの地平を構成するものはおそらくない」(44/44)、と。次のことを確認しておこう。物理学においてさえ文字は、m が質量を意味するというように意味を持つ。数学において多くの文字は、こうした種類の意味を持たない。バートランド・ラッセルのような数学者がずっと引用されてきたのも、数学で用いられている文字は意味を持たないと言ったがゆえである。そして意味を欠いているということは想像的なものを欠いているということである（ラカンが言うように「意味は想像的なもの」である [Seminar III, 65/54〔『精神病』上88頁〕]）。

ラカンは最終的に、「分析的な事柄は、数学的なものにはならないだろう」(Seminar XX, 105/117) と結論するが、にもかかわらず多くの年月を費やして、精神分析理論を要約し、形式化するための象徴——彼がマテームと呼ぶもの——を提示しようとした。S、a、$i(a)$、A、$(S \diamond A)$、$(S \diamond D)$、$S(A)$、Φ などである。彼の努力は部分的には、ある種の構造を、そのときの分析になしうるかぎり厳密に定式化する試みである。彼が導入する象徴は、測定とは何ら関わりがない。それゆえその象徴は、ニュートンの力と重力に関する公式においてそうであるようには、数字によって置き換えることができない。とはいえ、その多様な意味に習熟するならば、それらは多くの理論化をきわめて凝縮したかたちで要約していると思えるだろう。ここでのラカンの目標は、精神分析の数学化を提示するというより、むしろ形式化である

ように思われる。形式化とはおそらく、少なくともラカンの仕事のこの時期には、科学性へと向かうためのありうべき方法のひとつである。それこそ、科学に関してラカンが最も重要と、あるいは測定よりはるかに重要とみなしていたものなのだ。

　物理学では、形式化によって理論家たちの思弁という独立した領野が可能となった。すなわち公式それ自体と戯れ、新たな配置が何を意味し含意しているかを少しも考えることなく、諸公式の相互関係のすべてを調べつくすことができるようになった。また何らかの仮説を、それがある種の直観を形成するという理由からではなく、それが単に等式を単純化するという理由から立てることができた。その後でこうした仮説を、実験によって試験することができたのである。しかし形式化それ自体も、新たなブレイクスルーを可能にした。それは物理学者に、自らの領野への、非直観的で、イメージにもとづかない、すなわち想像的でないアプローチの基礎を与えたのだ。実際に近代物理学はおそらく、調査のもとで現象を直観的に理解することからは遠く隔たってしまった。その結果、物理学者はしばしば、現象を説明するために新たな理論を発展させていくより、むしろこれまで気づかれなかったいかなる現象が理論を実際に正当化するかを考えなければならなくなった。たとえば、近代物理学は、光子の質料のような性質を仮定し、太陽からそれへの引力を仮定することではじめて、金星から私たちのもとに届く光が太陽によって捻じ曲げられていることに気がついたのである。私の知るかぎりでは、アルベルト・アインシュタインの理論にはいまだ試験されるべきいくつかの側面がある。

　明らかに精神分析では、理論化の独立した基礎を可能にするそうした形式化が近い将来行われるということはない。しかしラカンはそのような形式化を、科学的であると主張しうるような精神分析の展望のうちに収めている。もしそうした形式化が、同時に数学化と関わっていないとすれば、いかにしてそれが独立して機能するかを述べるのは困難である。しかしラカンは、集合論が数学化なしの形式化のモデルを提供すると考えているようだ。というのも集合論は、数学の多くの異なった領域を生みだすために使うことのできる、ある種の論理だからである。

　精神分析のような領野におけるパラドックスのひとつは次のようなものだ。物理学のような領野では、物理学者はニュートン、ジェイムズ・マックスウェル、ヘンドリック・ローレンツ、あるいはアインシュタインによって書

かれたオリジナルのテクストを読む必要がない。彼らは、物理学を「行う」ないし「実践する」ために知らなければならないすべてを、どこにでもある一般的な教科書を読むことで、あるいは単に授業を受けることで学ぶ。しかし精神分析ではそうではない。フロイトのテクストは乗り越えられないままであり、それを読むことは不可欠である（少なくともそうあるべきだ！）。精神分析という領野では、後の仕事が何らかの仕方でフロイトの功績のすべてを組み込み、誰でも学び使える一連の公式のかたちでそれを伝達できる、というわけではない。

ラカンの仕事には二つの方面からのアプローチが見られる。ひとつは、自らの仕事やフロイトの仕事をマテームへ還元するラカンの試みである。実際に皮肉にも彼はあるとき、精神分析のすべてを集合論に還元したと主張した(17)。もうひとつはいわば、テクストのある種の「フェティッシュ化」である。ラカンの仕事には、一方でフロイトやその他のテクスト（たとえばポーの「盗まれた手紙」）の「構造的な」読解アプローチが見いだされる。それは、とりわけ人文科学と文芸批評における多大な関心を促進した。他方でまたそこには、読者に次のような効果を及ぼすような書きものへの注目も見られる。すなわち、公式や数学的に正確な等式の直接的な伝達とは異なり、何かをほのめかすという効果を及ぼす書きものである。

彼の書きものには、多義性、二重・三重の意味、曖昧さ、喚起的描写、謎、ジョークなどがまさに氾濫している。彼のテクストと講義は、分析それ自体が要請するような類の作業へ、すなわち意味の層を移動し、テクストをそれがまるで一連の長い言い間違いであるかのように解読するという作業へ、私たちを導くためにつくられているように見える。彼はある個所で、自らの執筆スタイルが分析家の訓練に寄与するように意図してつくられていると述べている（「私が用いるレトリックのすべては、訓練の効果に寄与することを目指している」［E 722］）。とはいえ間違いなく、それ以上のものである。彼の書きものは私たちを触発し、ときには混乱させさえするのだ。

もしシニフィアンの主体、すなわち純粋な組合せの主体ないしレヴィ＝ストロース的な主体と、享楽の主体との区別という観点から考えるなら、滑稽ではあるが次のように言えるかもしれない。ラカンは科学の主体としてマテームを産みだし、他方で享楽の主体、愉しむ主体として絶え間のない駄洒落を産みだす。しかし繰り返すが、彼は少なくとも洒落を言うのと同じくらいにマテームにも愉しみを見いだしていたように思われる(18)。

知は享楽の欠乏からはじまる

　ラカンはアリストテレスを論じながら、知は享楽の欠乏を動力にすると述べている (Seminar XX, 52/54-55)[19]。生活のなかで手に入る快を、私たちは不適切なものだと感じる。この不適切さのために、私たちは知のシステムを拡張する。おそらくそれは、何よりもまず、なぜ私たちの快が不適切であるかを説明し、それからそうならないように物事をいかに変えるかを提案するためである。ラカンから欠如を取り上げることはできない[20]。知は、生の氾濫や何らかの「自然の豊饒さ」によって動機づけられているわけではない。サルは、様々な瞬間にそうした豊饒さの兆しを示すかもしれないが、とはいえ論理学、数学体系、哲学、あるいは心理学を創造することはない。分節化された知（すなわち *savoir*）は、ラカンによれば、何らかの快の不足、快の不十分さ、言い換えれば不満足によって動機づけられている。

　セミネール第20巻のフランス語のタイトル「アンコール」は、このことを反映している。私たちが「アンコール」と言うとき、それが意味するのは、もっと欲しい、十分ではない、もう一度してくれということである（アンコールは他のことを意味することもある。だがここでの私たちの直接的関心ではない）。それは、私たちが経験したことが十分でないことを意味するのである。

　私たちが手にする享楽が、他のひとびとや他の動物種よりもわずかであるというのは本当だろうか。私たちは本当に自分よりも享楽しているまわりのひとびとを見たことがあるだろうか。おそらくそういうこともあるだろう。次のような主張がしばしばなされる。すなわち人種差別、性差別、ホモフォビア、ないし宗教的不寛容は、それに関わるのがどのような集団であれ、ある集団より他の集団の方が享楽しているという信念にもとづくという主張である。なおかつこの信念は、たいていの場合、ほとんど何にも基礎づけられていない。人種差別主義者が、自らが差別するひとびとのうちにそのように享楽しているひとを見たことがあるということはほとんどない。しかしそうであっても、彼らはそう信じることをやめない。

　私たちはおそらく、動物が決してしないことを行っている。私たちは自らの享楽を、そうあるべきと考える基準に照らして、すなわち絶対的な基準、規範、ないし標準に照らして判断する。基準や標準は、動物の王国には実在しない。それらは、言語によってはじめて可能となる。言い換えれば私たちは、言語によって、自らの獲得する享楽がそうあるべきものではないと考えることができるようになるのだ。

言語によって、私たちは次のように言うことができる。自分たちには、種々様々な仕方で獲得する、取るに足らない満足がある、と。そしてまた別の満足、より良い満足、すなわち決して裏切らず、物足りなさや失望を感じさせない満足がある、と。だがそのように信頼できる満足を経験したことがあるだろうか。ほとんどのひとにとっておそらく答えは否である。しかしそうであっても、そのような満足があるに違いないと信じることは妨げられない。より良い何かがあるに違いない。おそらく私たちは、他のひとびとの集団のうちにそうした満足の兆しを見いだし、それゆえにそのひとびとを羨望し、憎む。おそらく私たちは、そうした満足がどこかに実在すると信じたいがために、それを何らかの集団に投影する（むろん私はここで、人種差別や性差別などのすべての側面を、このきわめて単純化された定式によって説明しようとしているわけではない）。

　いずれにせよ私たちは、何かより良いものがあるに違いないと考え、そう口にする。何かより良いものがあるに違いない、そう私たちは信じるのだ。私たちは、自分自身や友達や分析家に対して、繰り返しそう述べることで、この別の満足に、すなわち〈他なる〉享楽に、ある種の一貫性を与えようとする。結局のところ、過度な一貫性を与えるあまり、実際に私たちが獲得する享楽は、ますます不適切なものに見えてくる。私たちの持つわずかな享楽はさらに少なくなる。私たちが実際に期待し掲げる享楽の理想、すなわち自分たちを決してがっかりさせることのない享楽と比べるなら、私たちが手にしている享楽は色褪せてしまうのだ。

　多くの物事が、この種の享楽があるという信念を支えている。ハリウッド映画は、ほとんどのひとがおそらく経験したことのないような一貫性をこの享楽に与えようとすることで、確実にこうした信念を下支えしている。ハリウッド映画の性関係の描写を見てみよう。性は、ラカンが享楽について語る際に問題となる唯一の領域ではないが、顕著な領域のひとつであることは確かである。ハリウッド映画では、役者がセックスから獲得しているとされる満足については何か確実で揺ぎないものが描かれている。私が示唆しているのは、銀幕に描かれるような性体験を誰も持ちえない、ということではない。むしろ、ほとんどのひとがそうした経験をそのように決まって持てるわけではなく、ほとんどのひとがそのように間違いなくそれを経験できるわけではない、ということである[21]。

　決して的を外すことのない、失敗しない享楽の地位とはどのようなものな

のだろうか。それはまさしく、ラカンによれば、実在しない。しかしそれは、理想ないし理念として、すなわち思考によって思い描くことができる可能性として、自らを強固に主張する。ラカンの語彙では、それは「外‐在 ex-sist」する。それはしつこく存続し、その要求は、いわば外側からの何らかの強制を備えているかのように感じられる。外側からだというのは、それが、「あれをもう一度しよう！」という願望ではなく、むしろ「他に何かできることがあるのではないか、別の何かを試すこともできるのではないか」という問いだからである。

　私たちが手にする取るに足らない享楽について考えるとき、こうした〈他なる〉享楽こそ私たちが持つべきもの、本来そうあるべきものだと感じる。その可能性を考えることができるがゆえに、そうでなければならないのだ。こうした考えは、中世哲学と共鳴するところがある。カンタベリーのアンセルムスは、「神とは、それ以上に偉大なものを何も考えられないところのものである」と述べる。そして実在することは、最も完全なものの性質のひとつのはずだからこそ、神は実在しなければならない。そうでなければ、神は最も完全なものではなくなってしまう。この神の存在証明は、実在を本質から演繹する試みだとして批判されてきた。おそらくラカンの見方からすれば、それは神の外‐在を証明するものとして理解できるだろう[22]。

　〈他なる〉享楽という理念は神という理念と密接に関わっている。ここには、ある種の幻想がはたらいている。それは、こうした完全で全体的な満足、実のところ球体的とさえ言える満足を手に入れることができるという幻想である。この幻想は、仏教、禅、カトリック、密教、神秘主義において様々な形態を取り、種々の名前で呼ばれている。涅槃、エクスタシー、悟り、恩寵などである。（これを幻想と呼んだとしても、私はそれが必ず非現実的であると言っているわけではない。）

　この幻想はとても強力であり、それゆえ私たちは、この〈他なる〉享楽があるに違いない、実在するに違ないと感じる。だが、もしこの幻想がなかったなら、私たちは実際に獲得する享楽に対してより満足できるだろう。それゆえ、ラカンは、幻想にしたがえば〈他なる〉享楽はあるべきだ（すなわち実在するべきだ）と述べているが、実際に、獲得する満足という観点からすれば、それはあるべきではない。というのも、〈他なる〉享楽は単に事態を一層悪くするからである。次のように言えるだろう。それは決して失敗することなく、事態を悪くする。これは、ラカンがセミネール第20巻第5章で繰

り返している、"c'est la jouissance qu'il ne faudrait pas" という言葉遊びの骨子である（「そうに違いない」という意味の falloir と「失敗する」という意味の faillir、これら二つの異なる動詞による言葉遊びである。この二つの動詞は、ある時制では同じ仕方で発音され書かれる。それゆえこの文は、「享楽はあってはならない」であると同時に、「享楽は失敗することができない」という意味だ）。享楽という理念は、決して失敗しない。それは、失敗することなく、私たちがすでに持っているわずかな享楽を、さらにわずかなものにする。

　これら二つの享楽（取るに足らない享楽と〈他なる〉享楽）は、ラカンによれば相補的なものではない。そうでなければ、「私たちは全体へと後戻りすることになってしまうだろう」(Seminar XX, 68/73)。相補性という幻想、それは陰と陽、ひとつは男に、ひとつは女にという幻想である。二つの享楽は、相補性ではなく、代わりにある対のかたちをとる。言うならばそれは、存在と非存在という、ギリシャの哲学者たちをかなり「悩ませた」難問（アポリア）の対と同種の構成を持つ (Seminar XX, 25/22, 52/54, 56/61)。

性別化

　これら二つの享楽に関する議論は、ラカンが「性別化」と呼ぶ主題へ私たちを導く。性別化は、生物学的な性差でないことを思いだしておくべきであろう。ラカンが男の構造と女の構造と呼ぶものは、生物学的な器官とは何ら関係がない。それが関係するのはむしろ、ひとが獲得できる享楽の種類である[23]。私の知るかぎりでは、性別化と「ジェンダー」、性別化と「性同一性」、また性別化と「性的指向」としばしば呼ばれるものは、簡単に重なり合うものではない。「ジェンダー」は英語では最近使用されるようになった用語であり、1970年代前半のフランスでも文法用語として以外にはまったく知られていなかった。以下の議論で私が男に言及するとき、それが意味するのは、生物学的な性差にかかわらず、「性別化の公式」とラカンが呼ぶ公式のうちで、図6.4の左側の公式に分類されるひとびとである (Seminar XX, 73/78)。そして女に言及するときには、右側の公式に分類されるひとびとを意味している。

図6.4　性別化の公式

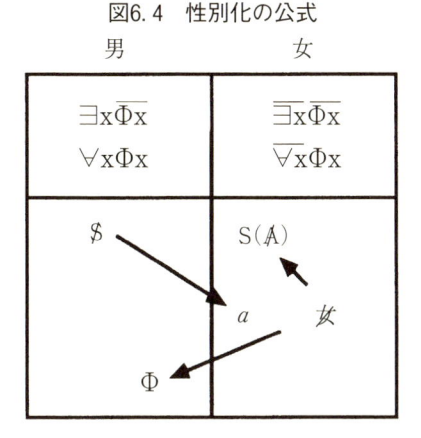

男　　　　女

$\exists x \overline{\Phi x}$　　$\overline{\exists x \overline{\Phi x}}$
$\forall x \Phi x$　　$\overline{\forall x \Phi x}$

$, S(\cancel{A})$
　　a　女
　　　　Φ

　ラカンはここではっきりと、男と女を論理という観点から定義しようとしていることを示唆している。それは男と女を、望むらくは幻想という観点からではなく（だが論理もまたおそらく幻想の要素を含んでいる。たとえばヘーゲルの論理は、全体という幻想、全体化できるという幻想と関わっている）、そしてもちろん染色体でもエディプスコンプレックスでさえない観点から論じる試みである[24]。
　ラカンは、私がこれまで言及してきた二つの享楽を、ファルス享楽と〈他なる〉享楽（あるいは〈他者〉の享楽）と呼んでいる。私はこれまで「ファルス享楽」という言葉を用いるのを避けてきた。こうした含みを持ったひとつの名前を、それに押しつけたくなかったからである。結局のところ、なぜそれをファルス的と呼ぶのだろうか。
　そこには多くの理由があり、そのいくつかを私は別の場所で詳しく説明した。しかしここで私が提案したいのは、文字に添って読み、「ファルス的 phallic」を、「間違いやすい fallible」ということとして理解し、「ファルス phallus」のうちに「可謬性 fallibilty」を聞き取ってみることである。ファルス享楽は、私たちをがっかりさせ、失望させる享楽である。それは失敗しやすく、パートナーへと根本的に達するものではない。なぜだろうか。ファルス享楽は〈他者〉としてのパートナーを、ラカンが対象 a と呼ぶもの、すなわち欲望の原因として奉仕する部分対象へと還元するからである。たとえば私たちを燃え上がらせるのは、パートナーの声やまなざしである。あるいは私たちはただパートナーの身体の一部を愉しんでいるにすぎない。それはラ

カンのマテームでは、$S \rightarrow a$ と表せる。このマテームは実際に、ラカンが提示する表にある公式の下に見いだされる（図6.4を参照）[25]。

このような仕方で享楽すること、すなわちパートナーを対象 a へと還元しながら享楽することは、男のように享楽することである。ここでの男とは、男の構造によって特徴づけられた者ということだ。ラカンはここで、この種の享楽は「オムセクシュアル hommosexual」であるという駄洒落さえ言っている。この言葉には m が二つ書かれており、フランス語で「男」を表すオム homme が含まれている。男性であるか女性であるかにかかわらず（ここでの男性 male と女性 female は生物学的な用語である）、またパートナーが男性であるか女性であるかにもかかわらず、このように享楽することは、男のように享楽することなのだ。

第3章で見たように、セミネール第20巻でラカンはファルスを、シニフィアンとシニフィエのあいだの横棒と等値している（$\frac{S}{s}$）。このことが想起させるのは、ファルスというしばしば議論されるフロイトの概念にラカンがもたらしたのが、高度の抽象化であるという点だ。一体どうすればシニフィアンとシニフィエのあいだの横棒や障壁を、種の雄と結びつけられる生物学的な器官に関連するものとして理解できるのかは、実際のところ分かりにくい[26]。なぜシニフィアンとシニフィエのあいだの障壁なのだろうか。この障壁が示すのは、欲しいと言葉で言ったもの、ないし欲しいと思い込んでいるものと、実際に狙っている対象とのあいだにかなりのずれがあるということだ。私がパートナーにこれが欲しいと伝えると、彼女はそれを私にくれる。だが私は言う。「違うそれじゃない！　欲しいのはそっちなんだ！」すると彼女は私にそちらをくれる。しかし、やはりそれでもない。欲望の対象はじっとしていることがない。欲望はつねに、何か別のものを探して出発する。というのも欲望は分節化されており、言語という素材からできているからだ。少なくともそれがラカンの主張である。彼の欲望の観念は間違いなく自然主義的なものではない。それゆえ欲望は、正確なシニフィエないし意味を指し示し、それをピン留めすることがなかなかできないのである。「それが、自分が欲しいと言ったものだということは分かっている。しかしそれは私が言おうとしていたものそのものではないのだ」、というわけである。

シニフィアン（S）において定式化され分節化された欲望と、満足を与えることのできるものとのあいだには障壁がある[27]。このように、私が欲望を実現することで手に入れる満足は、つねに失望させるものである。この満足

は、シニフィアンとシニフィエのあいだの横棒の影響下にあり、それゆえ私を満たすことに失敗する。それはつねに、さらに欲望されるべき何かを残してしまうのである。これがファルス享楽である。ラカンから欠如を取り上げることはできないように、ファルスから失敗を取り上げることはできない。ファルス享楽は、ひとをがっかりさせ、つねに物足りなさを残すのだ[28]。

　他方で〈他なる〉享楽は失敗することがない。しかしこちらは少々手が込んでいる。この享楽をラカンはしばしば〈他者〉の享楽 la jouissance de l'Autre と呼ぶのだから、それはおそらく〈他者〉が私たちから得る享楽である。結局のところラカンは言う。私たちは享楽に騙されている、すなわち弄ばれている、と（Seminar XX, 66/70）。しかし〈他者〉の享楽はまた、私たちが〈他者〉を享楽すること、あるいは〈他者〉としての私たちが享楽することでさえありうる（26/23-24）。この曖昧さは、性別化の公式それ自体に取り組む際、心に留めておかなければならない。

性別化の公式

　1960年代半ばのラカンは、論理学者のゴットロープ・フレーゲからいくつかの関数記号を借用している。1970年代のはじめに提出された性別化の公式では、Φxは関数である。ただしラカンはより一般的な $f(x)$ の f の代わりにΦを用いている。Φxは変数をともなう関数である。そして私の考えでは、少なくともある水準において、変数「x」を「享楽」として読むことができる（図6.4を参照）[29]。xをこのように読むなら[30]、そしてラカンによる全称記号と存在記号の使用法が古典論理学のそれとは異なることを念頭に置くなら、性別化の公式を以下のように理解できる。

　　$\forall x \Phi x$：すべての男の享楽はファルス享楽である。男の満足はどれもことごとく物足りない。
　　$\exists x \overline{\Phi x}$：にもかかわらず、別の享楽への信念が、すなわち決して物足りないということがない享楽への信念がある。

　このような定式化の仕方から、ラカンがセーレン・キルケゴールとタオイズムに関して行ったいくつかのコメントを説明できるだろう。おそらくラカンが主張していたのは、キルケゴールは自らのファルス享楽を放棄することでのみ、愛に応じることができると考えていた、ということである。女、す

なわち〈他者〉(ラカンが言うように、ここでは〈他なる〉性）を対象 a に還元することをやめるときにのみ、言い換えれば対象 a から得られる愉しみの放棄によってのみ、他の何かを得ることができる。つまりラカンが「二親等離れた善」あるいは「二乗の善」[訳注ii]や「小文字の対象 a を原因としない善」として描きだす何かを得ることができる (Seminar XX, 71/77)。これをラカンは「自らを去勢すること」と呼んでいる。なぜならそれは、器官の享楽を諦めることと関わるからである。キルケゴールは、実在の次元に到達するために、自らを去勢しようとする（物理的にではなく、比喩的に）。(この表の男の側では、左上にある公式〔$\exists x \overline{\Phi x}$〕においてのみ、実在が現れる。）彼はある種の愛を、つまりは対象 a の愛を犠牲にしなければならない（すなわち去勢しなければならない）ように思われる。別の種類の愛を、おそらくは対象 a を超えた何かを目指す愛を達成するために[31]。

　ラカンは、愛からタオイズムの性的な実践へと目を向け、次のように述べている。タオイズムではより強く大きな快を達成するために、「絶頂に達することを控えなければならない」(Seminar XX, 104/115)。ある密教の実践では、オーガズムはしばしば数時間も先延ばしにされる。すると性的パートナーは、快のより高位の高められた状態を示す青白い光輪に包まれると考えられている。ラカンがファルス享楽を器官の快、すなわち性器の快と結びつけていることを確認しておこう (13/7)。ここで考えられているのは、別の種類の快を獲得するためには、器官の快を絶え間なく先延ばしにするか、完全に諦めなければならないということである。

　こうした事例が示しているのは、ある種の犠牲によって対象 a の愉しみを超える愉しみを獲得できるという、一定のひとびとが持つ信念である。その愉しみは分裂した主体としてのパートナーの愉しみかもしれないし、〈他者〉の愉しみ、つまり〈他なる〉性の愉しみかもしれない（それは〈他者〉の代表もしくは代理である誰か——必ずではないが多くの場合は女性——の愉しみである）。そこでは、そうした犠牲を払うことでのみ、真に愛することができると考えられている。おそらく宮廷愛の伝統は、このような愛の一例を提供してくれる。ここでラカンが別のコンテクストで言っていたことを思いだしておこう。「愛するとき、それはセックスとは何の関わりもない」(27/25)。

訳注ii——もとのフランス語は *un bien au second degré*. フィンクはこれを二とおりに訳している。

もしキルケゴールやタオイズムに関するここでのラカンのコメントを私が正しく解釈しているなら、男の性別化の下段の公式（∀xΦx）は対象 a の愛と対応し、上にある公式（∃x$\overline{\Phi}$x）は別の種類の愛への信念と対応するだろう。私たちは後者を、「欲望を超える愛」と呼ぶことができるかもしれない。欲望は対象 a を原因とするからである[32]。

さていよいよ女の公式へ目を向けてみよう。

$\overline{\forall}$xΦx：女の享楽すべてがファルス享楽であるわけではない。
$\overline{\exists}$x$\overline{\Phi}$x：ファルス享楽でない享楽があるのではない。ここでは「ある」が強調される。実在するすべての享楽はファルス的である（ラカンによれば、実在するためには、ファルス的シニフィアンによって規定されるシニフィアンシステムのうちで分節化がなされる必要がある）。しかしこのことは、ファルス的でない享楽がありえないということを意味するのではない。そのような享楽は実在しないというだけである。代わりにそれは外‐在する。〈他なる〉享楽は外‐在することしかできない。それは実在することはできない。なぜなら実在するためには、話され、分節化され、象徴化されなければならないからである。

なぜ〈他なる〉享楽について話すことができないのだろうか。もし話すことができるのなら、それはシニフィアンのうちで分節化されなければならないだろう。そしてそれがシニフィアンのうちで分節化されるなら、それはシニフィアンとシフィエのあいだの横棒に従属しなければならない。言い換えれば、〈他なる〉享楽は間違いやすいものとなり、的を外しうるものとなる。横棒は、シニフィアンとシニフィエの離接をもたらし、横滑りの、すなわちシニフィアンとシニフィエの不一致の可能性——実際のところは必然性——をもたらす。それは、シニフィアンのマトリックスの全体をもたらし、そこでは享楽の喪失が避けられない（対象 a）。このことは、意味作用の一般構造に関するラカンの次の定式化に見られる。

$$\frac{S_1}{S} \longrightarrow \frac{S_2}{a} \quad \Leftarrow \quad 喪失あるいは産出$$

そのようなわけで、ラカンは〈他なる〉享楽が言い表せないままでなければならないと示唆しているように思われる。神秘主義者たちの著作において繰り返されるテーマのひとつに、恍惚と忘我の瞬間に彼らが経験するものはまったく記述しえないということがある。それは、言い表すことができない[33]。いかなる言葉も、そうした瞬間に到達することはない。おそらくそれゆえにラカンは、女たちはこうした享楽についてそれ以上公言してこなかったと述べる。それは分節化不可能なのである。

　ではこの享楽について言うことができることは何もないのだろうか。ラカンが述べている最も具体的なことは、それが性交渉と対立するかぎりでの「愛の営み」に対応しているということである（性交渉は、少なくとも男にとっては、対象 a と関わる）。愛の営みは詩と似ている（Seminar XX, 68/72）。彼はセミネール〔第20巻〕のある箇所で、それが「発話の満足」であるとさえ言っている（61/64）[34]。そのような満足はいかにして、それが言い表せない経験であり、そこではシニフィアンとシニフィエのあいだの横棒が機能しないという考えと両立するのだろうか。この満足はある種の話すことと関わっている。すなわち発話の意味作用の重要性が話すという行為や事実それ自体によって陰らされる、そのような話すことである。ラカンがあげる例は、愛について話すことである。というのも彼は、「愛について話すことは、それ自体で享楽である」（77/83）と言っているからだ。それは結局のところ、宮廷愛の伝統の要である。すなわち「愛の行為」（68/72）である性行為に関わる代わりに、言葉を交わすことである[35]。こうしたおしゃべりを、それ自身の快（「「別の満足」、すなわち発話の満足」［61/64］）を提供するある種の昇華とみなしてもよいだろう[36]。

　このような〈他なる〉享楽の言い表せなさは、話すという行為それ自体について弁舌鋭くまた雄弁に何かを言うことが難しいということと関わっているのかもしれない。言表することに含まれる享楽は、それについて「言明し」、あるいは「定式化」できるものを超えていくと思ってもよいだろう。なぜラカンはこうした〈他なる〉享楽を、とりわけ女と結びつけたのだろうか。これに関して私は、多くの女は男より語るのを愉しんでいるように見える、というよく言われる点を別にすれば、答えることができない[37]。

　いずれにせよここで考えられているのは、〈他なる〉享楽は、言い表せないがゆえにそれについては何も言えないが、しかし経験することはできるということだと思われる。それが実在しない（すなわち、発話において分節化さ

れない）ことは、それが経験できないことを意味するわけではない。その経験は、単に外-在する。ラカンは、〈他なる〉享楽を経験する能力を持つひと皆が、それを実際に経験しているとは主張していない。むしろ、それを経験しているのは「すべての女ではない」のだ。また彼は、女が精神衛生のためにそれを経験しなければならないとか、経験していない女はどこか「不健康」で「異常」であるとか示唆しているわけでもない。実際にそうした用語〔「不健康」や「異常」〕は、ラカンのディスクールにおいて、そのコンテクストにかかわらず本当に稀にしか見られない。

それゆえ、構造的に規定された男と女の決定的なひとつの違いは、次の点にあると思われる。すなわち、女は〈他なる〉享楽を持つために、ファルス享楽を放棄する必要がないという点である。女は、ファルス享楽を諦めることなしに、〈他なる〉享楽を持つことができる。女はオムセクシュアルな享楽、すなわちパートナーそのものではなく対象 a と関わる享楽と、加えて〈他なる〉享楽の両方を持つことができる。他方で男の場合は、どちらかであるように思われる。このようにして、少なくともオウィディウスにまで遡る幻想が再導入されているのではないだろうか。彼は、テイレシアスに女の愉しみは男のそれよりも遥かに大きいと言わせている。

いずれにせよ、これこそ、ラカンが「性別化」によって言おうとしていることだと考えられる。染色体にかかわらず男とは、一方か他方かのどちらかしか持てない者である（少なくとも、一方を諦めることでもう一方を持つことができると考える者である）。男は両方は持てない。しかし、染色体にかかわらず女は、潜在的には両方を持つことができる者なのだ（図6.5を参照）[38]。

図6.5　男の「あれかこれか」、女の「あれもこれも」

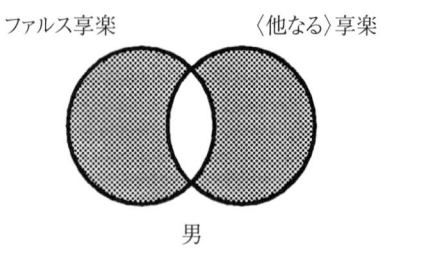

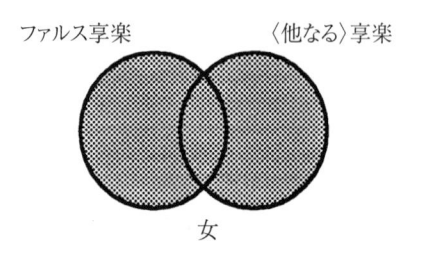

　　ファルス享楽　　　　〈他なる〉享楽

　　　　　　　　男

　　ファルス享楽　　　　〈他なる〉享楽

　　　　　　　　女

　次のことを確認しておこう。この議論において「男」と「女」は、〔生物学的な〕男性と女性とは対応しない。それゆえ男と女の関係に関するラカンの議論は、より一般的に「ホモセクシュアルな」関係と呼ばれているもの（オムセクシュアルではなく、m を二つ重ねない「ホモセクシュアル」）にも同様に適応することができる。女性のホモセクシュアルでは、パートナーの両方が女の構造に入る場合、両方が男の構造に入る場合、そして一方が女、他方が男の構造に入る場合とがある。同じことは男性のホモセクシュアルにも言える。ホモセクシュアルな対象選択についても、何も特別なものなどないように私には思われる。そこでも即座に、ひとは図6.4の表の一方か他方に位置づけられることになるのだ。

主体と〈他者〉

　第3章で見たように、ラカンは多くの年月をかけて、精神分析的な主体はデカルト的主体とはまるっきり違うと述べてきた。もしコギトが存在と思考の共通集合であるなら（図6.6）、ラカン的主体とは、（想像的な、あるいはもしかしたら現実的な）ひとつの場において存在であり、（無意識的な）別の場において思考である。それらにはいかなる重なり合いもない（図6.7）。

第6章　テクストの外で──知と享楽：セミネール第20巻の注釈　231

図6.6　デカルト的主体

存在　　思考

↑
コギト

図6.7　ラカン的主体

存在　　思考

享楽　　　　　　　　　知／シニフィアン

身体、話すこと　　　　精神、無意識、マテーム
言表すること、言うこと
愛、憎しみ、そして無知

↓
コギトの脱落

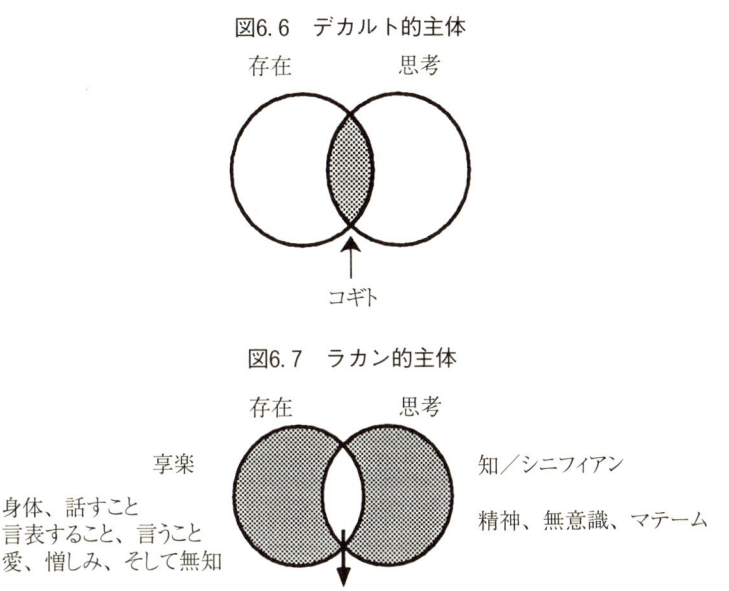

　ここでこの図式を、ラカンの次の定式、「知と存在の不一致が私たちの主体である」(Seminar XX, 109/120) にもとづいて幾分修正することができる。また、ラカンは「知っている主体のようなものはない」と主張している。それゆえ、極めつけの知っている主体であるコギト（「私は考えている、それゆえに私がある［ということを知っている］」）を、思考と存在のあいだで剝落するものとして位置づけることは正当だと考えられる。
　それではラカン的〈他者〉についてはどうなるのだろうか。ラカンが述べていることは、同様の離接が〈他者〉にも関連しているということであるように見える（図6.8を参照）。〈他者〉には二つの側面があると思われる。ひとつはシニフィアンの場であり（ラカンはここで、これを父性機能と結びつけている）、もうひとつは「女の享楽にもとづく［……］神の顔」(71/77) である。1970年代初頭より以前のラカンの仕事では、〈他者〉は情動や享楽とはつねにはっきりと区別されていた。そこでは〈他者〉はシニフィアンの場であり、対象 a が享楽と結びつけられる。しかしいま〈他者〉の概念は、二つの根本的に対立する観点の離接となる。主体に二つの側面があるのとまさに同じように、ここでは〈他者〉に二つの側面があると思われる。おそらくこうし

た〈他者〉こそ、享楽を無意識へと、すなわち〈他者〉へといわば「注入」するようなララングが現れる場であるだろう。このような二つの側面、つまりΦとS(A)は、性別化の公式の下の表（図6.4）における女の二つのパートナーに対応している。それが示唆しているのは、女が男のもとで〈他者〉のひとつの側面を見いだし、女のもとでもうひとつの〈他なる〉側面を見いだすということである。

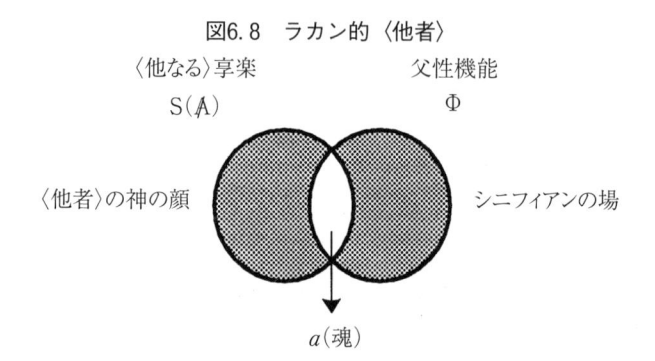

図6.8　ラカン的〈他者〉

〈他なる〉享楽　　　　父性機能
S(A̸)　　　　　　　　Φ

〈他者〉の神の顔　　　　　シニフィアンの場

a（魂）

二つのあいだで何が脱落するのだろうか。次のように述べてみたい。それは魂である、と。ここでラカンはそれを対象 a と結びつけているように見えるからだ（ラカンが「魂愛 soulove」[訳注ⅲ]と呼ぶものは、〈他者〉の愛ではなく、対象 a の愛である）[39]。

結論

分析主体のディスクールにおいて何が〈他なる〉享楽を示すものとみなされるべきか、これを述べるのはしばしば困難である。しかし私たちは分析作業のうちで毎日、失敗しない、間違うことのない享楽の理念ないし理想について聞かされている。実際は可謬的な享楽と理念的な間違うことのない享楽の大きな隔たりは、日常的なディスクールやメディアにおいても臨床実践においても、明白である（日常的なディスクールやメディアと臨床実践は結局のところ、無関係なわけではない）。私たちのセクシュアリティに関するディスクールには、二つのまったく異なった享楽があるという考えに賛同するのに、

訳注ⅲ―ラカンによるフランス語は "âmour" であり、"âme〔魂〕" と "amour〔愛〕" をかけてつくられた造語である。

必ずしもラカンの男の構造と女の構造に関する考察を受け入れる必要はない[40]。

ラカンは、享楽のこうした理論化において、自分自身の様々な幻想を導入してしまったのだろうか。かつてと同じ古い幻想を導入したのだろうか。おそらくここで離接は最も重要な観点である。

いずれにせよ、ラカンがセミネール第20巻でその虚偽を暴こうとした全体性の幻想は、今日でも多くの学問分野において健在である。ひとつだけ例をあげるなら、有名な社会生物学者であるE・O・ウィルソンが最近、『コンシリエンス：知の統合』と題された著作を出版した。そこで彼が示唆しているのは、自然科学において発展した方法を用いて、科学は最終的にすべてを、すなわち心理学、文学、芸術、歴史、社会学、さらに宗教でさえ説明できるだろうということである。全体性の理論は、いまだ私たちの多くに大きな影響を及ぼしているのだ！

原注

序

（1） ラカンの『エクリ』への参照は略号 " E " とフランス語版（Paris: Édition du Seuil, 1966）の頁番号で示す。フランス語版の頁番号は新たな英訳 *Écrits: A Selection*（New York and London: W. W. Norton and Company, 2002）の欄外に記されている。フランスで刊行されているラカンのセミネール（Paris: Édition de Seuil, various）への参照は "Seminar" で示し巻数をローマ数字で表した後に頁番号を付す。英語で刊行されているセミネール（New York and London: W. W. Norton and Company, various）への頁番号の参照はフランス語版の頁番号を含んでおり、「フランス語版頁番号／英語版頁番号」というかたちで記されている。ラカンの未刊行のセミネールへの参照は、ローマ数字と引用されている講義の日付によって示される（たとえば Seminar X, March 13, 1963）。フロイトの著作へのほとんどすべての参照は、*The Standard Edition of the Complete Psychological Works of Sigmund Freud*（London: Hogarth Press, 1953-1974）を参照し、略号 "SE" と巻数と頁番号で示す。

第1章

（1） *Diagnostic and Statistical Manual of Mental Disorders*, 4 th ed.（Washington, D.C.: American Psychiatric Association, 1994）.〔『DSM-IV 精神疾患の診断・統計マニュアル』高橋三郎他訳、医学書院、1996年〕

（2） サーシャ・ナシュトが *La psychanalyse d'aujourd'hui*（Paris: Presses Universitaires de France, 1956）所収の論文 "La thérapeutique psychanalytique" のなかで行っている前性器的／性器的の区別を、ラカンは批判している。この区別に従うなら、たとえば、前性器的なタイプ（ヒステリー者は口唇的であり、強迫症者は肛門的である）は私利私欲なく寛大である——あるいはナシュトの用語では「献身的」である——ことは決してない。これに対して正常なひとはそうした寛大さを持つ。ラカンは長年、この区別を冷笑し、セミネール第20巻では、完全に調和的な性器的関係というこの考えを、精神分析がこれまで育んできたうちでも最も大きな神話のひとつであると示唆している。そして彼はこれを、球体の完全性という神話（古代宇宙論に見られ、コペルニクス以後にすら、ケプラーの直前まで続いた、周転円への執拗なこだわりにその名残が見られる）と結びつけ、そしてまたアリストファネスの主張と結びつけている。その主張とは、私たちが以前は球体的な存在であり、ゼウスによって分裂させられ、もう半分を見つけたときにしか満足を見いだす見込みはないというものである（第6章を参照）。ラカンは、それが男と女のであれ、男と男のであれ、女と女のであれ、あるいは分析主体と分析家のであれ、どんな種類の完全な結合も決して信じなかった。1970年代のラカンの主張、「性関係はない」（Seminar XX, 17/12）は、完全

に調和的な性器的関係はないときっぱり言うためのひとつの方法である。
（3）「典型治療の諸ヴァリアント」のなかで、ラカンは次のように論じている。自我心理学者たちが自我というフロイトの概念にしがみついたのは、フロイトがこの概念を改定しはじめた1920年頃の時期からである。彼らは1920年代以前の自我の概念に執着し、フロイトがその後に発展させた第二局所論における自我の機能については何も理解することができなかったのだ、と（E 334）。
（4）この点に関しては、拙著 *Clinical Introduction to Lacanian Psycho-analysis: Theory and Technique*（Cambridge, Mass.: Harvard University Press, 1997）〔『ラカン派精神分析入門：理論と技法』中西之信、椿田貴史、舟木徹男、信友建志訳、誠信書房、2008年〕の第10章を参照。
（5）『自我とエス』（SE XIX〔全集18巻〕）でフロイトは、自我に関して少なくとも四つの異なる説明を提供している。この点に関する第2章の議論を参照されたい。
（6）「フロイト的〈もの〉、あるいは精神分析におけるフロイトへの回帰の意味」でラカンが示唆しているように、（四つの位置からなる）シェーマLでは分析状況における二つの陣営のそれぞれが個別に特徴づけられるのに対して、この二つの陣営を分析ゲームのうちでまとめることで、論理的還元がもたらされる。この還元は集合論における和と同種のものである。というのも一方の陣営にとっての a と a' が他方の陣営にとっての a と a' になるからだ。すなわち一方の陣営にとっての小文字の他者（ないし他我や「同類 semblable」〔以下の注9を参照〕）が他方の陣営にとって自我となり、逆もまた当てはまる。そしてまた一方の主体はS（無意識の主体）と、他方の主体はA（〈他者〉）と結びつく。ラカンがそこで述べているように「そのようなわけで私が教えるところでは、分析状況には二つの主体が現前しているだけではない。二つの主体のそれぞれが二つの対象、すなわち自我と小文字の他者を備えている。さて、私たちが精通する必要のある弁証法的な数学の特異性ゆえに、SとAという二つの主体におけるそれらの和は、全体において四つの項だけを含む。というのも a と a' のあいだの排斥関係は、このように指示された二組のカップルを、二つの主体を並置するときに、ただ一組のカップルへと還元するからである」（E 429-430）。完全なシェーマLは、1966年のフランス語版の『エクリ』の53頁（そして Seminar II, 284/243〔『自我』下118頁〕）に見いだされる。さらにそれは簡略化されたかたちで548頁にも登場する。しかしラカンが、この二つのシェーマで、a と a' の位置を反転させていることを確認しておこう。私が従ったのは、この完全なシェーマLにおけるそれらの位置のほうである。Cf. SE XIX, 33の注1〔全集18巻349頁、編注44〕におけるフロイトのコメント、「すべての性的な活動を四人の個人のあいだの出来事とみなすことが私の習慣となった」。
（7）ラカンは、「分析家は何とかして分析主体に」第四のプレイヤーの手札を「推測させようとする」（E 589）と述べている。
（8）1951年にラカンはすでに次のように述べている。私たちは、均衡状態で分析がどこにも進めない場合、再び物事を動かすために、転移（または抵抗）を解釈することができるが、しかしそうすることは本質的にルアー〔疑似餌〕であることを自覚する必要がある、と（E 225）。それはある種、最後の手段である。陽性転移であれ陰性転移

であれ、転移を解釈することでは問題は解決されない。それでは、問題を片づけることができないのだ。そうした解釈は転移のうちに位置づけられ、実際、さらに多くの転移を引き起こすかもしれない。何らかの仕方で転移状況の外側に踏みだすことができるという信念にもとづいて転移を解釈するなら、その解釈は、図1.1が記載された頁の右手余白部分に、メタ的な位置ないしメタ次元がありうるかのように、仮想的な点をつけ加えることで表象されるかもしれない。この点が含意するのは、分析家が、想像的ないし象徴的な領域のどちらにも自らを関わらせることなしに語ることができるということだ（そうした解釈は、それでもいまだ語りによってなされると思われる）。そしてもし私たちが転移を、ラカンの三つの次元のすべて、すなわち想像的なもの、象徴的なもの、現実的なものに関わるものとして概念化するなら、こうした転移解釈は第四の次元ないし領域を仕事にとりかかる場所として前提する必要がある。この次元は、同時に分析家をも何らかの仕方で他の三つの次元から引き抜くものであるだろう。

(9) ラカンの用語 "*semblable*" は、"fellow man〔男仲間〕" や "counterpart〔対応物〕" と翻訳されることがある。しかしラカンの用法でそれはとりわけ、互いに似ている（あるいは少なくとも互いのうちに自らを見いだす）二人の想像的な他者（*a* と *a'*）の鏡映を示している。"fellow man" は、男（女ではなく）の大人（子どもではなく）を指し、仲間意識を示唆するという点で、フランス語の "*prochain*〔隣人〕" に相当する。他方、ラカンの仕事では、"*semblable*" は何よりもまず、敵対性や嫉妬を喚起する。"counterpart" は、そのうちでその二人が似たような象徴的な役割を担う平行なヒエラルキー的構造を示唆する。たとえば「最高財務責任者の対応物は、彼の企業の海外買収の標的においては財務担当役員のジュペ氏である」のように。ジャック＝アラン・ミレールは（個人的な会話で）、"*semblable*" の翻訳として "alter ego〔他我〕" を提案していた。しかしこれはまた、ラカンがときおり "*semblable*" とは別に用いており、さらにそれは英語では多くの不適当な含意（「信頼できる友人」や「自らのパーソナリティの裏面」）を持つがゆえに、私は古い英語の "semblable〔同類〕" を蘇らせる方を選んだ。それはたとえば『ハムレット』の第5幕第2場124行目に見いだされる。「彼の同類 semblable とは彼の鏡像である。他の何者が彼につきまとうものか、彼の影、それっきりだ」。

(10) 「完全に実現された主体」とは、それがかつてあった場に主体として全面的にやってくるものである。ラカンの見解では、自我は物、すなわちひとつのソレであるがゆえに、主体化のプロセスにおいて徐々に除去されなければならない。

(11) SE XXIII, 197〔全集22巻240頁〕も参照。

(12) Margaret Little, "Counter-Transference and the Patient's Response to It," *International Journal of Psycho-Analysis* 32 (1951): 32-40. 次のことを確認しておこう。この論文は、セミネール第1巻のフランス語版が述べているのとは異なり、アニー・ライヒが書いたものではない。そしてまたこの症例は、ラカンが示唆しているのとは異なり、一見して、マーガレット・リトル自身の症例ではなく、むしろ「経験をつんだ」男性の分析家の症例である。この物語の興味深い展開をつけ加えておこう。リトルは後になって、この分析家は実のところエラ・シャープであり、当の患者はリトル自身

であると明らかにした。Margaret Little, *Psychotic Anxieties and Containment: A Personal Record of an Analysis with Winnicott* (Northvale, N.J., and London: Jason Aronson, 1990), 36を参照。

(13) ラカンはこの分析家の解釈を以下のように定式化している。「あなたがこのような状態なのは、あなたが次のように考えているからである。すなわち、あなたが別の日に行ったラジオであなたは、承知のように私が個人的にとても関心のある主題で成功を収めた。そのことで私があなたを激しく妬んでいる、そう考えているからである」(Seminar I, 41/31〔『技法論』上52頁〕)。

(14) ラカンが確かにここで推測を行っていることを確認しておこう。というのもリトルは次のようにしか書いていないからである。「解釈は受け入れられ、苦痛はとてもすばやく解消され、そして分析は続けられた。二年後(そのあいだに分析は終わりを迎えていた)〔……〕その放送の当時、彼を苦しめていたのは、とても単純で明白な事柄だったことに彼は気がついた。すなわち母がそこにはおらず、彼の成功を喜ぶことができないという哀しみ〔……〕そしてまた母が死んでしまったのに、彼がその成功を喜んだという罪責感が、彼の喜びをだめにしたのである」("Counter-Transference", 32)。

(15) 「知的な」秩序と「情動的な」秩序のあいだにしばしばなされる対立をラカンは誤ったものとみなしていたことを確認しておこう(Seminar I, 69/57, 302-3/274〔『技法論』上95-96頁、下185頁〕)。この点に関しては以下の第2章を参照。

(16) 治療の領域における多くの事柄と同様に、分析家と分析主体のあいだの身体と身体、人格と人格の関係性に対する強調は、近年では、ときとして「関係性心理学」とも呼ばれる形式で回帰している。これは大きなトレンドの一部であり、そこでは分析家は、分析主体に対して「完全に現前」し、そして「真正である」よう、すなわち自らの本当の感情に忠実であるよう促される。言い換えれば分析家は、分析作業の経過のなかで、自分自身のパーソナリティを用い、その傷、恐れ、欲などを患者との治療に持ち込むことを促されているのである。

(17) あるいは、セミネール第4巻でラカンが述べているように、「転移は本質的に象徴的な分節化の水準で生じる」(135〔『対象関係』上173頁〕)。

(18) このことによってラカンは、転移の分析(解釈)が「知っていると想定された主体の除去」に帰着する、と言うことができた。というのもこの主体は、転移の象徴的な次元を下支えするものだからである。Seminar XV, November 29, 1967を参照。1958年のラカンのコメント、「転移を分析するのは自然なことである」は、それが登場する文脈からして皮肉めいたなものであると思われる(E 636)。

(19) SE IV, 148-149〔全集4巻198-199頁〕におけるフロイトの様々な定式を参照。

(20) 別の事例に関しては、『集団心理学と自我分析』(SE XVIII〔全集17巻〕)の第7章を参照。

(21) 結局のところ、〈他者〉の欲望とは、単数的で一枚岩のものではなく、むしろ複数的で多様に変化するものである。

(22) セミネール第19巻でラカンは、サンタンヌ病院で起こった出来事について述べながら、彼が自らの症例を論じようとしないその原点について、おそらく手がかりを与え

ている。彼はそこで講演を行い、彼が治療していた同性愛男性の母が発したフレーズに言及した（そのフレーズは、1946年の論文「精神分析における攻撃性」［E 104］のうちに少し異なったかたちで見いだされる）。それは「そして私は、彼がインポテンツだったと思ったのです」というものだ。ラカンによれば、聴衆のうちの十人が、即座にラカンが誰のことを言っているのかを悟った。そしてそのことがこの病院で問題となった。彼は冗談交じりに「このことではっとひらめいて、私はそれ以来、症例を論じることにとても用心深くなったのです」(Seminar XIX, January 6, 1972〔*Je parle aux murs*, 90〕) と述べている。〔訳注：November 4, 1971, December 2, 1971, January 6, 1972にサンタンヌ病院で「精神分析家の知」の題のもとに行なわれた連続講演を、フィンクは当時の慣例に従い、Seminar XIX の一部をなすものとして扱っている。しかし現在、この三つの講演は以下の出版物として区別されて取り扱われている。Jacques Lacan, *Je parle aux murs* (Paris: Éditions du Seuil, 2011).〕

(23) Cf.「科学と真理」。そこでラカンは分析家のうちには次のことを見落としている者たちがいると批判する。すなわちフロイトの現実原理は、それが適切に（つまりは言語学的構造の観点から）理解されるなら、「外的な現実」を選択して心的な現実を除外するものでは決してない、ということである。というのも両者は同様にシニフィアンによって構造化されているからだ。

(24) セミネール第1巻でラカンが行なう抵抗についての議論は、少なくとも部分的には、Z博士なる人物の発言がきっかけとなっている (34-37/26-28〔『技法論』上42-46頁〕)。Z博士はそこであけすけに自分が受けた印象について述べているのだが、それによれば、分析主体が突然、よこしまな意志なり裏切りなりから、彼にわざと抵抗しているようにときおり感じるのだという。患者は何か重要なことを見つけそうになると、急に怠けてやめてしまうようだとも感じていた。これに対して腹を立て、無理にでも患者に、手の届くほど近くにある発見物を見せてやりたい、さらには患者たちがそれを見ることに抵抗している事実さえつきつけてやりたい、と彼は認めている。Z博士はこれを立派なことと考えたかったようで、フロイトを引き合いに出しながら、その多くの大発見は、患者の抵抗にうんざりさせられたおかげだとも示唆している。言い換えればZ博士は、分析家が患者のこうした抵抗に敏感で、苛立たせられるのは、良いことだと思っているようなのだ。

　室内に多くの分析家、哲学者がいる前でZ博士が行ったこの告白に、ラカンが一瞬、どう答えていいのか戸惑っている様子が分かる。ラカンの応答のひとつは、途中で尻切れになっており、議論の一部は出版されたテクストでは編集を受けてしまった。Z博士は分析家の過敏さが、患者の抵抗を打ち倒すための強力な助っ人となると考えているが、他方、ラカンの見るところでは、Z博士が描写するプロセス全体は、権力の乱用であり、ジャン＝マルタン・シャルコーやその他の催眠術師たちが手を染めた権力の乱用を彷彿とさせる。そこでは主体などまったく無視されているのである。ある意味で、Z博士の見方と「誤解」こそが、ここでの抵抗をめぐるラカンの議論を活気づかせたと言ってもよいだろう。とりわけ、ラカンは、それをはずみとして、「転移の力動性について」(SE XII, 99-108〔全集12巻209-220頁〕) でフロイトがどのように転移を概念化しているかについて議論を膨らませた。このセミネールの次の章のタ

イトルはずばり「抵抗と防衛」であり、抵抗と防衛をいかに理解し、扱うかという主題が、セミネール第1巻のうち、その後二回にわたって取り上げられている。

ラカンのここでの抵抗についての見方は、満ちた発話と空虚な発話という概念をもとに説明されている。この二つの概念は、それぞれ象徴的次元と想像的次元に関係している。

満ちた発話　　空虚な発話

啓示　　　　抵抗

象徴的なもの　想像的なもの

満ちた発話は啓示と結びついた発話である。分析主体はこの発話により、過去や現在について話し、自分の幻想や欲望、自分が家族関係の連鎖のなかでどの位置にいるか、などについて新たな発見をなす。これらの発見は必ずしも分析家にのみ耳新しいのではなく、分析主体にとってもはじめて聞くものであり、このとき分析主体は、自分が新たな地平を切り開き、「どこかに辿りついた」という感じを持つ。

しかしこうした啓示的な作業が間断なく永遠に続くことなどありえないことを分析家は痛感している。実際、非常に稀ではあるが、いくつかの分析では、長い間、均衡状態が続き、作業が停滞していたところに、他の迂回路が見つかるのではなく、むしろ、ほんのつかのまのあいだ啓示がひらめくといったことがある、というところだ。ラカンは、啓示が間断なく永遠には続かないことの理由を理論化しているが、それによると、患者が象徴化しようとしている現実（あるいはフランス語でしばしば言うところの「現実的なもの」）とは、かつて一度も象徴化されたことのないものであるため、この象徴化自体、骨の折れるプロセスだからである。現実が象徴化に抵抗するのだ。この現実的なものをトラウマとして理解すれば、出来事がトラウマ的である理由とはまさしく、子どもたちがそうした出来事に情動を揺さぶられるとき、誰もそれについて話す手助けをしてくれるひとがいない、ということだろう。すなわち、それら出来事を意味の織物のうちに収め、こうしてその衝撃を和らげることができないのだ。分析において患者をこうした出来事まで連れていこうとするとき、そこに言葉はない。この出来事に関するある種の記憶が残っているものの、歴史化、物語化、あるいは虚構化、とどのつまり言語化はなされないままである。第2章で見るように言語は情動に内在しているとはいえ、トラウマの場合にはつねにすでに言語がそこにあるわけではなさそうだ。後から遡って持ち込まねばならないのである。

ラカンの指摘によると、この言語化への抵抗は、トラウマ、あるいは彼の言うところの「トラウマ的現実」の本性に属している。物理学から拝借したフロイトの喩えによれば、患者がトラウマの核心へと近づけば近づくほどに、斥力は強まり、彼をいっそう強く押し返す。ある意味、ここでラカンが私たちに考えさせようとしているのは、患者が、治療プロセスにいくらかでも望んで抵抗しようとしているわけではない、ということだ。むしろ、患者が取り組む仕事の性質そのものに抵抗はつきまとっているのである。現実的なものは象徴化に抵抗する。枠に収められていない現実的なもの──ジャン・ポール・サルトルの『嘔吐』でロカンタンが出くわした木の根のごとく、

どのカテゴリーにも収まらず、いかなる象徴的文脈にも位置しない現実——が、こうした位置設定や文脈設定の作業に抵抗するのだ。象徴は、トラウマ的経験と結びついた情動のうちに内在していない。ある出来事がトラウマ的であるのは、この経験が収まるはずの象徴的ないし言語的パラメーターを、社会的文脈が提供しないかぎりにおいてである。象徴化への抵抗のために、治療に関わる両陣営、つまり患者も療法家もともにうまくいかなさを味わう。そうしてそれぞれが、この苛立ちを、同じ部屋に肉体的に自分とは別に唯一同席している相手へとぶつけることもよくある。Z博士は患者の喉を摑んで、そのまま締め上げるなり、なんとかして言葉を吐かせるなりしたがっていたが、彼もまた患者と同じく現実的なものに縛られていると感じていたのだ。患者もまた分析家にその苛立ちをぶつけることがある。自分を助けるためにいるはずなのに、どうも役に立ってなさそうなこの人物に爪を立てるのだ。
　「転移の力動性について」でフロイトが述べるには、病因的核に患者が近づくほど、彼はそれから目を背けはじめ、分析家に関する何ごとかにこだわりはじめる。このことはとても広く理解してよいだろうとラカンは示唆している。「抵抗は、この［病因的］核への接近を遅らせるためにディスクールによって押しつけられた屈折［あるいは迂回］である」（Seminar I, 47/36〔『技法論』上62頁〕）。こうして患者は、自分自身の頭に浮かんだこととは別のことにしがみつくようになる。このときの対象は、彼の視覚などの感覚で捉えられた何ものかであろう。たとえば寝椅子、壁の絵、部屋の匂い、分析家がその日どのように握手したか、分析家の息遣いの音である。どれも分析家と結びついたものとみなすことはできるが、押さえておくべき点は、分析主体が核へ辿りつこうとしているのに対して、現実的なものが抵抗し、いわば気を散らさせているということである。このように気が散ることは、一般には、想像的な軸上にあるものである。そこでは、自分がどんな風に分析家に見られているか、評価されているかを分析主体は気にしていたり、自分と分析家を比べていたりするのだ。
　たとえば啓示的発話の最中に、分析家が分析主体の言ったことをオウム返しして強調する場合、分析主体が、いまや近づきつつある現実的なものによる抵抗に屈してしまうなら、繰り返された言葉ではなく、分析家がそれらの言葉を拾って強調したという事実のほうに、気が向いてしまうということもある。「どうして、なかでもその言葉を選んで強調なさったのでしょうね」。
　このとき分析家はどっちつかずのところに置かれるだろう。強調すべき正しい事柄を拾う能力を問われているのか。あるいは治療一般を実施する能力、患者に役立つことをする能力を問われているのか。もちろん、次のような場合もありうる。分析家はそれを攻撃やジャブ、すなわち自分を怒らそうとする試みとみなすのだ。言い換えれば、もし私たちがそのような見方を選ぶなら、想像的な軸の水準で事態は取り上げられていることとなる。「私の能力が疑問に付されている。私の信頼性が問われている」。そうする代わりに、象徴的軸の水準で事態を取り上げることもできよう。分析家は、このおそらくいくらか意図的な軽蔑のパンチをかわし、それを象徴化の失敗として読むのである。現実的なものを象徴化することに失敗しているのだ、と。
　そうした失敗の瞬間にこそ、ラカンが分析家の現前と呼ぶものが気づかれる。一個人としての分析家が、抽象的機能である〈他者〉とは正反対のものとして前面に出て

くるのだ。たとえセッションが面と向かって行われていなくとも（あるいはたとえば電話ごしにやりとりしている場合のように、同じ部屋や、同じ国でさえ行われていなくとも）、普段はまったく気づかない、分析家の沈黙や息遣い、椅子の動きが気づかれるようになる。これは分析家がひとりのひととして求められていると最も感じる瞬間である。自分の感情を持った血肉の通った人間として求められていると感じるのだ。とはいえ、分析家は、ここで役割を変えるには及ばない。自我として（つまり自分のパーソナリティを土台に）応答する必要はない。〈他者〉という抽象的機能の位置を占め続けてよいのである。

　同じくこうした象徴化の失敗の瞬間こそ、分析家の仕事の出番である。主体を助ける仕事ではなく、解釈する仕事でもない。患者を本人固有の真理へと導く仕事だ。ラカンが言うように、存在をめぐる告白が結論を迎えられず、その実を結ばないとき、患者は分析家に爪を食い込ませる（現在出版されている翻訳では、分析家に「かぎ爪でしがみつく hooks on to」となっている。Seminar I, 59/48〔『技法論』上81頁、邦訳では「関わりを持つ」〕）。患者は、室内にいる唯一の他人である分析家にこれをぶつける。患者はこの告白をたいしたものと認めており、それなのに停滞し動きがないのは分析家のせいだと非難する。ここで何が起こっているかを患者に説明しても意味はない。「君が怒っているのは僕に対してではない。象徴化プロセス一般に対してだよ」と言ってやることには意味がない。そんな風に言ったとしても、自分に攻撃が向いていると感じている分析家の気が、ほんの少し治まるだけである。だが分析主体の経験の仕方は、もっと率直であるだろう。「いいや、お前に腹が立っているんだ！」

(25)　この計画は、彼自身の自我（ここでは「別の男」と同一化している）と彼の母の自我（ここでは愛人と同一化している）のあいだのゲームを演出するものとして理解されうる。そしてその場面を彼自身が、いわば外側の位置から見るつもりだったのである。

(26)　彼に自分の夢を告げたとき、彼女は彼を、自分のための分析家の位置に置いているのだと考えることもできよう。彼女はそこでこの夢は、彼に向けて見られた夢だ、ということを指摘してもいるからである。

(27)　とはいえ、愛人の夢にはやはり別の欲望も含まれよう。ここでラカンが強調している欲望と比べ、それほど恋人と関係していないような欲望である。

(28)　「すべての発話は応答を求める」（E 247）。

(29)　大文字のファイと小文字のファイは本書第5章でより詳細に論じられている。セミネール第8巻のラカンの議論は、男性の強迫症例にしばしば認められる同性愛的な傾向についての説明を素描するものである。

(30)　おそらく彼女が夢のなかで提示しているペニスは、患者自身が、彼女に他の男と寝るよう要望することでその状況に導入した、追加分のペニスとある程度まで関わっている。言い換えればおそらく彼女は、もうひとつのペニスが関わることが、ある水準で彼にとって重要であると感じていたのだ。

(31)　もし私たちがこれを、主体の消失と呼ぶのであれば、それにもかかわらず、対象 a を前にした消失ではなく、欠如の欠如による消失である。

(32)　Colette Soler, "The Relation to Being: The Analyst's Place of Action," trans. Mario

Beira, *Analysis* 10 (2001). Originally published in Spanish in *El Analiticon* 2 (1987): 40-58.「存在の欠如」についてはSeminar II, 261/223〔『自我』下84頁〕を参照。

第2章

（1） Cf. 分析家の「知的生産活動」を支配する「厳格な論理」についてのラカンの議論 (E 316)。
（2）「典型治療の諸ヴァリアント」(E 337-343) に見られるように、ときにはヴィルヘルム・ライヒの「性格分析」もあげられている。
（3） たとえば、SE XXII, 58〔全集21巻75頁〕における、フロイトによる「自我心理学」（あるいは「自我の心理学」）という言葉の使用を参照。
（4） Anna Freud, *The Ego and the Mechanism of Defense* (New York: International Universities Press, [1936] 1966).〔『アンナ・フロイト著作集2 自我と防衛機制』牧田清志、黒丸正四郎監修、黒丸正四郎、中野良平訳、岩崎学術出版社、1982年〕
（5） Heinz Hartman, "Ich-Psychologie und Anpassungsproblem," *Interpretationale Zeitschrift für Psychoanalyse und Imago* 24 (1939). 英語版は *Ego Psychology and the Problem of Adaptation* (New York: International Universities Pres, 1958)〔『自我の適応——自我心理学と適応の問題』霜田静志ほか訳、誠信書房、1967年〕。「非葛藤域」（あるいは「葛藤のない領域」）という言葉が最初に導入されたのはここである。
（6） Heinz Hartman, Ernst Kris, and Rudolf Loewenstein, "Comments on the Formation of Psychic Structure," in *The Psychoanalytic Study of the Child*, vol. 2 (New York: International Universities Press, 1946), 26.
（7） Heinz Hartman and Ernst Kris, "The Genetic Approach in Psychoanalysis," in *The Psychoanalytic Study of the Child*, vol. 1 (New York: International Universities Press, 1945). ここで想定されている「非葛藤領野」についての、Seminar XIV (May 10, 1967) におけるラカンのコメントを参照。
（8） Heinz Hartman, Ernst Kris, and Rudolf Loewenstein, "Notes on the Theory of Aggression," in *The Psychoanalytic Study of the Child*, vol. 3／4 (New York: International Universities Press, 1949), 10. また、「思考、知覚、行為は、自我の最も主要な機能の三つ〔である〕」("Comments on the Formation of Psychic Structure," 14) という彼らのコメントも参照。Cf.『精神分析概説』でフロイトは、「覚醒時の自我は運動機能を支配している」(SE XXIII, 166〔全集22巻202頁〕) と述べている。
（9） フロイトの仕事の「共時化」に対する彼らの関心は、この1946年の論考の12頁でも言及されている。
（10） D. Rapaport, *The Structure of Psychoanalytic Theory: A Systematizing Attempt* (New York: International Universities Press, [1958] 1960) およびJ. A. Arlow and C. Brenner, *Psychoanalytic Concepts and the Structural Theory* (New York: International Universities Press, 1964) を参照。
（11） ラカンは子どもの自我を「小さな他者」と呼ぶ。なぜなら子どもの自我は、その子のまわりの「小さな他者たち」——幼い兄弟、姉妹、いとこ、隣人——をモデルにしているからである。転嫁現象 transitivism という現象——たとえば、ある状況におい

てひとりの子どもが倒れるとそれを見た別の子どもが泣くという事実のなかに見られる——が示唆しているのは、この水準においては、ある子どもの自我と別の子どもの自我のあいだには、はっきりとした区別はほとんどないということである。大文字で書かれる〈他者〉はここで、それが自分の母語の座であるかぎりにおいて、さらに、親や人生のなかで関わる周囲の他人がこの母語を用いて伝えてきたあらゆる理想、価値、欲望、矛盾する観念、曖昧な言葉づかいの座であるかぎりにおいて、無意識として理解することができる。

(12) Seminar XIV (December 21, 1966) のなかでラカンが示しているように、フロイトは、いまや有名となった断言「それがあったところ、そこに私はあらねばならない *Wo Es war, soll Ich werden*」(SE XXII, 80〔全集21巻104頁〕) を、1920年代に第二局所論を定式化した後に書いたのであり、このことは単独での *Ich*〔私〕の使用と〔定冠詞つきの〕*das Ich*〔自我〕の使用を単純に同一視することはできないということを示唆している。

(13) たとえば次のことを注記しておこう。ラカンは1953年 (Seminar I〔『技法論』〕) にアンナ・フロイトの物象主義 *chosisme* を批判し、自我心理学が患者に自分自身をひとつの対象として見るよう仕向けるさまを、数多くのテクストのなかで批判している。しかし彼は、1956年までに、対象化という点において連中よりも先を行く決心をし、自我を、単純なひとつの事物として概念化する。一方で対象化されないものを主体として確保するのである。すなわちまったく異なる「審級」を取っておいたように思われる。

(14) Arthur Rimbaud, *Oeuvres complètes* (Paris: Gallimard, 1954), 268.〔アルチュール・ランボー『ランボー全詩集』宇佐美斉訳、ちくま学芸文庫、1996年、448頁〕

(15) 自我心理学者たちは意識の能力をも自我に割り当てているが、ラカンはこの能力について次のように指摘している。すなわち、そのような〔自我心理学的な〕見方は前精神分析的な思考に共通のものであり、フロイトも当初は前精神分析的な用語法を用いてはいたのだが、後に、無意識の思考という考えを導入したときに、それを廃棄した、と。ラカンは、セミネール第2巻で、いかにして「非主体的な」意識がありうるのかを示すためのモデルを導入してさえいる。彼は私たちに——たとえば核戦争後の——もはや人間が存在しない地球と、山々の近くにある湖を想像するよう求めている。そこで彼は問う。その山々は湖に映っているだろうか。その湖のなかにイメージはあるだろうか。彼は答える。もちろんイメージはあるし、私たちはそれを知ることができる。なぜなら私たちは、湖に山が映っている写真を自動的に撮って現像してくれるであろうカメラを、核戦争の前に設置することができるからである。彼は私たちにこれを、「いかなる自我によっても知覚されたことがなく、いかなる自我的経験においても反省されたことがない意識の現象」として、そして「そのときにはいかなる自我も自我の意識もない」(Seminar II, 62/47〔『自我』上76頁〕) と考えるよう求めている。

　これは次のようなラカンの議論の一部にすぎない。意識は聖杯のごとき尊い目標ではなく、むしろ、意識のような現象は真似ることができるものであり、自我の自慢の種として考える必要はない。「フロイト的〈もの〉」のなかで彼は同様の例を与えている。それは、ひとつの書見台が二枚の鏡のあいだに置かれていて、その鏡像が無限に

反射されているという例である。そこで彼はこう述べている。「事物と比べたときの自我の特権的な身分は、意識の蜃気楼を構成する反射の、見せかけだけの無限循環においてではなく、別の場所において探されなければならない」(E 420)。

(16) ダクラス・キルスナーの最近の本 *Unfree Association: Inside Psychoanalytic Institutes* (London: Process Press, 2000) を参照。

(17) Ernest Jones, *Papers on Psycho-Analysis* (Boston: Beacon Press, 1961) に所収。

(18) 私は、セミネールからの引用すべてのなかで、「二重の dual」という言葉を「双数の dyad」に変えた。というのも、ラカンは、現代の臨床家が語るような二重の関係 dual relations──そこではセラピストは患者に対して二つの異なる関係を持っている(たとえば教師かつセラピスト)──について語るためではなく、自我 (*a*) と他我 (*a′*) という二つの要素にだけ関わる双数 dyad について語るために "*relation duelle*〔双数的=決闘的関係〕" という言葉を用いているからである。

(19) アンナ・フロイトははじめから次のことを明らかにしている。すなわち、彼女の思考の方法にとって、「言葉の真の意味での転移関係」は、(これから見るように、ここでは母の自我と同一視された)自我としての分析家への反応であり、要するに想像的な領域における反応である。象徴的なもの(これもまた以下で見るが、それは父に対するこの少女の関係である)は、「分析状況とはまったく関わりがないもの」として、正当にも除外されている！

(20) Ernst Kris, "Ego Psychology and Interpretation in Psychoanalytic Therapy," *Psycho-Analytic Quarterly* 20 (1951): 15-30. ラカンは Seminar XIV (March 8, 1967) でこの症例に簡潔に立ち返ってもいる。

(21) この解決は、同性愛の女性たちがときに採用することがあるとフロイトが示唆した解決に似ているということを注記しておこう。すなわち、その女性は、男性を自分たちの母に委ねてしまうことによって、母とのエディプス的敵対関係から「身を引く」(SE XVIII, 158-160〔全集17巻252-254頁〕)。

(22) Jacques Lacan, "Response to Jean Hyppolite's Commentary on Freud's '*Verneinung*,'" *La psychanalyse* 1 (1956): 41-58.

(23) これは、1956年に出版されたこのテクストが、セミネール第3巻(1956年1月11日)のこの症例についてのラカンの議論の後に完成されたということを明らかにするものである。

(24) フロイトの次のコメントを参照。「分析家が他のひとびとにとって教師、模範、理想になりたい、自分自身のイメージに沿った人間をつくりだしたいという誘惑にどれだけ駆られても、そのようなことは分析的関係における課題ではないということを忘れてはならない」(SE XXIII, 175〔全集22巻213頁〕)。

(25) ところがやはり、クラインはときおり「いま-ここ」の現実を強調しすぎているとして、対象関係論は想像的な「二者心理学」を強調しすぎているとして、批判されている(Seminar I, 18/11〔『技法論』上17-18頁〕)。

第3章

(1) コントロールの試みのほのめかしは、多くのセミネールのなかで見られる。ラカン

はそこで、彼が伝えようとしたことを学生たちがどのように理解したのかを知り明らかに落胆しながら、考えられるだけ多くの誤解をあらかじめ防ぐような仕方で題材を導入するのにたいへん苦労していることを示唆している（たとえば以下を参照、Seminar XV, November 22 および 29, 1967）。

（2） ラカンはしばしば、彼がそのような難しさをどれだけ重要と考えているか述べている。たとえば、セミネール第18巻における『エクリ』についての見解を見られたい。「多くのひとたちが躊躇うことなく私に「何ひとつとして分からない」と言っていた。それだけでもたいしたものだと気づいてほしい。何も理解できないものが希望を可能にする。それはあなたがその理解できないものに触発されているしるしなのだ。だからあなたが何も理解できなかったのは良いことである。なぜならあなたは、自分の頭のなかにすでに確かにあったこと以外、決して何も理解できないからだ」(March 17, 1971〔105〕)。

（3） ラカンはおそらく、読者に、ストア派の哲学者クリュシッポスが示したような態度で振る舞って欲しいのだ。彼は個人教師に「私にいくつか教義を与えてください、そうすれば私はそれらを支える論証を見つけましょう」と言ったのである。ラカンがセミネール第11巻の後記（英訳には収録されていない）で言っていることを考えてみよう。「あなたはこの書きもの〔stécriture〕を理解しない。そうであるなら、より結構なことだ。あなたは、それを説明する理由を与えられることになるのだから」(253〔『四基本概念』379頁〕)。"Stécriture" という語は、"cette〔この〕" の俗語発音である "ste" と "écriture〔書きもの〕" にもとづいた造語であり、"sténographie〔速記〕" と "écriture" を圧縮した語として捉えることもできる。

（4） 確かに、対象が失われようとしているとき（対象の割譲 la cession de l'objet）に不安が生じるという考えを見つけることはできるが、ただし、それを見つけるには何百頁もつぶさに調べなければならない！　Seminar X, July 3, 1963〔377〕を参照。

（5） たとえばセミネール第19巻で彼は、その頃ミラノで行った講演で、イタリアの聴衆に、『エクリ』として知られている「ゴミ箱出版物 poubellication」にもとづいて「私のことを位置づける〔me repérer〕ことができるとは思わない」よう念押ししようとしたことに言及している（"repérer" には「マッピングする」、「場所におく」、「ピン留めする」という意味もある）(June 14, 1972)。ミラノでの講演は以下に発表されている。"Discours de Jacques Lacan à l'Université de Milan le 12 mai 1972," in Lacan in Italia, 1953–1978: En Italie Lacan (Milan: La Salamandra, 1978), 32–55.

（6） かといって、もちろんひとびとはそのような体系をつくりだすことをやめない。たとえば、John Rawls, A Theory of Justice (Cambridge, Mass.: Belknap, 1971)〔『正義論』川本隆史・福島聡・神島裕子訳、紀伊國屋書店、2010年〕を参照。ラカンによれば、彼自身の作品は、まさしくその主体理論のせいで、ひとつの体系とみなされることはできない。「それ自身ディスクールの効果であるような主体について私が述べる事柄は、私のディスクールがひとつの体系をつくりだす可能性を絶対的に締めだす」(Seminar XVI, November 27, 1968〔48〕)。

（7） ラカンの細部への気づかいのなさのために、『エクリ』の現存するすべての版にとても多くの誤りが残っているが、そこには、物事をもっと推し進めようとする非肛門

的な関心と、珠玉の完成品を私たちに残しておくことへの興味のなさとが示唆されてもいる。

（8） Jean-Luc Nancy and Philippe Lacoue-Labarthe, *Le titre de la lettre* (Paris : Galilée, 1973). 英訳は *The Title of the Letter*, trans. F. Raffoul and D. Pettigrew (Albany: State University of New York Press, 1992).

（9） ラカンは、無意識とはまさにそうした「捩れと転回」であると主張しさえする（E 620）。

（10） フロイトは自分のテクストにひっきりなしに手を入れながら、そのときどきに精神分析を全体として総括した。このために、こうした読解が助長された面もあるだろう。しかし以下の点には注意しておきたい。フロイトのそうした改訂においてしばしば加えられた脚注は、「テクスト本文」で提出された命題に矛盾していたり、それを実質的に修正するものであったりする。しかしそれでも、「テクスト本文」のどの部分も抑圧されてはおらず、それゆえ事実上、いわば様々に異なる視点の並列が可能となっているのだ。

（11） 彼は、自身の口頭でのセミネールをゴミ箱出版物 *poubellication*──「出版物」を意味する "*publication*" と「ゴミ箱」を意味する "*poubelle*" を圧縮したもので、彼は『エクリ』の特徴をそう呼んでいる（Seminar XX, 29/26）──と呼ぶことは決してない。あるいは、口頭でのセミネールを行うためには自分を忘れるか、すべてを忘れるかすることが必要だと示唆している（Seminar XX, 57/61）。あるときには、彼は次のように言いさえしている。すなわち、自身のセミネールを読み直してみても、『エクリ』とは違って、そこにはいかなるヘマも誤りもないという事実に驚いた、と。自分は速書きだからだというのが彼の言い訳である。「自分が書いたものを私は十回も書き直している。けれども、十回目にはとても速く書く。だからそこには手落ちが残るのだ。それがテクストだからである。テクストというものは、その名が示すように、結び目をつくることで編み込まれているにすぎない。結び目ができると、何かが残り、何かがぶら下がる」（Seminar XIX, May 10, 1972〔171〕）。このコメントが持っているいくらかふざけたあるいは皮肉のきいた特徴は、結び目のフランス語である "*noeuds*" に「キンタマ」の意味もあるという事実によって理解することができる〔訳注：訳者の調査のかぎりでは "*noeud*" はペニスの俗語である〕。これら1970年代のコメントは「文字の審級」で書きものについて指摘した点と矛盾するように思われる。

（12） 実際、フロイトの用語を使えば、それは二つのあいだの「妥協形成」であると言うことができるかもしれない。

（13） 彼の分析の未完了の性質については、これとは別のいささか辛口なことを言うこともできる。たとえばこの論文のある注（E 506, note 1〔『エクリⅡ』285頁原註13〕）で、ラカンが以前の分析家であるレーヴェンシュタインをほのめかしていることを指摘できよう。ラカンはレーヴェンシュタインの名前を出すことなく、その作品のタイトルだけを示して、彼との敵対関係をあらわにしている。ラカンは次のように主張する。ローマン・ヤコブソンの出版された作品を参照することができれば、「ねだれば私にも誰にでもできたであろう「個人的な文通」など、余計なことにすぎない」。ちなみに、レーヴェンシュタインこそ、自身の論文のなかでヤコブソンと個人的な文通

を行ったことを示唆していたそのひとである。ラカンは続けて、同じ注のなかで、レーヴェンシュタインをローゼンクランツとギルゼンスターン〔訳注：『ハムレット』の登場人物。偽善的小人物として描かれる〕に結びつける。この参照における教養のひけらかしには、誤解の余地なく、嘲る調子が聞き取れよう。さらにテクスト本文でも、「どこかこのあたりで、手紙 la lettre のなかを探しまわるという誤りの犠牲となった高貴な犠牲者に対して、敬意を払わ」(E 509) なければならなかったと述べながら、ラカンはレーヴェンシュタインにこっそりとジャブを放ってさえいる。ここでの「手紙」は間違いなくヤコブソンとの個人的な文通を指している。

(14) 「発話と言語の機能と領野」のなかで言うには、彼は「編纂と総括のあいだのどこかに「論文」を位置づける伝統的スタイル」と慎重に手を切ろうとしており、そうして「私たちの学問領域の基盤を根本的に問うのに適した皮肉の効いたスタイルを採用」しようとしている。「文字の審級」においては、伝統と手を切るという点ではさらに遠くまで進んでおり、そのスタイルは単に皮肉に留まるものではない。

(15) セミール第19巻で彼はこう述べている。「私は、あなた方が自分の仕事に取り組むために、[私が言うことの] 意味があまり簡単に分からないようにしている」(January 6, 1972 〔Je parle aux murs, 92〕)。

(16) 次のことを注記しておこう。ラカンがしぶしぶ、後に『エクリ』として知られることになる論集を出版することに同意したのは、ポール・リクールが『解釈について』〔邦題『フロイトを読む』〕を出版したからであった。P. Ricoeur, *De l'interprétation*, Paris: Seuil, 1965. 英訳は以下 *Freud and Philosophy: An Essay on Interpretation*, trans. D. Savage, New Haven: Yale University Press, 1970〔『フロイトを読む』久米博訳、新曜社、1982年〕。ラカンは間違いなく、自身の専売特許であったフロイトへの回帰の功績をリクールに持っていかれたくなかったのだ。ラカンは、『エクリ』のテクストのいくつかが彼から盗み見られたに違いないと主張している（たとえばSeminar XVIII, March 10, 1971〔79〕を参照）。

(17) 思いつきに近い話になるが、次のことを注記しておこう。言語学を非ソシュール的な方向で取り上げているノーム・チョムスキーの『統辞構造論』は、(「文字の審級」と同じ年の) 1957年に出版されている (*Syntactic Structures*, The Hague: Mouton, 1957〔『統辞構造論』福井直樹、辻子美保子訳、岩波文庫、2014年〕)。とはいえ、その年のどれだけ早い時期の出版であったのかは分からない。それでも、ラカンはチョムスキーの論文「英語におけるアクセントと連接について」をよく知っていた可能性がある。この論文は以下に収録されていた。*For Roman Jacobson*, ed. M. Halle, H. Lunt, and H. MacLean, (The Hague: Mouton, 1956), 65–80.

(18) Charles Rycroft, "The Nature and Function in Analyst's Communication to the Patient," *International Journal of Psycho-Analysis* 37, no. 6 (1956): 469–472.

(19) たとえば「〈私〉の機能を形成するものとしての鏡像段階：精神分析経験におけるその解明」におけるラカンのコメントを考えてみよう。「まさにこの瞬間が、人間の知を、他者の欲望による媒介作用へと陥らせ、他人との競争により抽象化された等価性のなかでその諸対象を構成する」(E 98)。

ラカンが切り開いている道は、次の二つのあいだにあるものとして理解できる。ひ

とつは、ヘーゲル的な全体化システムの構築であり、もうひとつは、いかなる肯定命題も決して提起しないような、脱構築主義的アプローチである。後者のアプローチは、この哲学者を批判にさらさないままにしているという点で、むしろ安全で消極的な作業である。しかしながら、その有用性は、しばしば臨床家にとってはかぎられたものに留まる。

(20) Ferdinand de Saussure, *Cours de linguistique générale*, ed. T. De Mauro (Paris: Payot, [1916] 1972), 98-99（英語版は以下。*Course in General Linguistics*, trans. W. Baskin (New York: McGraw-Hill, 1959)、および最近のものとして *Course in General Linguistics*, trans. R. Harris (Chicago: Open Court, 1983)〔『一般言語学講義』小林英夫訳、岩波書店、1972年、95-97頁〕。ここでのソシュールへの参照はフランス語校訂版の頁番号を指す。フランス語校訂版の頁番号はハリスによる英訳版にも記載されている〔訳注：ソシュールの講義録については、学生のノートをもとに1916年、ソシュールの死後に編纂されたものが従来参照されている。現在草稿研究も進められているが、本訳書ではフィンクが参照したものに近い邦訳として72年の小林英夫訳を参考にした。これにはフランス語校訂版（1949年）の頁番号が付されている〕。

(21) ラカンは、後の仕事、とりわけ1970年代の仕事において、文字とシニフィアンをさらに明確に区別している。そのはじまりは、セミネール第18巻における自分自身の「『盗まれた手紙』についてのセミネール」のテクストの再読である。そこでラカンは、文字は「現実的なもののなかに」、シニフィアンは「象徴的なもののなかに」あり、両者を混同すべきではないということに注意を促している（May 12, 1971〔122〕）。彼はセミネール第18巻の他の個所でも、さらにその後のセミネールでも、文字概念を練り上げている。物質的なものとしてのシニフィアンについては、Seminar XVI（December 11, 1968〔89〕）で再び言及される。

(22) ソシュールにおける言語がときおりシニフィアンとシニフィエとの性関係を示唆しているということを注記しておこう。「それらはむつまじく一体となっている」（*Cours*, 99〔『一般言語学講義』96頁〕）。また、「思考［シニフィエ］と音の質料［シニフィアン］とのつがい」（*Cours*, 156〔『一般言語学講義』158頁〕）。さらには「音声実体［シニフィアン］は［……］、思考［シニフィエ］が必ずやその形と結婚しなければならないような鋳型ではない」（*Cours*, 155〔『一般言語学講義』157頁〕）。「性的結合の書き込みという幻想」（Seminar XX, 76/82）に参与するものとしての知に関する第6章の議論と比較のこと。

(23) 二カ国語版の『イタリアのラカン』に収録されている「1972年5月12日ミラノ大学でのジャック・ラカンのディスクール」("Discours de Jacques Lacan à l'Université de Milan le 12 mai 1972," in *Lacan in Italia, 1953-1978: En Italie Lacan* (Milan: La Salamandra, 1978))からの次の引用を考えてみよう。「言語があるので意味作用が生じることができるなどと言うことは、控え目に言っても、性急な考えである」。セミネール第3巻では、ラカンは「シニフィアンの定義は何も意味しないということである」（214/190〔『精神病』下55頁〕）と主張している。ラカンは、セミネール第19巻では、はっきりとこの主張に戻り、シニフィアンは「いかなる意味作用も持たない」（June 21, 1972〔225〕）と述べて再定式化している。

(24) James Joyce, *Finnegans Wake* (London: Fabor and Feber, 1975), 11.〔『フィネガンズ・ウェイク I』柳瀬尚紀訳、河出書房新社、2004年、34頁〕
(25) おそらく、憤慨が〈ご婦人〉に、嘲笑が〈殿方〉に対応することを示唆している。
(26) 「シニフィアン連鎖」という用語のオリジナルはルイ・イェルムスレウだと思われる。
(27) このことは、語対語にもとづく逐語翻訳がしばしばきわめて役に立たないことの重大な理由である。
(28) セミネール第11巻での分析的解釈についてのラカンのコメントを考えてみよう。「シニフィアンとシニフィアンの結びつきだけが問題であり、それゆえ狂った [*folle*] 結びつきの問題なのだから、解釈はどのような方向にでも開かれているなどということは間違いである。解釈はあらゆる方向へと開かれていない」(225-26/249-50; 189/209〔『四基本概念』337-338頁および279頁〕も参照)。しばしば好き勝手に論じられているように見受けられる「シニフィアンの横滑り」というフレーズに関しては、『エクリ』のどこにも見当たらない。「主体の転覆」に「意味作用の横滑り」(E 805) というフレーズは見られるが、これは「シニフィエの横滑り」とほとんど同義である。そして「『盗まれた手紙』についてのセミネール」には「シニフィアンの置換 [*Entstellung*]」(E 11, 30) というフレーズが見られるが、これはエドガー・アラン・ポーの短編のなかの大臣によって盗まれた手紙の「経路」に関わっている。もしラカンが実際にこれまでに「シニフィアンの横滑り」という表現を用いているとすれば、それはおそらく、ひとが話しているあいだ、それにつれてシニフィアン連鎖が運動あるいは展開するさまを示しているのだろう。
(29) これと似たものがソシュールの146頁の図に見いだされる。
(30) ここにおいて、文字の "*sens*" つまり方向性のありうるひとつが見られることに注意されたい。
(31) 〈欲望のグラフ〉(E 817および本書の図4.15) のなかに位置づけるなら、シニフィエの横滑りは、s (A) と A のあいだを左から右へと進み、その後、意味作用の遡及運動がシニフィエを縫いつけ、ひとつあるいはそれ以上の意味を固定する。次の文が開始するやいなや、意味は再び滑りはじめるが、その文が終わるとまたもや閉じられる、あるいは「バックルで留められる」。もちろんこのことは、バックルで留められた（いくつかの）意味がその後に修正されたり問いに付されたりしえないということではない。
(32) Roman Jacobson, "Slavic Epic Verse" (1952), in *Roman Jacobson: Selected Writtings*, vol. 4 (Paris and The Hagou: Mouton, 1966), 414-63.
(33) ジミー・バフェットの楽曲「さらばジャマイカ Jamaica Farewell」の冒頭を考えてみよう。
(34) これ以前にボアズと（換喩的に）関連づけられていた事柄の多く——たとえば彼の特徴や服装——が、麦束と関連づけられるようになるという点に注意されたい。隠されて見えなくなったシニフィアンである「ボアズ」は、「連鎖の他の部分との（換喩的な）結びつきのおかげで現前し」(E 507) 続ける。
(35) もちろん多くの場合、分析家自身が、分析主体が「意図した意味」を伝えるために

使用した語や表現を取り上げ、それが他にとりうる意味を喚起することによって、いくつかの五線譜を導入するのである。
(36) 英語では以下を参照。"Position of the Unconscious," trans. B. Fink, in *Reading Seminar XI: Lacan's Four Fundamental Concepts of Psychoanalysis*, ed. R. Feldstein, B. Fink, and M. Jaanus (Albuny: State University of New York Press, 1995)
(37) この説明は第2章で示された強迫症者の幻想〔クリスの症例〕に重なっている。
(38) ここでの横断からは、「シニフィエのパッション」(Seminar XX を参照)が想起されるかもしれない。Cf. テニスンの詩「砂洲を越えて Crossing the Bar」〔『対訳テニスン詩集』西前美巳編、岩波文庫、2003年、272-275頁〕。
(39) 図3.10は、シニフィアンとシニフィエのあいだの横棒を視覚化する別の方法としても読める。まさに、それら二つのあいだにいかなる重なりも、いかなる相関も相互性もないことが表されている。

第4章

(1) セミネール第5巻には、最後に数頁、グラフについての解説が収録されている。これはそのセミネールの本文中での解説と同じくらい詳細なものである。ラカンのシェーマのひとつに詳細に取り組む際につねに重要なのは、彼が取り組んでいた問題を考えることであり、そしてそのシェーマのどれだけ様々な部分がそれらの問題に関係しているのかを考えることである。
(2) 拙著 *Lacanian Subject: Between Language and Jouissance* (Princeton: Princeton University Press, 1995), appendix I 〔『後期ラカン入門：ラカン的主体について』村上靖彦監訳、小倉拓也、塩飽耕毅、渋谷亮訳、人文書院、2013年、補論1〕を参照。
(3) 疎外はラカンが「強いられた選択」と呼ぶものに関わっている。それは強盗があなたに与えるような選択、すなわち「カネか命か！」というような選択である。カネを保持しようとするなら、あなたはカネと命の両方を失い、そうではなくカネを手放すなら、あなたが取っておくことのできる命(あるいは存在)は少なくなってしまう。なぜなら、あなたはいまや人生のなかで良いものを手にする余裕を少なからず失ってしまったからである (Seminar XI, 192-3/211-12〔『四基本概念』282-284頁〕)。同様に、あなたが何らかのかたちで命を取っておくためには、すなわち何らかの(社会的な動物としての)存在を取っておくためには、意味を生みだすことに従属し(自分自身を他者が話す言語で説明し)、それによって、何らかの命、何らかの存在(動物的な存在)を失うのである。
(4) Aが *Autre* すなわち〈他者〉を表すことを注記しておこう。
(5) 拙著 *Clinical Introduction to Lacanian Psychoanalysis: Theory and Technique* (Cambridge, Mass.: Harvard University Press, 1997), chapter 7 〔『ラカン派精神分析入門：理論と技法』中西之信、椿田貴史、舟木徹男、信友健志訳、誠信書房、2008年、第7章〕を参照。
(6) "Reading Hamlet with Lacan," in *Lacan, Politics, Aesthetics*, ed. Feldstein and W. Apollon (Albany: State University of New York Press, 1996), 181-198における、ラカンのハムレット論に対する私の詳細な議論を参照。

原注　251

（7）　セミネール第6巻のこの部分は、*Ornicar ?* 25 (1982): 13-36の引用23として刊行されている。
（8）　自分が知っていることを愉しむという問いは、Seminar XX 特に88-90/96-98で詳細に論じられている。
（9）　ラカンは Seminar XVIII (June 16, 1971〔172〕) のなかで、明示的にファルスを〈父の名〉から分けている。
（10）　これが、以下の等式のなかで s の代わりに $-\phi$ が用いられる理由のひとつである。これは「主体の転覆」(E 823) のなかに暗に見いだされるものである（私は第5章でそれについて論じている）。

$$\frac{S}{s} = \frac{\Phi}{(-\phi)}$$

（11）　要求は、グラフの最上段には、欲動の部分として以外には、もはや現れない。しかしラカンは、要求（〈他者〉に向けられた主体の要求であれ、主体に向けられた〈他者〉の要求であれ）は欲動から消えると言及している。それゆえ、グラフのこの点で起こっていることは、〈他者〉へと向けられていない。（主体はここで自分自身の享楽に対して答えなければならない。〈他者〉のなかには、主体が愉しむ理由を説明してくれるいかなる答えもない。）
（12）　グラフの一断面の最後の再構成のひとつは、完全版グラフのS (A) を −1（主体に関する思考不可能なものとしてのマイナス1）によって置き換えることに関わっている。これは、第5章を読むのに助けとなるかもしれない。
（13）　たとえば Malcolm Bowie, *Lacan* (Cambridge, Mass.: Harvard University Press, 1991), 196.

第5章

（1）　Alan Sokal and Jean Bricmont, *Fashionable Nonesense: Postmodern Intellectuals' Abuse of Science* (New York: Picador, 1998)〔『知の欺瞞』田崎晴明、大野克嗣、堀茂樹訳、岩波書店、2000年〕.
（2）　「というのも、発話における言語の機能とは、情報を伝えることではなく、喚起することだからである」(E 299)。
（3）　「文字の審級」の冒頭における彼のコメントを思いだそう。「書きもの〔……〕それはテクストにおいて引き締めを可能にする。私の好みとしては、この引き締めは読者に対し、入口以外の出口を残すべきではない。この入口も私にとっては難解なほうが好ましい」(E 493)。
（4）　セミネール第11巻でラカンが行った、彼らの論文「無意識：精神分析的研究」についてのコメントを参照 (Seminar XI, 223-25/247-49〔『四基本概念』336-338頁〕)。この論文は以下に所収。*VIe Colloque de Bonneval: L'Inconscient* (Paris: Desclée de Brouwer, 1966), 95-130. 英語版は以下。« The Unconscious: A Psychoanalytic Study », trans. Patrick Coleman, Yale French Studies 48 (1972): 118-175〔アンリ・エー編『無意識』II、早水洋太郎訳、金剛出版、1986年、11-85頁〕。ラカンはそこで $\frac{S}{s}$ が理論的にある意味で分数として理解可能だと述べているが、彼自身がそのような仕方で

これを使用することはめったにない。
（5）とはいえ、ひとびとのうちに、そこで過ごした時間についてのさまざまな他愛ない記憶、あるいは他愛なくもない記憶が呼び起こされないというわけではない。名前それ自体は、英語において複数の意味を持ちはしないということである。
（6）Saul Kripke, *Naming and Necessity* (Cambridge, Mass: Harvard University Press, 1972)〔『名指しと必然性』八木沢敬、野家啓一訳、産業図書株式会社、2000年、55頁〕.
（7）これに反する例として、セミネール第19巻を参照。11年後のこのセミネールでラカンはこう述べる。「シニフィアン／シニフィエ関係と意味作用のあいだには大きな違いがある。意味作用は記号を構成し、記号はシニフィアンとは何の関係もない」（December 2, 1971〔Lacan, *Je parle aux murs*, 47〕）
（8）鏡像段階のこの側面は、セミネール第8巻と「ダニエル・ラガーシュの報告についての注釈」（E 647-684）で議論されている。
（9）ラカンはそれを、純粋に現実的なもの（生物学的器官）にも純粋に想像的なもの（ペニスのイメージ）にも位置づけていない。むしろそこで指し示されているのは想像的去勢、あるいは「去勢の想像的機能」（E 825）である。
（10）とはいえ、ラカンがいつも「ファルス」あるいは「ファルス的」という言葉をこの意味で使っているわけではない。ラカンの著作中、多くの箇所でこれらの用語は単に生物学的器官としてのペニスを指すために用いられている（特に1958年以前の著作）。
（11）対象 a は彼の仕事のこの段階では、まだ欲望の現実的原因として定式化されていないことに注意されたい。この定式が十分に展開されるのはセミネール第8巻である。
（12）フランス語原典でのラカンの文法が、ここに見られるほどに難しいことはめったにない。"[L'organe érectile] est égalable au $\sqrt{-1}$ de la signification plus haut produite, de la jouissance qu'il restitue par le coefficient de son énoncé à la fonction de manque de signifiant : (-1)"（E 822）。ここで特に de にはいくつかの解釈があり、この一節を以下のように別の仕方で翻訳することもできるかもしれない。「勃起性の器官は上記で産出された意味作用の $\sqrt{-1}$ 倍に等値できる。つまり、シニフィアンの欠如（-1）の機能に対し、これが——その文言の係数によって——復元する享楽の $\sqrt{-1}$ 倍である」。ここでは文言（$-\phi$）の係数が -1 のようである。
（13）セミネール第16巻でラカンは再び、享楽のシニフィアンとしてのファルスに言及している（May 21, 1969〔331〕）。とはいえ彼がつねにそうしているわけではない。セミネール第19巻では、たとえば彼は「シニフィアンは享楽であり、ファルスは単にシニフィエである」と述べている（December 8, 1971〔17〕）。
（14）この意味で、あらゆる意味の作成はファルスと関係している——あらゆる意味作用はいわばファルス的である。その理由は端的に、ファルスこそシニフィアンとシニフィエの関係についた名前だからだ。この論文のタイトルが主格的属格であるか、目的格的属格であるかについてラカンが後に行ったコメントを参照（Seminar XIX, January 19, 1972〔56〕; February 3, 1972〔70〕）。同じセミネールで彼が言うには、この論文を再読した後で、彼は「その当時この論文について一言でも理解していたひとはいなかったが、それでもいまだ何ひとつ変更を加える必要はない」と思ったという。

(15) ラカンがファルスに言及するのは、「象徴」、「名前」、「シニフィアン」としてであることに注意されたい。これらすべて、彼の仕事においては、ときに異なる仕方で概念化されている。このことは、彼が用語を利用する際に厳密さがいくらか欠けていることを示唆してもいようが、にもかかわらず、これら三つの使い方から見るに、ラカンの見方のなかではファルスが、あらゆるシニフィアンのなかでも例外的な身分を与えられていることが伺える。

第6章

(1) ラカン自身の示唆によれば、彼は長年、超自我というフロイトの概念を受容せず、最終的にそれを受容したときも、「道徳的良心」という形式ではなく、「享楽せよ！」という命法の形式においてであった (Seminar XIII, June 16, 1971)。
(2) ラカンなら、情動は、無意識を表象する場としての身体を避難所にする、と言うかもしれない。
(3) 後者はしばしば対象 a という名前で呼ばれている。ミレールのセミネールは、パリ第八大学（サン・ドゥニ）の後援によって毎週開かれていた。
(4) 第4章で私は、こうしたラカンの主張を論争的なものと呼んだ。というのもそれは、精神分析家たちに対して、患者の身振りや身体言語を患者の発話より現実的であるかのように解読するのをやめるよう説得しようとするものだからだ。
(5) 書かれたテクストやコンピューターのファイルを声に出して読む機械をどのように考えればよいのだろうか。そうした機械による音読では、様々な語や節に関して（プログラムされたもの以外には）どこにアクセントを置くかという選択ははたらかない。そのことは少なくとも言表行為の主体（ないし言表する主体）の不在を、すなわち享楽の主体の不在を指し示しているように思われる。
(6) Claude Lévi-Strauss, *Structural Anthropology*, trans. C. Jacobson and B. G. Schoepf (New York: Basic Books, 1963), 125.〔『構造人類学』荒川幾男、生松敬三、川田順造、佐々木明、田島節夫訳、みすず書房、1972年、140頁〕
(7) 文学理論では、たとえば、テクストの構造だけでなく、ロラン・バルトが「テクストの快」（あるいはその解釈の快）と呼ぶものも考慮に入れなければならない。言い換えれば、テクストのパフォーマティヴな側面はもちろん、読者や著者の快を考察しなければならない。精神分析においても、もちろん同じことをすべきだ。精神分析という領域は、なされた実践によってだけでなく、繰り返し読まれる一連のテクストによってもまた規定されると考えられるからである。
(8) *Diagnostic and Statistical Manual of Mental Disorders*, 4th ed. (Washington, D.C.: American Psychiatric Association, 1994.〔『DSM-IV 精神疾患の分類と診断の手引』高橋三郎ほか訳、医学書院、1995年〕
(9) Jules H. Massermann, "Language, Behaviour, and Dynamic Psychiatry," *International Journal of Psycho-Analysis* 25, nos. 1-2 (1944): 1-8.
(10) ラカンによれば、それはまた子どもについてのジャン・ピアジェの仕事のなかにも見いだされる。「科学と真理」におけるピアジェについてのコメントを参照 (E 859-860)。
(11) *La psychanalyse d'aujourd'hui* (Paris: Presses Universitaires de France, 1956). こ

(12) セミネール第19巻でラカンは、「強迫にまつわる見事な発明」として「献身性」の概念に言及している（January 6, 1972 [*Je parle aux murs*, 101]）。

(13) 似たような幻想が、現代の心理学のうちで、少なくともその最も有名な形式においてはたらいているということは、わざわざ思いだす必要がないかもしれない。たとえば、あらゆる時代のポップ心理学本のうちで、今日まで疑問の余地のないベストセラーであるジョン・グレイの *Men Are from Mars, Women Are from Venus* (New York: HarperCollins, 1993)〔『ベスト・パートナーになるために：男と女が知っておくべき「分かち愛」のルール 男は火星から、女は金星からやってきた』大島渚訳、三笠書房、2001年〕である。このタイトルそれ自体は、期待感を煽る。相補的な関係を何によっても運命づけられていない男と女を示しているからだ。しかしこの本の最初の二つの章以後のすべては、読者が違いを克服し、あるべき〈一〉を、すなわちあの年季の入った幻想が要求する〈一〉をつくりあげる助けとなることを意図されている。

(14) Plato, *Lysis, Symposium, Gorgias*, trans. W. R. M. Lamb, Loeb Classical Library (Cambridge, Mass.: Harvard University Press, [1925] 1967), 141.〔『プラトン全集5 饗宴・パイドロス』鈴木照雄、藤沢令夫訳、岩波書店、1974年、51頁〕

(15) Ferdinand de Saussure, *Cours de linguistique générale*, ed. T. de Mauro (Paris: Payot, [1916], 1972), 99; in English, *Course in General Linguistics*, trans. W. Baskin (New York: McGraw-Hill, 1959), 66-67.〔『一般言語学講義』小林英夫訳、岩波書店、1972年、96頁〕。次のことを注記しておこう。ソシュールの言葉遣いはときおり、シニフィアンとシニフィエのあいだの性関係を示唆している。たとえば「それら〔シニフィアンとシニフィエ〕はむつまじく一体となっている」(*Cours*, 99〔『一般言語学講義』96頁〕)。また彼は、「思考〔シニフィエ〕と音の質料〔シニフィアン〕とのつがい」に言及し、さらに「音声実体〔シニフィアン〕は〔……〕、思考〔シニフィエ〕が必ずやその形と結婚しなければならないような鋳型ではない」と述べている (*Cours*, 155〔『一般言語学講義』157頁〕)。

(16) そのような特権的な点は、結局のところメタ的な位置へと至るだろう。それは、転移の外側へ踏みだす方法として転移解釈を促す精神分析理論に含まれる位置と同種のものである。この点に関しては第1章を参照。

(17) たとえば、Lacan, "Transfert à Saint-Denis," *Ornicar?* 17-18 (1979): 278を参照。

(18) 私が描いてきたこれら二つの主体の区別の硬直性は問題を含んでおり、脱構築の余地があると考えてよいだろう。これら二つの概念それ自体は、一元的に結合され、二元的構造を形成することはないのだろうか。もしそうなら、これはソシュールの記号の概念とそう異なるものではないだろう。さらにラカンは1970年代に〈一者〉と〈他者〉、すなわちつねに不可避に〈他なるもの〉としての〈他者〉の観念によって構造の二元的な性質をさらに両極化してはいないだろうか。

硬直した二元的な対立はおそらく、ラカンが1970年代にはじめに導入した別の概念であるララングによって問いに付されていると理解できるかもしれない。というのもララングは無意識に、すなわち〈他者〉に享楽を注入すると思われるからである。それ

はまた、書きものの概念によって問題化されているのかもしれない。というのも「書かれたものは享楽の条件であり、数えられたものは［享楽を］想起させるものだ」(Seminar XX, 118/131) からである。しかし私はここでこれらの概念を導入してはいないので、この対立の解決に乗りだすつもりはない。ただその可能性を指摘するに留めよう。本章の後半で再び取り組む離接としての主体、すなわちシニフィアンと情動の離接としての主体の観念は、この文脈でも有用だろう。

(19) ラカンは、偽から真を演繹する実質的含意について、ストア派についても同じことを述べている (Seminar XX, 56/60)。

(20) このことは、シェリー・シルバーがつねづね述べていた。

(21) にもかかわらず、映画のなかでセックスの後にタバコを吸うというステレオタイプはおそらく、享楽のうちで再認される欠如を指し示している。もっと欲望されるべき何かがあるのだ。それは、満足されなかった口唇的快、すなわち呼吸器官の快である。

(22) ラカンはセミネール第16巻で、ひとびとがアンセルムスの議論の真の重要性を把握しそこねてきたと指摘している（たとえば、February 12, 1969 〔176-177〕）。

(23) たとえば拙著 *Lacanian Subject* (Princeton: Princeton University Press, 1995), chapter 8 〔『後期ラカン入門』村上靖彦監訳、小倉拓也、塩飽耕規、渋谷亮訳、人文書院、2013年、第8章〕を参照。

(24) もちろん、男と女を規定するための核心がひとつでもあるのかは、開かれた問いである。

(25) ラカンはこのセミネールの別の場所で次のように述べている。「対象は失敗作 *raté* である」、すなわち失われた、失敗したものである、と。「対象の本質は失敗である」(Seminar XX, 55/58)。

(26) ここでの横棒は、シニフィアンとシニフィエの「カップリング」というソシュールのモデルとは異なり、繋辞や連携手段〔訳注：copula, copulation ともに文法においては、主部と述部をつなぐ、あるいは命題間をつなぐはたらきを指すが、同時に両者ともに「性交」の含意をともなう〕としての役割を果たしているのではない。むしろその代わりに障壁としての役割を果たしている。

(27) このことはパートナーにも当てはまる。パートナーとの関係において、ラカンが言うように、「私は自分が［相手に］提示したものを［相手に］拒むよう頼む、というのもあれはそれではないからだ」(Seminar XX, 101/111)。

(28) ラカンは後のセミネールで、ファルス享楽に多くの別の名を与えている。たとえば彼はそれを象徴的享楽あるいは記号論的享楽とさえ呼んでいる (Seminar XXI, June 11, 1974)。

(29) 「科学と真理」(E 863) でラカンは、フレーゲが変数を持たない関数、すなわち $f(x)$ ではなく、f について語るために用いた「不飽和」という言葉を借用している。「科学と真理」ではおそらく、対象を持たない主体は、シニフィアンの純粋で不飽和な主体であり、他方で対象を持つ主体は「飽和した」享楽の主体であると言ってよいだろう。

(30) こうした読解は、私が *The Lacanian Subject*, chapter 8 〔『後期ラカン入門』第8章〕で提示したものとはかなり異なっている。しかしそれは実際、ラカンがはじめて

性別化の公式を練り上げた Seminar XVIII のある個所で提示しているものである (June 16, 1971〔170〕)。

(31) おそらく、左上の公式を次のように読むことができるだろう。男のうちには、「真なる愛」を見つけることを願って、そうした犠牲を払いファルス享楽を諦めることを望む、そのような何かが実在する、と。

(32) キルケゴールは、この種の欲望を超える愛が「実在しなければならない」と感じているように見える。その意味において、彼にとってはこうした愛が、神への信念のように自らを主張しに現れる。したがって私たちは、それが彼にとって外‐在すると結論できるのかもしれない。

(33) たとえば、十字架の聖ヨハネによる詩「私は知らない場所へと足を踏み入れる Entréme donde no supe」を参照。

(34) 彼が1964年に述べていたことを思いだそう。「さしあたり、私はあなたを抱いてはいない。あなたに話をしているのだ。しかし、あなたを抱くのとまったく同じ満足を手に入れることができる。それが〔昇華が〕意味するところである」(Seminar XI, 151/165-165〔『四基本概念』220頁〕)。

(35) もちろんセックスが宮廷愛の関係からすっかり排除されていたのか、その程度に関しては議論がなされている。

(36) セミネール第19巻でラカンは「発話の享楽」に言及している (May 4, 1972〔165〕)。

(37) この点に関して、ラカンの仕事に何らかの完全な一貫性があると想定する必要はない。というのも彼は、このセミネール〔第20巻〕のうちで自らの歩みに合わせて、言うことを変えたり、加えたりしているからだ。たとえば彼は第1章で、「享楽は、性的なものとして、ファルス的である」(Seminar XX, 14/9) と述べている。しかし彼はその後で、対象 a、すなわちファルス享楽の「スター」を、「アセクシュアルなもの a-sexual」とみなしている (Seminar XX, 115/127)。「アセクシュアル a-sexual」は「非性的なもの asexual」と理解してよいのだろうか。もしそうなら、ファルス享楽は、非性的なのか、それとも性的なのか。そして〈他なる〉享楽は、性的なのか、非性的なのか。〈他なる〉享楽は、対象 a ではなく、〈他なる〉性それ自体に到達するのだから、セクシュアルなもののように見えるかもしれない。しかしラカンは「ひとが愛するとき、セックスとは何の関係もない」(Seminar XX, 27/25) と述べている。あるいはアセクシュアルという用語は、「非性的なもの」と同じような仕方で理解すべきではなく、その代わりに対象 a に依拠するセクシュアリティの形式を含意しているのだろうか。同様にラカンは、(キルケゴールのような) 男が実際に対象 a の愛を超える愛へと到達することができるのか、あるいは単にファルス享楽を諦めることでそうできると信じているだけなのか、実際のところを決して述べることはない。もし男が欲望を超える愛に到達できるなら、それは〈他なる〉享楽と同じものなのだろうか。ファルス享楽と〈他なる〉享楽に関するラカンの特徴づけには、さらに進めるべき仕事が残されたままである。

(38) もしファルス享楽を、欲望と対応する満足として考えるなら——そして (性別化の公式の下の表においては〔Seminar XX, 73/78〕) S と a の項があり、それらの項はラカンいわく、欲望を下支えする幻想を形成する——、そのとき男は自らのパートナー

を欲望するか、愛するか、どちらも可能である。だが、同時に両方を行うことはできない。しかし女は同時に両方を行うことができる。これはラカンの言っていることの正しい説明だろうか。もしそうなら、ここに欲望を超える愛が指示されているように思われる。これは、ここでラカンが冗談交じりにファルスを超える享楽として言及しているものに等しい。こうした愛の形式は、〈他者〉の愛、ないしは、このセミネールの最後の章でラカンが「主体と主体の関係」とみなすものに対応しているかもしれない（Seminar XX, 131-32/144）。こうした関係では対象が脱落しているように思われる。ゆえにこの関係を次のようにシェーマ化してもよいだろう。

$$(S \diamond a \diamond S) \quad \rightarrow \quad (S \diamond S)$$
［オムセクシュアルな欲望］　　　［愛］

　しかしこれはあまりに行きすぎているかもしれない。おそらく次のように言った方がより安全である。男は、まったく同じひとりのパートナーを相手にするとき、二種類の愛のどちらか（対象への愛か〈他なる〉性への愛）にしか到達できない。だが女は同じひとりのパートナー相手に両方の愛を同時に得ることができるのである（あるいは、男ないし男性的審級を相手にファルス享楽を、そして女ないし女性的審級を相手に〈他なる〉享楽を得るのかもしれないが）。私はここで明らかに外側から推測を挟んでいる。というのもラカンは決して「まったく同じひとりのパートナー相手に」とは述べていないからである。

(39) セミネール第19巻でラカンは、対象 a に対する関係は、ソクラテスが『饗宴』において魂と呼んだものであると提起している（May 10, 1972〔169〕）。
(40) コレット・ソレルとジュヌヴィエーヴ・モレルは、分析主体との作業のうちで〈他なる〉享楽が喚起される仕方について、いくつかの事例を提示している。そして〈他なる〉享楽の経験は、結局のところ、精神分析において直接的に扱うものではないと示唆している。それは〈他なる〉享楽が、（精神分析において私たちの主要な関心である）無意識のうちに書き込まれていないからだ。無意識とは言語のように構造化され、それゆえシニフィアンとシニフィエのあいだの横棒としてのファルスによって規定されるものなのである。以下を参照。Soler, "What Does the Unconscious Know about Women?" および Moler, "Feminine Conditions of Jouissance", *Reading Seminar XX: Lacan's Major Work on Love, Knowledge, and Feminine Sexuality*, ed. S. Barnard and B. Fink（Albany: State University of New York Press, 2002）.

『セミネール』文献目録

　本文中、省略記号を用いて示したラカンの『セミネール』の詳細な文献情報に関しては、以下の一覧を参照いただきたい（2015年4月）。本文での表記順に従い、フランス語／英語／邦訳の順に記す。

Seminar I：*Le séminaire livre I : Les écrits techniques de Freud*（Seuil, 1975）／ Freud's papers on technique（translated by J. Forrester, WW Norton & Co., 1988）／『フロイトの技法論』上・下（小出浩之、小川豊明、小川周二、笠原嘉訳、岩波書店、1991年）（本文中『技法論』と略す）

Seminar II：*Le séminaire livre II : Le Moi dans la théorie de Freud et dans la technique de la psychanalyse*（Seuil, 1978）／ The Ego in Freud's Theory and in the Technique of Psychoanalysis（translated by S. Tomaselli, WW Norton & Co., 1988）／『フロイト理論と精神分析技法における自我』上・下（小出浩之、鈴木國文、小川豊明、南淳三訳、岩波書店、1998年）（本文中『自我』と略す）

Seminar III：*Le séminaire livre III : Les psychoses*（Seuil, 1981）／ The Psychoses（translated by R. Grigg, W W Norton & CO., 1993）／『精神病』上・下（小出浩之、鈴木國文、川津芳昭、笠原嘉訳、岩波書店、1987年）（本文中『精神病』と略す）

Seminar IV：*Le séminaire livre IV : La relation d'objet*（Seuil, 1994）／未英訳／『対象関係』上・下（小出浩之、鈴木國文、菅原誠一訳、岩波書店、2006年）（本文中『対象関係』）

Seminar V：*Le séminaire livre V : Les formations de l'inconscient*（Seuil 1998）／未英訳／『無意識の形成物』上・下（佐々木孝次、原和之、川崎惣一訳、岩波書店、2005年）（本文中『形成物』と略す）

Seminar VI：*Le séminaire livre VI : Le désir et son interprétation*（Martinière, 2013）／未英訳・未邦訳

Seminar VII：*Le séminaire livre VII : L'éthique de la psychanalyse*（Seuil, 1986）／ The Ethics of Psychoanalysis（translated by D. Porter, Routledge/Norton, 1992）／『精神分析の倫理』上・下（小出浩之、鈴木國文、保科正章、菅原誠一訳、岩波書店、2002年）（本文中『倫理』と略す）

Seminar VIII：*Le séminaire livre VIII : Le transfert*（Seuil, 2001）／未英訳・未邦訳

Seminar IX：未刊（*L'identification*）

Seminar X：*Le séminaire livre X : L'angoisse*（Seuil, 2004）／ *Anxiety*（translated by A. R. Price, Polity, 2014）（ただし本書では参照されていない）／未邦訳

Seminar XI：*Le séminaire livre XI : Les quatre concepts fondamentaux de la psychanalyse*（Seuil, 1973）／ *The Four Fundamental Concepts of Psychoanalysis*（translated by A. Sheridan, Hogarth, 1977）／『精神分析の四基本概念』（小出浩之、新宮一成、鈴木國文、小川豊明訳、岩波書店、2000年）（本文中『四基本概念』と略す）

Seminar XII：未刊（*Problèmes cruciaux pour la psychanalyse*）

Seminar XIII：未刊（*L'objet de la psychanalyse*）

Seminar XIV：未刊（*La logique du fantasme*）

Seminar XV：未刊（*L'acte psychanalytique*）

Seminar XVI：*Le séminaire livre XVI : D'un Autre à l'autre*（Seuil, 2006）／未英訳・未邦訳

Seminar XVII：*Le séminaire livre XVII : L'envers de la psychanalyse*（Seuil, 1991）／ *The Other Side of Psychoanalysis*（translated by R. Grigg, WW Norton & CO., 2007）／未邦訳

Seminar XVIII：*Le séminaire livre XVIII : D'un discours qui ne serait pas du semblant*（Seuil, 2007）／未英訳・未邦訳

Seminar XIX：*Le séminaire livre XIX : …ou pire*（Seuil, 2011）／未英訳・未邦訳（※ただしフィンクが Seminar XIX の一部として扱っているうち、November 4, 1971, December 2, 1971, January 6, 1972の日付のセミネールは、現在、別の連続講演としてまとめられ出版されている。Jacques Lacan, *Je parle aux murs*（Paris: Éditions du Seuil, 2011）／未英訳・未邦訳）

Seminar XX：*Le séminaire livre XX : Encore*（Seuil, 1975）／ *Encore, On Feminine Sexuality: The Limits of Love and Knowledge*（translated by B. Fink, Norton, 1998）／未邦訳

Seminar XXI: 未刊（*Les non-dupes errent*）

Seminar XXII: 未刊（*RSI*）

Seminar XXIII:*Le séminaire livre XXIII : Le sinthome*（Seuil, 2003）／未英訳・未邦訳

Seminar XXIV: 未刊（*L'insu que sait de l'une bévue s'aile à mourre*）

Seminar XXV: 未刊（*Le moment de conclure*）

Seminar XXVI: 未刊（*La topologie et le temps*）

Seminar XXVII: 未刊（*Dissolution*）

訳者解説

『エクリ』を読む、ついに？
—— 半世紀ぶりのラカンへの回帰のための覚書 ——

上尾真道

　本書は以下の書籍の邦訳である。Bruce Fink, *Lacan to the Letter : Reading Écrits Closley*, University of Minessota Press, 2004.

　原題を副題として残し、本書そのもののタイトルとしては編集者との相談のうえ『「エクリ」を読む』とした。すでにお読みになった方にはお分かりのとおり、本書を構成しているのは、『エクリ』所収の論文を中心とした、ジャック・ラカンのテクストの綿密な読解作業だからである。こうした仕事は、序文で著者が述べているとおり、実のところそう頻繁に見つかる類のものではない。ラカンに関する文献には、テクストの成立背景や問題設定の文脈を考慮することなく、概念装置について俯瞰的に解説を行ったり、有名な警句を出典もなしに繰り返して、理論全体を一挙に体系化してみせたりするものが少なくない。あたかもそこで問題となっているのが時間・空間を超越してまかりとおる理念であるかのごとくにである（もちろん、そうしたアプローチが実践という観点からはときに避けがたく、ある水準で有用性を持つことも確かではあるが）。それに対して本書でなされていることは、そうした跳躍をいったん差し控え、まさしくラカンを、現実に書かれてある文字に添って読み抜くことである。彼自身の解説をここで繰り返すことになるが、そこには二重の含みがある。

　第一に、文字どおりに、素直に、ラカンのテクストを読むこと。ラカンがこのテクストを通じて何かを伝えようとしているのだと信じ、その背景や典拠を探る作業を通じてそれを再構築しようとすること。これは一方で、ラカンの文章を読者を混乱させるためのただの韜晦に過ぎないとする、不真面目なアプローチへの異議でもある（第5章で批判の対象となるソーカルとブリクモンがまさしくそうしたアプローチの代表といえよう）。

　第二に、「文字」という媒体が持つ固有の働き——これをフィンクは「文字性」と名づけている——にしたがってラカンのテクストを読むこと。これは、ラカンのテクストを、ラカンが示した精神分析の原理にもとづいて読む、ということでもある。第3章で取り上げられた論文「文字の審級」ですでに

議論されていたように、文字とは単に情報伝達のための記号以上の何かなのであり、その媒体としての固有性に依拠することで開かれる読解可能性こそが、精神分析実践のひとつの要をなしてもいるからである。それゆえ、この二つめの意義に注目することは、ラカンが自らの論文集を『エクリ』、すなわち「書きもの」と名づけたことの思想的深みに迫ることである、とも言えるだろう。本書の読解作業は、ラカンの作品のうちに結晶化する文字への感性に対して、内容の次元からのみならず、実践の次元からも、忠実な応答を試みたものなのである。

　私たち読者もまた文字への感性に忠実に、すなわち「文字に添って」本書を読むことが求められよう。著者の助言どおり、本書の傍らに『エクリ』の仏語原典なり、邦訳なり、英訳なりを用意しつつ、文字から文字へと繰り広げられるラカン読解の妙味を追いかけていただきたい。読者それぞれが取り組むこの貴重な仕事の妨げにならないよう、邦訳に際しては細心の注意を払ったつもりであるが、至らぬ点もあるかもしれない。ご批判とご教示を請う次第である。

　著者のブルース・フィンクについては、すでに三冊の邦訳があり、現在進行形で活躍するラカン派精神分析の理論家として十分に名が知られていることと思う。本訳書との関連で特に言及しておくことがあるとすれば、やはり『エクリ』の英訳の仕事である。それまで英語圏では、1977年にアラン・シェリダンが手がけた部分訳しかなかったところ、2004年にフィンクほかがこれを改訳し、さらに2007年には未英訳の部分をすべて訳出した完全版が出版された。あてこすりやほのめかし、機知や修辞に満ち、あたかも夢解釈のごとくに隠れた文脈を探すことを余儀なくされる『エクリ』という書の翻訳が、どれほどの大仕事であるか、想像にかたくない。だがフィンクはそれを成し遂げたのであり、まさしくそこで持ち帰ったエッセンスが本書には詰め込まれている。文字への感性ということで言えば、近年、彼は学術的な書きものとは別に、小説の執筆を開始している（カナル警部が活躍する探偵ものである）。そこにもまた、精神分析の思想が宿るべき「書きもの」を模索するフィンクのあくなき挑戦を見て取ることができるかもしれない。

　もうひとつフィンクを紹介する上で忘れてならないのは、彼が、アメリカで現在活躍する正真正銘のラカン派精神分析家である、という点である。この「正真正銘」というのは、とりわけ彼がパリの「フロイトの大義」派に所属する分析家であることを踏まえて述べている。70年代中頃のアメリカでラ

カンに興味を抱くようになったフィンクは、その後、精神分析学部のあるパリ第8大学に留学し、「フロイトの大義」派のもとで精神分析についての実践と理解を深めていった。この学派は、ご存知の方も多いだろうが、80年にラカンが自ら創設した組織「パリフロイト学派」を解散した後、彼の娘婿であり、ラカンが厚い信頼を寄せたジャック゠アレン・ミレールを中心に設立された組織である。ラカン自身によっても承認された組織で、いわばラカン派精神分析の正統後継者であるといったところだ。彼らはそれ以降、今日に至るまで、ラカンのテクストの読解作業や、臨床に基づく理論の更新作業を続けてきている。フィンクの仕事にも、そのはしばしにこうしたパリの分析家たちの影響が認められる。さて、これらの成果は、21世紀に入ってミレールらの活動が公的な場面でも活発化していることと連動してか、最近の日本でもあらためて注目が集まっているようだ。背景には、90年代以降の精神保健福祉の広がりが、かつての精神医学・精神病理学を超えたところでのラカン派精神分析受容を促進している、という側面もあるのかもしれない。今後ますます心理・福祉の場面やその周辺においてラカン派精神分析への期待が高まるであろうが、その際にもフィンクの仕事と活躍は、貴重な参照先として重要性を増していくことと思われる。

　とはいえ彼に教科書的あるいは入門的役割ばかりを求めていてもいけないだろう。最新の彼の論文集は『理解に抗して *Against Understanding*』と題されている。私たちが「理解」ばかりを求め、また「理解」した気になって歩みを止めてしまう、ということがしばしば起こるのを考えればなんとも示唆的な題ではないか。このような「理解」に閉じこもることをよしとしない挑戦的な態度が、フィンクのラカン読解と臨床のあくなき進展をつき動かすバネとなっているようだ。そしてもちろん、私たちもまた歩みをともにするようにとフィンクによって招かれている、そのことを忘れてはなるまい。

　それにしても『「エクリ」を読む』ことをいやがおうにも挑発する本書を、このタイミングで邦訳として公刊することは、ちょうど2016年に半世紀を迎える大著を祝うのにうってつけではないだろうか。こうして、ついに、私たちは『エクリ』を読むのだ！と、喝采すらあげたくなるかもしれない。だが、はやる気持ちを抑えて、少しこの来し方に思いを馳せてみるのはどうだろうか。『エクリ』にかんして「ついに」だとか、「ようやく」だとか言えないことを、私たちはよく分かっているのではないか。実際、断言してもよいが『エクリ』は、本国フランスでも、米国でも、日本でも読まれてきた。「この

本は読まれないでしょう」というラカンの不吉な予言に取り憑かれながらも、この50年のあいだ読まれてきたことはゆるがせない事実である。ではそこでは何が読まれ、何が読まれなかったのだろうか。半世紀とはその起点にどのような「理解／誤解」がありえたのか、見失うのに十分すぎる時間である。ここでは今後の『エクリ』の読解のために、この本の思想史的位置づけを振り返るための若干のメモをしたため、解説に代えたい。

1．構造主義者ラカン、あるいは精神分析家の文体

　900頁以上にもなるレンガのように分厚い大著が書店に配送されたのは、1966年11月のことである。1932年に出版されたはずの博士論文はほぼ入手不可能となっていたため、それが、その時点で唯一、専門家以外にも読むことのできるジャック・ラカンの著作物であった。フランスの読者はこの本をまずはどのようなものとして受け取ったか。てがかりとして、出版とほぼ同じタイミングで『カンゼーヌ・リテレール』紙に載った、本書の編集者フランソワ・ヴァール執筆と思われる記事に目を向けてみよう。容易に読み解けないこの著作のために、この記事は、その題を通じてひとつの方針を提案しているようだ。つまり「フロイトへの回帰」である。ヴァールはこの内容を自らの手で説明するよりも、ラカン自身がこの言い回しを最初に使用した55年の講演「フロイト的〈もの〉」からの抜粋を掲載することを選んでいる。「フロイトへの回帰の意味は、フロイトの意味への回帰です……」からはじまるおよそ7頁分である（E405, 408-414）。ヴァールが補足したコメントによれば、そこには「もってまわった文体」で、堕落した精神分析がフロイトへ回帰する緊急性が、様々な主題の接続を通じて提示されている[1]。

　フロイトへの回帰――私たちが繰り返し聞かされてきたこのスローガンは、それ以来、『エクリ』の著者を紹介するに際して不可欠の枕言葉となった。しかし考えてみれば奇妙なことだ。誰がその頃、フロイトにそんなに関心を寄せていただろうか。精神分析の堕落を案じ、フロイトへの回帰の緊急性を問いとして共有することができただろうか。ここでおそらく、ごくごく当たり前の事実、そもそものすれ違いを確認しなければならないだろう。『エクリ』とは、ラカンにとっては純粋に精神分析家へ向けた著作である。67年2月8日のインタビューでラカンが同じヴァールに向けて述べた言葉に響く、きっぱりとした調子に耳を傾けよう。「『エクリ』という論集を出版したのは、その関係者のひとびとが何らかの建設的プロセスを扱えるようにするためで

した。哲学者に向けてのものではありません。古典的教養を備えるひとが用いるような言葉で書かれているかもしれませんが、『エクリ』の論文のそれぞれは、数ある実践のうちでも最も難しい実践を行うひとびとのためのものです。きわめて実現しがたい思考を通じた鍛錬が要請される実践、すなわち精神分析です」[2]。

　それでも驚くべきことに、この著作はフランス中で売れに売れた。実際、先のラカンの断言を受けて、インタビュアーであるこの編集人は、すぐさまこう問い返している。「分析家以外のひとびともやはりこの『エクリ』に関わらないのですか。特に、ここで無意識の聴取を通じて構造を描くことで、まさしくあなたは主体、つまり伝統的に言うところの主体の構造を描いている。なかでもこの主体の単純さや中心化を問題にしておられる」。このような問い返しの背景を知るのは簡単だ——構造主義である。その浩瀚な歴史叙述のなかでフランソワ・ドスは、まさしく1966年を、構造主義の「輝ける年」と呼んでいる[3]。春に出版されたフーコーの『言葉と物』がすでにセンセーションを巻き起こしており、その熱狂が次は『エクリ』かと待ち構えていたのである。とはいえ、この二人に加え、レヴィ゠ストロース、アルチュセール、バルトをひとくくりにするこの籠の中身に、実質として何が詰まっているかといえば、いまだまったく曖昧でしかなかった。66年を構造主義の記念の年とみなすためには、おそらくこれを裏側から見なければならない。この不定の集まりは、いわば裏側から補強され、固定されたのだ。すなわち10月の『アルク』誌で組まれたサルトル特集のことである。これは新たな思潮の台頭に、戦後フランスを牽引した「最後の哲学者」サルトルをつき合わせようとするものであったが、サルトルはこの舞台で、フーコー、ラカンを含めた構造主義の断固たる拒絶を演じて見せた。ラカンについて述べられた有名な一節のみ引いておく。「主体の消失、あるいはラカンの言う主体の「脱中心化」は、歴史の信用失墜と結びついています。もはや実践(プラクシス)がないのなら、もはや主体もありえません。ラカンや彼を持ちだす精神分析家たちが何と言っているでしょうか。人間が思考するのではない、ちょうど言語学者が人間とは話されるものだ、というのと同じように、人間とは思考されるものだ。この過程において主体はもはや中心的位置を占めません。他と変わらぬ一要素に過ぎない。他方で本質的なのは「苗床」のほう、こう言うほうがよければ構造、すなわち主体がそのうちに捉われ、そこで構成される構造のほうなのです」[4]。

こうして『エクリ』の出版は、反サルトル主義の子どもたちによる「謀反」という文脈に置かれることとなったのである。こうしたサルトル対ラカンという図式を考えるにあたっては、さらに、ラカンがその当時、パリの知的サークルのなかで新たに占めるようになった位置についても踏まえておく必要があるだろう。この頃すでにラカンは、パリの学生たちのあいだでその名を聞こえたカリスマ的存在であった。それは皮肉にも、精神分析の業界内での揉め事が、63年にラカンから二つの居場所を奪った結果であった。ひとつは、精神分析組織の正統の流れからの離脱。53年以来所属していたフランス精神分析協会SFPが、国際精神分析協会IPAへの加盟と引き換えに自分を教育分析家のリストから外そうとしていることを知り、ラカンは自らこの協会を去ったのだった。さらに二つめ、彼がこのようにしてSFPを去ったことにより、それまで毎週水曜日に開催していたセミネールの会場として使用していたサンタンヌ病院の一室からも彼は引き上げざるをえなくなった。そこで彼が頼ったのが、マルクスの再読解の仕事で知られる哲学者アルチュセールである。彼のおかげでラカンは、パリの哲学エリートが集まる高等師範学校でセミネールを行なうことになり、かくしてラカンの教えは、医療関係者以外のひとびとへ向けても大きく開かれたのである。また、ラカンが新たに創設した学派にも、医師や臨床家以外のひとびとが大勢、迎えられることとなった。
　こうして創りだされたポスト64年の布置が、ラカンを新時代の思想の代表として舞台に押しだした。『エクリ』とはこの新思潮のバイブルとして待望されたのである[5]。しかし、そうしてラカンとサルトルを対置する見方には、どうもはじめからズレがある。ほとんど年の違わぬ（むしろラカンのほうが四つ年上の）この二人を、新旧思潮の対決としてつき合わせることができるだろうか。実際、ラカン自身、反サルトル主義から造られた構造主義という「でっちあげの寄せ集め」に、自分は入る資格はないのだと断言し、構造主義という語の使用にすら反対している[6]。ここでむしろ私たちは、ラカンの時間を少し巻き戻し、サルトルとのある種の同時代的歩みに思いを馳せることによって、『エクリ』の意義を考えてみる必要があるのではないだろうか。
　とはいえ、この二人の影響関係を事細かに論じるのはここでの趣旨ではないので控えたい。ただ、二人が共有していたはずのものとして、「文字＝文学 lettres」という主題に立ち返ることだけ試みておこう。戦後まもなくの頃、サルトルはひとつのテクストを発表している。『文学とは何か』の第4章を

飾るテクスト、「1947年における作家の状況」は、言葉の復権を強調し、実践(プラクシス)としての文学を訴えたものであった(7)。他方、ラカンもまた、精神分析という実践との関連で、「文学＝文字」の力にあらためて訴えたひとだ、ということは銘記されるべきである。「1956年における精神分析の状況と精神分析家の養成」は、精神分析の状況への介入を論ずるなかで、文字の重要性が説かれたテクストである。その末尾の一節は、フィンクが本書の冒頭の銘として採用しているものだが、まさしくフロイトの文字への回帰を主張している。「フロイトの教えを記す文字によらねば、いったいどうやってこの共同体は体をなしていられるだろうか」(E491)。

56年前後のこの時代の「文字」への注目が、状況への介入として持つ意義をもう少し詳しく見てみよう。53年の「言語と発話の機能と領野」や55年の「フロイト的〈もの〉」で強調されているように、ラカンは精神分析実践の本質として「発話」を重視する立場を取ったが、この立場は当時何より具体的な政治的・理論的な賭け金でもあった。問題は、フランスの第一の精神分析組織、パリ精神分析協会SPPの分裂である。53年、SPPの中心的分析家たち——ちょうど本書第1章でラカンの論敵をなしているナシュトら——は、IPAとの協調をすすめるために精神分析家の養成を医学モデルにもとづいて制度化しようと企てていた。これに対し、人文学的な養成を重視する立場として、ラカンは、ソルボンヌの心理学教授でもあるダニエル・ラガーシュらとともにナシュトらと対立し、その結果、新たな別組織SFPを設立することとなるのだ。さて、ここには二重の争点がある。第一に分析実践そのものの理論化の問題があり、そこでラカンが重視したのが「発話」の機能である。だが、さらに第二の論点として養成の問題、つまり実践の伝達の問題がある。56年、57年のテクストから気づかされるのは、この問題に接したラカンが、「書くこと」や「文字」、「文体」の主題へと足を踏み入れていくということだ。「フロイトへの回帰」として実現されるべき精神分析、すなわち「発話」に重きを置く精神分析の教育は、いかにしてなしうるか。これに対するラカンのひとつの答えが、「文字」そして「文体」であった。この時代の重要なテクスト「精神分析とその教育」では、はっきりこう述べられている。「その名に値する教育を実現しうるフロイトの回帰が生みだされるのは、最も隠れた真理が文化の諸革命のうちで表に現れてくる道によってでしかない。この道こそ、私たちに続くひとびとに私たちが伝達しようとすることのできる、唯一の養成である。その道の名を文体という」(E458)。

だからこそ、続く論文「文字の審級」における歩みは、「話すこと」と「書くこと」のあいだに位置づけられるのであろう。フィンクも指摘しているとおり、この論文では、まさしく「書くこと」を通じた精神分析の教育の効果が模索されているとみなせるのだ。ここでは傍証として、ラカンが残したヒントを拾い上げておこう。ラカンはこの論文中、換喩の機能を取り上げる箇所で、レオ・シュトラウスの著書『迫害と書くことの技法』を読むよう読者を誘っている。このうちに所収の同名論文は、迫害のさなかに行間で書くことをめぐるエッセイであるが、私たちにとり興味深い点は、まさしくこれが「教育」という面から論じられていることだろう。シュトラウスはこうした書きものが果たす、二つの教えの機能を区別している。「教化を特徴とする民衆向け教義があり、これが前景をなす。他方、最も重要な主題と関わる哲学的教義があり、これは行間においてのみ暗示される」。この後者の教義は、これから哲学者となるであろう若者へ向けてのものであるとされる。「こうした類の本はすべて、それが実在するとしたら、自分と同類の青二才への、成熟した哲学者の愛のおかげである。この哲学者はおかえしに若造から愛してもらいたいのである。すべての公教的書物は「愛を原因に生まれた、書かれた発話である」」(8)。さらにこの著者は、迫害のないリベラルな社会でのこうした技法を、『饗宴』におけるソクラテスのアガルマ（ラカンが特に60-61年の『転移』のセミネールで考察したテーマ）へと関連づけているのであるから、この論考がラカンにひとかたならぬ示唆を与えた可能性を軽視することはできないだろう。ここではさしあたり、「愛を原因に生まれた、書かれた発話」というシュトラウスの概念が「文字の審級」全体に響いていることを確認すれば十分だろう。

　であれば『エクリ』とは、このような教師からの愛を下敷きにしているものであろうか。おそらくそうなのである。よく知られているように、『エクリ』は「文体はひとなり」というビュフォン由来の俚諺ではじまる。ラカンはこれをさらに展開し、「文体は、宛先のひとなり」とした（E 9）。問題の宛先とはもちろん読者である。しかし養成ということを考えれば、それは単にこの論集の内容を情報として受け取るひとびとのことではない。ラカンは少なくとも、読者がこの論集を読むことが、ひとつの道のりを歩むような構成的プロセスとなることを期待している。「望むらくは、これらの書きものが道標をなす道のりを経ることで、そしてそれら書きものの宛先に強いられた文体によって、読者がひとつの帰結へと導かれ、そこで自分の持ち分を出

さずにはいられぬよう」(E10)。

　しかし往々にしてこうした愛は受け止められがたい。実際ラカンは『エクリ』の出版を「ゴミ箱出版」と呼んで失望を隠さなかった。哲学の学位論文の対象になることこそあれど、シュトラウス風に言えば「大衆教育」としてしか読まれなかったわけである。ラカンはあらかじめ確かに養成が問題だと念を押していたにもかかわらずである。先ほどのヴァールによる質問にはラカンはこう答えていた。「もちろん理論主義的野心のみが問題なのですが、これが十分な手ごたえをもたらすのは、分析家の養成を問題にするときです。……私たちの問題提起の水準で関わってくるのは、この実践の伝達、そして特に進歩なのです。お分かりのとおり、単に実践だけではありません」[9]。

　『エクリ』という愛の手紙（文字）をラカンは失敗だと思っただろうか。ラカンはその後も、養成の問題、そして精神分析経験の伝達の問題に必死に取り組むこととなる。ここでパス制度や、70年代のラカンの理論的進展などに首をつっこむのは避けておこう。ただ晩年のラカンの言葉を見れば、そうした必死の取り組みもまた、彼の目にはひとつの行き詰まりとして映っていたのではないかと見える。「いまではこう考えるようになっているのですが、精神分析は伝達不能です。たいへん厄介なことですよ。精神分析家それぞれが精神分析を再発明することを強いられる——強いられると言わざるをえない——というのは、厄介なことです」[10]。であればこの行き詰まりをどこから再開することができるのか、それこそが、『エクリ』読解が、いまなお私たちに投げかける課題である。

2．アメリカへの漂流あるいはフレンチセオリーとしてのラカン

　『エクリ』出版の数ヶ月前、ラカンはアメリカ・ボルチモアへと旅立っていた。66年10月18日から21日にかけて開催された学術会議への参加のためであるが、いまではこの会議は、アメリカにおけるフランス構造主義の上陸を記念する出来事として、なかば伝説化している。ジョンズ・ホプキンス大学で行われたこの会合は、そのテーマを「批評の言語と人間の科学」とした。同大学勤務のフランス出身文学者ルネ・ジラールの仲介でフランスから招かれた思想家たちのうちには、ロラン・バルトやジャック・デリダ、ツヴェタン・トドロフなどがいたが、ジャック・ラカンもまたそのうちのひとりであった。この会議は、後に『構造主義論争』の題で一冊にまとめられている。

　この会合に呼ばれたラカンは、アメリカの聴衆たちに対して一切の手加減

をしなかった。「前提的他者性がいかなる主体にも干渉することとしての構造について Of Structure as the Inmixing of the Otherness Prerequisite to Any Subject Whatever」という、いかにももってまわった題を持つこの講演は、聞き取りやすくはないラカン自身の英語でなされたので、おそらくさらに理解しがたいものとなっただろう。そのことの弁明から開始して、ただちにラカンは「言語」の問題を喚起し、彼の〈他者〉概念への導入とした。それから爾来の敵であるアメリカの心理学的潮流をひとしきりくさした後、彼自身が目下取り組んでいるところのフレーゲの数理学の応用について話した。講演の最後には、フランスで行っているセミネール『幻想の論理』を引き合いに出しつつ、「享楽」の概念を講演のなかに盛り込もうとして、いまや有名となった次の話でもって締めくくっている。

　「今夜ここに来た際、ネオン看板に「エンジョイ・コカコーラ」との宣伝文句が見えました。そこで思いだしたのですが、思うに英語には、フランス語で「享楽 *jouissance*」、ラテン語なら fruor といったときの重大な意味を示すような言葉はありません。辞書で *jouir* を引くと「所有する to possess、使用する to use」とありましたが、まったくそんなことではありません。生きる物が思考可能な何かだというなら、とりわけそれは享楽の主体としてでしょう」[11]。

　この一節には、ラカンのその後の読まれがたさが予告されているようでもある。ラカンはこのとき、聴衆から期待されていたような「構造主義」をいくらかとおり過ぎていた。ちょうど本書の第6章でフィンクが取り上げるように、精神分析実践が要請する問いとして享楽概念を前面化しようとするなかで、ラカンの思考は次の一歩を模索していたのである。しかし、このときほとんどはじめてラカン理論に接することとなったアメリカの聴衆に、それを汲み取るよう要求することは困難であったろう。仮に精神分析についていくらか知った聴衆がいたとしても、アメリカで IPA を中心に広められてきた自我心理学と、さしあたりフランスのみで醸成されてきたラカン理論とのあいだには大きな隔絶が横たわっていた。

　自我心理学とは、そもそも辿れば、第一次世界大戦後のウィーンに本源を発見することができる。理論的源泉としてはフロイトの論文『集団心理学と自我分析』に端を発し、その後、まずパウル・フェダーンとアンナ・フロイトを中心として組織され、ドイツ語圏に広がっていった。ラカンが最初に接したものもこの種の精神分析であり、その影響は彼の初期の仕事での「自

我」への注目にも見て取れる。もちろんさらにその背景には、彼がレーヴェンシュタインと実践した精神分析があるだろう。しかし30年代にナチスが政権をとると、精神分析は迫害されるようになり、そのため多くの精神分析家がヨーロッパ大陸を離れることを決意する。本書第2章で取り上げられる自我心理学の三羽烏も、まさしくそのようにしてニューヨークへと逃れ去った分析家たちであった。彼らは戦後のアメリカで、自我心理学を大々的に展開することになるのだが、一方ラカンはそれ以来、厳しい批判を続けることになる。その論点は、本書第2章におけるフィンクの論述を確認してもらえばよいだろう。ここでは、ときにその口ぶりが、自我心理学はかつてのヨーロッパの全体主義的集団心理をアメリカで縮小再生産しているのだと言わんばかりの激しいものであることを、思いだしてもらおう。

　他方アメリカで精神分析家ラカンへの注目がはじまるのは、レヴィ゠ストロースとともに構造主義が取り上げられてようやくのことであるようだ。最初期の翻訳者のひとりアンソニー・ウィルデンがラカンを知ったのは、ボルチモア会議の主催者のひとりであるエウジェニオ・ドナートが行った、レヴィ゠ストロースについての授業を通じてであるという。ウィルデンはそれから「ローマ講演」として知られるラカンの論文「精神分析における言語と発話の機能と領野」の英訳に取りかかり、自身によるかなり長い総括をつけて、1968年に『自己の言語：精神分析における言語の機能』[12]という著作にまとめて公表している。総括では、『エクリ』を参照しつつ、構造主義対実存主義という文脈や、ヘーゲル、フッサール、ハイデガーなどのドイツ哲学の受容との関連にも言及して、構造主義者ラカンの全体像を描こうとしている。

　しかしそのことが示すのは、アメリカでもやはりラカンは、精神分析実践とは別の場所での導入に留まったということである。この時代すぐさまパリに飛びラカンの分析を受け、パリ8大学ヴァンセンヌ校で教鞭さえとったスチュアート・シュナイダーマンという稀有な例外を除けば、アメリカにおけるラカン受容は、批評理論・哲学的言説内部のことであり、精神分析という固有の領野のことはさしあたり問題とはならなかった。ラカンはかくして、いわゆる「フレンチセオリー」のなかにその命脈を保つこととなる。ボルチモアに同席したデリダが、後に自分のことも踏まえて皮肉な調子で認めた言葉を使うなら、「いかがわしい輸出品」のままに留まったのだ[13]。

　しかし──ここで我らがフィンクへと戻るのだが──まさしくこうした土壌のうちからこそ、ラカンの精神分析それ自体への関心が蘇るのであるから、

歴史の流れは一筋縄ではない。『理解に抗して』に納められたインタビューのなかで、フィンクは彼がラカンに興味を持つようになった経緯について語っている[14]。それによると、コーネル大学で政治と哲学を勉強していたフィンクに、ラカンについての講義を行ったのは、本書冒頭にも登場するリチャード・クラインであった。コーネル大学ロマンス語学部の教授であり、文化史に関する仕事で名声を博すこの教授は、まさしくフレンチセオリーの業界のひとである。彼が編者に加わった雑誌『ディアクリティクス』といえば、フランス現代思想を導入したアメリカの雑誌として広く名が知られており、70年代以降、デリダやラカンをめぐる議論がアメリカで展開される際の舞台のひとつであった。

このような環境でフィンクはラカンの精神分析と出会い、やがてはアメリカを代表するラカン派の精神分析家となる。このようなアメリカのラカン受容の帰趨の一面をおもんばかるにあたっては、ラカン自身のボルチモア講演から、彼が人生について語る魅力ある一節を引いてくるのがよいだろう。

「ひととしての私の経験が示してきたのは、私自身の人生、さらにここにいるひとびとの人生もそうだと信じていますが——誰かこの意見に反対のひとがいたら挙手を——、その主要な特徴とは、人生は、フランス語で言うところの漂流する *à la dérive* ものだということです。人生は河をくだり、ときどき岸辺にたどりつき、あちらこちらで一休みしつつ、何も理解することなどない——そして分析の原理もまた、誰もそこで何が起きているか何も理解などしない、ということです。人間条件の統一単位という考えはいつも私には、とんでもないでたらめの感じがします」[15]。

統一単位を持たないこうした漂流のなかで、ラカン派精神分析の衰勢もまた理解せねばならないのかもしれない。続いて、こうした漂流の停泊地のひとつとして、今度はフランスからシベリアの大地を超えて、極東の一国に目を向けてみよう。

3．文字に添って、日本の『エクリ』のまわりで

今度は『エクリ』の出版から5年後のことである。66年のアメリカに続いてラカンが行った長距離旅行の行き先は、二度目の日本であった。当時すでに日本では、英語圏にも他の諸外国にもさきがけて『エクリ』の翻訳の作業が進行中であった。驚くべき早さである、と言わねばならない。しかし、そもそもどうしてそのようなことが可能となったのかという問いは、これまで

あまり提示されなかったように思われるので、ここで少しだけ当時の状況を整理しておこう。

　それ以前の日本の精神分析をめぐる状況を見てみれば、決してラカンを受け入れる素地があったようには見えない。たとえば日本精神分析学会について言えば、戦後、IPAの本拠地アメリカとの結びつきを強めようとするなかで、そもそもフランスの精神分析事情へと目が向けられること自体がきわめて稀であり、さらにそのなかでラカンに話が及ぶことなどほとんど考えられなかった。例外として、57年にフランスから帰国した精神科医の荻野恒一が「フランスの精神分析」と題する報告を『精神分析研究』誌に掲載し、当時同じSFPに同舟していたラカンとラガーシュをポストジャネの理論家として紹介している[16]。ただしむしろラガーシュのグループの近くにいた彼にとり、ラカンは、まだ学位論文で名声を博したラカン、「現象学的心理学」のラカンでしかなかった。帰国後、彼はラガーシュによる精神分析論の邦訳を手がけているが、その本自体もラカンについてはわずかな情報しか提供していない[17]。

　稀有な理論家としてのラカンの名前が日本でも聞こえるようになるには、やはり60年代後半を待たねばならない。はじめはやはりサルトル以降の思想としての構造主義を紹介する文脈のなかでその名が散見されるようになる。ただしその内実については、たとえばフランス犯罪精神医学に通じていた精神科医小田晋による68年の紹介でも、まだ判然としていない[18]。おそらく最も最初に、ある程度の正当な評価を与えつつラカンを紹介したテクストは、同年に『精神医学』誌に掲載された神谷美恵子の論文「構造主義と精神医学」ではないか。フランス精神医学業界の『エクリ』評を下敷きにしたと推察されるこのテクストは、ラカンのカリスマ的な位置や周辺の影響についてまでフォローしながら、記号論のラカン、鏡像段階論のラカン、そして「排除」概念の導入者ラカンを紹介している[19]。その後には先述の小田と、後に『エクリ』の訳者となる精神科医宮本忠雄の共著論文のなかで、『エクリ』の内容にまで踏み込んだ解説が公にされるようになる[20]。

　70年には、『エクリ』に先駆けて、ラカンの教え子にあたる精神分析家らが編んだ論集『欲望と幻想』（原題『欲望と倒錯』、1966年出版）が邦訳されている[21]。訳者の佐々木孝次は、その後ながらく日本のラカン研究の先駆として活躍することとなるが、同年には『エクリ』読解の作業を開始している[22]。『エクリ』第1巻で宮本忠雄が訳者を代表して記しているとおり、その夏に

は『エクリ』の翻訳作業のための研究会がはじめられたようだ。とすれば『エクリ』の翻訳は、ラカンの実像が見えはじめた69年から、かなり早いペースで企画されるようになった、と見てよいだろう。日本の精神医療環境をとりまく当時の変化などとも合わせて考察したいところだが、さしあたり、このあたりで留めておく。

　いずれにせよ大著の翻訳ははじまった。さて、この作業のあいだ、彼らをもっとも驚かせたことこそ、ジャック・ラカン本人の訪問であったろうことは想像にかたくない。71年４月21日、出版を準備する弘文堂の一室に集まった翻訳者の面々と『ル・モンド』極東特派員フィリップ・ポンスの前に現れたラカンは、そこで２時間ほどの講演を行っている。このときのことは、『エクリ』第１巻のあとがきで触れられてはいるものの、ラカンの死後の83年まで詳細は公表されていない。ここでその内容をもう一度振り返っておこう。訳者らにより事前に用意された質問を簡単にまとめると、1.「フロイトへの回帰」の意味、2. 象徴界、想像界、現実界の説明、3. 言語学概念を参照することの意義、の三点であった。佐々木の印象によれば、こうした質問を踏まえつつも、ラカンは「日本の翻訳者に知ってもらいたいと考えていることを、比較的自由に話した」[23]。すなわち、彼がフランス精神分析運動のなかで占めることになった、教育家としての特異な位置について。それから寝椅子のうえでの精神分析経験がいかなるものであるかについて。要するに精神分析家ではなかった訳者たちに向けて、「精神分析」のことを話したのである。

　終りに向かうころ、ラカンは訳者たちに向けて『エクリ』を話題にしている。「ですから、これら『エクリ』は、現実的なものの次元にある何かを表すのです。これらはそんな風に書かれざるをえないという意味です。はっとひらめいたと言っているのではありません。逆です。まさにそれぞれのエクリは、ある特異的状況からでてきた事柄だったからです。つまりある雑誌のために何かを頼まれたり、また私の話の半年分をそこに圧縮しようとしたりしたわけです。このようにして書かれたものは、明らかに、私が言ったことではありません。それは実際、話されるものと、書きものになるものとのあいだの関係という問題を提起します。確実なのは、私には他のようには書けなかったということ、またそもそも一冊の本のうちに書き込まれる予定でもなかった、ということです。そのために、私は『エクリ』を複数形にしたのです。それぞれが何かの噴出なのであり、この何かもまた言語との関係を

持っているのです」[24]。

　この著者自身による『エクリ』評は、第一に、再び発話と書きものとの関係という問いを提起しているという点で私たちの関心を引く。だが、ここでさらに興味深い展開にも気づくことができるだろう。つまりラカンは、「書きもの」を「現実的なもの」という自らの概念と関係づけながら、文字を新たな視点から深めようとしているのだ。では、この新たな視点とはどのようなものだろうか。ひとつの手がかりとして、ラカンが帰国後にセミネールのなかで語ったことを参照することができる。そこでの内容は、「リチュラテール」という題で、雑誌『文学』に掲載された。論文「文字の審級」を振り返りつつ、ここでラカンは「文字」の「審級」たる資格を、境界を引く線であることから、筆の墨塗りへとずらしている。飛行機から眺めたシベリアの大地を走る川の流れと、日本で目にした掛け軸の書とが重ねられながら、文字のうちに、二つの異質な領土が構築されるさまが見て取られていく。「文字は……より正しく言って沿岸的ではないだろうか。すなわち、ある領域全体が他の領域に対して、互いが相互的でなくなるほどに異質になり、そうして境界線をつくりだすということを形象化しているのではなかろうか」[25]。さて、この「リチュラテール」では、このそれぞれに異質な領土として、享楽と知の二つのことが考えられている、と読むことができる。フィンクが本書第6章で取り上げた『アンコール』における主題が、ここで「文字」のまわりに準備されているのである（『アンコール』はこの講義の二年後にあたる）。かくしてこの頃、「書くこと」への関心が、享楽および現実的なものとの関連から再びラカンのうちに回帰し、その後のラカン理論の重要な側面のひとつを形成していくこととなる。

　いずれにせよ、こうした新展開は、地球の裏側の日本の『エクリ』読者にはさしあたり無縁のことであった。ただしラカンはそのいくらかの片鱗を、皮肉な調子を込めてではあるが、邦訳『エクリ』の序文として届けている。そこでラカンは、異国の文字（漢字）を取り込んで音読み・訓読みを使い分ける日本語の特殊性に触れる一方、機知が卑俗な「ダジャレ」にしかならない日本人は、コインゲーム機や、機械めいた客との関係調整のためでなければ「精神分析される必要がない」とさえ述べている。この挑発とも敬遠ともつかない序文に、訳者たちはさぞかし戸惑ったのではないだろうか。控えめに言っても、日本とラカンとのあいだには最初からこうしたしこりが残されたようだ。

とはいえそれは単に、相容れない二者の出会いそこねの傷跡なのではあるまい。むしろラカンの精神分析の漂流地のひとつであるこの国が、ひとつの特殊な思想史的課題を抱えていることの揺ぎ無い証左であろう。これに答えることは容易ではないが、しかしやはり新たに検討が開始される必要のある課題である。つまり日本文化の特殊性なるものに固執するのでも、西洋近代的な普遍主義への追従でもない仕方で、ラカンの精神分析への応答を探る必要である。それにはやはり、ラカンが考え、伝えようとした「精神分析」というものを、もう一度真正面から受け止めねばならないのではないだろうか。それが彼が生きた歴史のなかで、いったい何であろうとしていたのかを。そしてまた、異国のうちで、どのようなものとしてありうることが思い描かれるのかを。ラカンが日本の読者に宛てた最後の言葉には、そうした思索を呼びかけるような響きが、いくらかでも込められてはいなかっただろうか。
　「さあ想像してみよう。日本や他の国で、分析ディスクールが、その他のディスクールが存続するために不可欠になるさま、つまり無意識がそれらディスクールの意味を運ぶために不可欠になるさまを。そうしたところでは国語がかくのごとくつくられている以上、私の場の代わりとしては、ただ鉛筆しか必要ではない。だが私がこの場を持つためには文体（スティル）が必要なのだ。これは、私がそこから話しだす歴史の外では、翻訳できない」(26)。
　『エクリ』を読む――それはラカンと私とのあいだの隔たりを肯定しながら、ラカンの愛の歴史のうちへいま一度飛び込もうとする、知性の冒険であるだろう。
　最後に翻訳の分担について記しておく。まず以下の分担に従い下訳を作成した。序文／小倉、第一章／渋谷、第二章／小倉、第三章／小倉・上尾、第四章／小倉、第五章／上尾、第六章／渋谷。その後、相互に点検・修正を行い、全員で会議を重ね文体の統一をはかった。不器用ながら地道に取り組んできた翻訳であったが、それがこうしてかたちをとることができたのは、ひとえに訳者たちを信じて辛抱強く見守ってくださった人文書院の松岡隆浩さんの寛大さのおかげである。あらためて感謝いたします。

（1）　F. W. "Jacques Lacan : Retour à Freud", *La Quinzaine litteraire*, No. 15, Nov. 1-15, 1966.
（2）　"Interview donné par Jacques Lacan à François Whal", *Bulletin de l'Association freudienne*, No. 3, 1983.

（3）　フランソワ・ドッス『構造主義の歴史』上，清水正・佐山一訳，国文社，1999年，440-81頁.
（4）　J.-P. Sartre, "Jean Paul Sartre répond", *L'Arc*, No. 30, Oct. 1966（「サルトルとの対話」『サルトルと構造主義』竹内書店，1968年.）
（5）　ラカンの台頭を「プロテスタンティズム」になぞらえる見方としてはS. Turkle, *Psychoanalytic Politics*, Basic Books, 1978, p. 16.
（6）　"Entretien avec Jacques Lacan par Pierre Daix", *Les Lettres Françaises*, 15 déc. 1966.
（7）　ジャン＝ポール・サルトル『サルトル全集第9巻　シチュアシオンⅡ』加藤周一訳，人文書院，1964年.
（8）　L. Strauss, *Persecution and the Art of Writing*, The Free Press, 1952, p. 36.
（9）　"Interview donné par Jacques Lacan à François Wahl", *op. cit.*
（10）　J. Lacan, " 9 e Congrès de l'École Freudienne de Paris sur «La transmission»", *les Lettres de l'École*, 1979, n° 25, vol. II, pp. 219-220.
（11）　J. Lacan, "Of Strucure as an Inmixing of an Otherness Prerequisite to Any Subject Whatever", *The Structuralist Controversy*, The John Jopkins University Press, 1970, p. 194.（「言語と無意識」折島正司訳『現代思想』vol. 9-8, 青土社，1981年，38頁.）
（12）　J. Lacan/A. Wilden, *The Language of the Self*, The Johns Hopkins Press, 1969.
（13）　もとはジュリア・クリステヴァによるあてこすりをデリダが取り上げたもの。ジャック・デリダ「ラカンの愛に叶わんとして」守中高明訳『精神分析の抵抗』，青土社，2007年，96-97頁.
（14）　B. Fink, *Against Understanding*, I, Routledge, 2013, p. 226.
（15）　"Of Strucure as an Inmixing of an Otherness Prerequisite to Any Subject Whatever", *op. cit.*, p. 190.（上掲書，34頁.）
（16）　荻野恒一「フランスの精神分析学」『精神分析研究』Ⅳ，11-12，1957年，4-9頁.
（17）　ダニエル・ラガーシュ『精神分析の理論と実際』荻野恒一・木村定訳，白水社，1957年. たとえば「分析者と被分析者とは誤解をなくさねばならぬ（ラカン）」（48頁.），「ある著者はその治療理論を言語と会話の機能の上にたてようとしている（ラカン）」（94頁.）
（18）　小田晋「人間学と構造主義：精神医学・精神分析の局面から」『理想』426，1968年11月，30-37頁.
（19）　神谷美恵子「構造主義と精神医学」『精神医学』11（2），1969年2月，81-91頁.
（20）　小田晋・宮本忠雄「構造・現象・人間」泉靖一編『構造主義の世界』，大光社，1969年.
（21）　ギイ・ロゾラートほか『欲望と幻想』佐々木孝次訳，サイマル出版会，1970年.
（22）　佐々木孝次「ジャック・ラカン「著作集」のためのノート（1）」『杉野女子大学紀要』7，1970年.
（23）　佐々木孝次「解説に代えて」，ラカン『エクリ』宮本忠雄ほか訳，弘文堂，1972年，472頁.
（24）　ラカン「東京におけるディスクール」『ディスクール』佐々木孝次・市村卓彦訳，弘文堂，1985年. ただし訳文はフランス語を参照し適宜変更した.
（25）　J. Lacan, "Lituraterre", *Autres écrits*, Seuil, 2001, p. 14.
（26）　J. Lacan, "Avis au lecteur japonais", *Autres écrits*, p. 499

事項索引

あ行

アクティングアウト 6, 85-86, 92
アメリカ心理学協会（APA） 209
一次過程 27
一の線 158, 168
『一般言語学講義』（ソシュール） 101, 116, 119-121, 127, 131-132, 161-163, 188, 248注（22）, 254注（15）
いま・ここ 23, 29, 79, 244
隠喩 110-111, 113, 116, 136-137, 139-141, 146, 148-150, 152-154, 162, 210
エス 16-17, 65-67, 69-70, 85, 88-89, 102, 114, 152, 182, 202, 213, 235注（5）
エディプスコンプレックス 35, 145, 179, 223, 244注（21）
大文字のファイの格下げ 53-54
オムセクシュアル 224, 229-230, 257

か行

外 - 在 221, 227, 229, 256注（32）
書きもの 97-108, 113-115, 121, 216, 218, 245注（3）, 246注（11）
「科学と真理」（ラカン） 182-183, 203, 238注（23）, 253注（10）, 255注（29）
科学の主体 159, 182, 203, 218
→ シニフィアンの主体
可変時間セッション 30
換喩／換喩的 7, 17, 41, 42, 52, 58, 110, 113, 116, 136, 146-149, 153, 162, 169
逆転移 24, 36, 45, 87
「逆転移とそれに対する患者の反応」（リトル） 28, 79
宮廷愛 226, 228, 256注（35）
鏡像段階 148, 157, 168, 247注（19）, 252注（8）
強迫 42, 43-60, 94-95, 101-102, 208, 241注（29）, 250注（37）, 254注（12）
享楽 7, 17, 41, 59, 155, 157, 160, 177-178, 180-183, 193-198, 202-208, 218-233

J因子 204
——の喪失 17, 180, 227
ファルス—— 7, 223, 225, 227, 229, 255注（28）, 256注（31）, 256注（37）, 256-257注（38）
局所論 16-17, 65, 69-72, 89, 95, 102, 145-149, 152, 202, 235注（3）, 243注（12）
去勢コンプレックス 35, 182, 194
クッションの綴じ目 132, 155, 164-166, 170
→ ボタンタイを参照
クラインの壺 215
言語いじり 204
幻想 36, 52-53, 55, 57-58, 101, 145, 171-173, 181, 195, 202, 209-213, 216, 221-223, 229, 233, 239注（24）, 248注（22）, 250注（37）, 254注（13）, 256注（38）
『現代の精神分析』（ナシュト他） 13-16, 18, 210
現実的なもの 45-46, 80, 95, 114, 236注（8）, 239-240注（24）, 248注（21）, 252注（9）
言表行為 163, 178, 205-206, 253注（5）
『後期ラカン入門』（フィンク） 250注（2）, 255注（23）, 255注（30）
攻撃性 45-46, 88
『構造人類学』（レヴィ＝ストロース） 206
肛門期 73, 210
コギト 151, 158, 192, 230-231
国際精神分析協会（IPA） 13-14, 30, 107
固有名 138-139, 188-193, 196
混喩 70, 110

さ行

シェーマL 18, 47-48, 75, 78, 206-207, 235注（6）
自我心理学 16, 63-96, 182, 235注（3）
『自我とエス』（フロイト） 17, 66, 68-69, 72, 235注（5）
自我理想 16, 157-158, 168-169, 172
嫉妬享楽 207

シニフィアン性　143-144
シニフィアンの主体　149-151, 203-208, 218
　　→　科学の主体
シニフィアン連鎖　128-129, 146, 153, 207, 249注（26）, 249注（28）
シニフィエの横滑り　7, 130-134, 249注（28）
『集団心理と自我分析』（フロイト）　61, 72, 237注（20）
主人のディスクール　167
症状　16, 23-24, 40, 74, 86, 149, 152-154, 201-202, 208
情動　6, 19, 28-29, 74, 76-81, 160, 178, 183, 201-203, 231, 237注（15）, 239-240注（24）, 253注（2）, 255注（18）
「女性同性愛の一事例の心的成因について」（フロイト）　31-37, 78
神経性無食欲症（神経性食欲不振）　90, 92-94
人種差別　219-220
真理　40, 51, 63-64, 141, 159-160, 176, 178, 183, 241注（24）
性関係　126-127, 210, 220, 234注（2）, 254注（15）
『制止、症状、不安』（フロイト）　64, 67
『精神疾患の診断統計マニュアル』（DSM）　15, 209
精神病　14-15, 73, 169
『精神分析概説』（フロイト）　16, 67, 72, 242注（8）
「精神分析における攻撃性」（ラカン）　160, 238注（22）
「精神分析における発話と言語の機能と領野」（ラカン）　15, 48, 64, 95-96, 106, 140, 247注（14）
性別化　222-230, 232, 256注（30）, 256注（38）
セミネール第1巻〔『技法論』〕　23-24, 74-78, 81-84, 86, 97, 238-241注（24）
セミネール第2巻〔『自我』〕　26, 71-73
セミネール第3巻〔『精神病』〕　81, 84-86, 132, 140, 155
セミネール第4巻〔『対象関係』〕　13, 31-35, 48-49, 108, 130

セミネール第5巻〔『形成物』〕　155
セミネール第6巻　155, 174-175, 177
セミネール第8巻　36, 53-56, 155, 157, 159
セミネール第9巻　215
セミネール第11巻〔『四基本概念』〕　151, 174, 181, 245注（3）, 249注（28）, 251注（4）
セミネール第13巻　155
セミネール第14巻　243注（12）, 244注（20）
セミネール第15巻　19, 148, 151, 237注（18）
セミネール第16巻　161, 252注（13）, 255注（22）
セミネール第18巻　114, 185, 205, 245注（2）, 248注（21）
セミネール第20巻　41, 127, 155, 159, 179, 201-233, 234注（2）, 256注（37）
双数的関係　75, 244注（18）
疎外　20-21, 69, 131, 167, 172, 174, 250
『続・精神分析入門講義』（フロイト）　66-67
存在への憧れ　27, 41, 56, 60

た行

対象 a　6, 100, 148, 171, 223-224, 226-229, 231-232, 241注（31）, 252注（11）, 253注（3）, 256注（37）, 257注（39）
代入　40, 137, 139-140, 149, 196-197
他我　20, 47, 49, 168, 235, 236注（9）, 244注（18）
　　→　同類
〈他者〉　18-29, 34, 37, 40, 42-43, 46-49, 52-54, 57-60, 70, 77-78, 93, 131, 157-158, 160, 168-181, 189, 194-195, 223, 225-226, 230-232, 237注（21）, 240-241注（24）, 243注（11）, 247注（19）, 250注（4）, 251注（11）, 254注（18）
〈他者〉の欲望　40, 42-43, 46-47, 53-54, 57, 59, 131, 171-174, 195, 237注（21）
〈他なる〉享楽　220-22, 225, 227-229, 232, 256注（37）, 257注（40）
魂愛　7, 232
置換　41-42, 44, 91, 110, 136, 141, 146, 153, 162, 164, 199, 249注（28）
〈父の名〉　73, 138-139, 179-180, 189, 251注（9）
名づけのプロセス　180, 190-191
『知の欺瞞』（ソーカル＆ブリクモン）　8, 185-

199
「治療の指針とその力の諸原則」（ラカン）　5, 6, 13-61, 63-64, 74, 81, 86, 88-95, 108, 148, 152
テイレシアス　229
転移　64, 235注（3）, 242注（2）
「典型治療の諸ヴァリアント」（ラカン）　64, 235注（3）, 242注（2）
同一化　20-21, 37, 40-41, 43, 49, 60-61, 66, 69, 76, 87
同類　20, 168-170, 235注（6）, 236注（9）
　→　他我
ドラ（症例）　32, 34, 44, 46, 54, 78, 86

な行
ナルシシズム　211
肉屋の妻　37-43, 53, 93
認知行動心理学　204
「『盗まれた手紙』についてのセミネール」（ラカン）　116, 119, 165, 177, 248注（21）, 249注（28）
鼠男（症例）　23, 44, 139

は行
『白痴』（ドストエフスキー）　41
発話　42, 45, 53, 80, 84, 97-99, 104-109, 113, 115-116, 122, 133, 150, 162, 164, 166-167, 176, 182, 198, 205-206, 208, 228, 239-240注（24）, 253注（4）, 256注（36）
ハムレット　174-177, 236注（9）, 247注（13）, 250注（6）
ハンス（症例）　130, 139, 194
ヒステリー　40, 42, 49, 102, 156, 206
ファルス　7, 35-38, 40-43, 50-53, 55-60, 73, 91, 126, 174, 182, 185-199, 223-227, 229, 230, 251注（9）, 252注（10）, 252注（13）, 252注（14）, 253注（15）
偽造品の——　56
母の——　55-56, 58-59
想像的——　56-57, 59
ファルス的シニフィアン　37, 227
『フィネガンズ・ウェイク』（ジョイス）　124

フォルト・ダー　147, 198
父性隠喩　179
部分対象　210, 223
フランス精神分析協会　97
分析の終り　17
防衛　6, 45, 65, 75-78, 80, 85, 87-91, 109-110, 113, 152, 239注（24）
ボタンタイ　132-133, 155, 164, 166-167
　→　クッションの綴じ目
本能　17, 114, 143, 148

ま行
マテーム　216-218, 224
密輸入　54, 56, 94
「無意識における文字の審級」（ラカン）　97-154, 188-189, 214, 246注（11）, 251注（3）
メビウスの帯　186, 215
文字性　4, 154
文字に添って à la lettre　3, 39, 115, 141, 144, 223

や行
抑うつ　40, 79
欲動　16-17, 65, 69, 89, 91, 114, 152, 173, 180-181, 183, 202, 204, 213, 251注（11）
欲望のグラフ　7, 60-61, 161-183, 207, 249（31）
横棒　7, 121, 123, 125-127, 146-147, 149, 188-189, 214, 224-225, 227-228, 255注（26）, 257注（40）
欲求　42, 92-93, 123, 170-171
『夢解釈』（フロイト）　26, 37-43, 110, 141, 143-145

ら行
『ラカン派精神分析入門』（フィンク）　42, 235注（4）, 250注（5）
ララング　232, 254注（18）
リビドー　51, 66, 160, 183, 202-203, 210

人名索引

あ行
アインシュタイン、アルベルト　217
アリストテレス　208, 219
アルキビアデス　53-54
アレナス、アリシア　8
アレン、ウッディー　185
アンセルムス　221
イポリット、ジャン　81, 86
ヴァレリー、ポール　135
ウィニコット、D・W　14
ウィルソン、E・O　233

か行
カント、イマヌエル　5, 211
キルケゴール、セーレン　225-227
クインティリアヌス　109
クライン、リチャード　3, 95
グリーンスパン、アラン　206
クリス、エルンスト　14, 63-96, 131, 152
グリッグ、ラッセル　132
ケプラー、ヨハネス　212, 216
ゴア、アル　141
コペルニクス、ニコラウス　159, 208, 212, 216

さ行
サド、マルキ・ド　5
シェリダン、アラン　164
シャープ、エラ　14
シュミデバーグ、メリッタ　14, 88
ジョイス、ジェイムズ　124
ジョーンズ、アーネスト　13, 138
シンプソン、リチャード　8
スウィフト、ジョナサン　136
ストレイチー、ジェームズ　26
ソーカル、アラン　7-8, 185-188, 193, 199
ソクラテス　53-54, 156
ソシュール、フェルディナン・ド　7, 108, 116, 119-127, 131-133, 161-163, 165, 188, 213-214
ソレル、コレット　61

た行
チャン、ブライアンクル　8
デカルト、ルネ　151, 158, 230
デュマ、アレクサンドル　13
デリダ、ジャック　119
ドストエフスキー、フョードル　41

な行
ナシュト、サーシャ　13, 18, 27
ナンシー、ジャン＝リュック　102, 113-114, 119
ニーチェ、フリードリヒ　158
ニュートン、アイザック　212, 216-217

は行
ハイネ、ハインリヒ　140
ハルトマン、ハインツ　14, 63-96
ブーヴェ、モーリス　13
プラトン　53, 104, 211
フレーゲ、ゴットロープ　225
フロイト、アンナ　14, 17, 64-65, 69, 70, 74-79
フロイト、ジグムント　16-18, 23, 26, 30-46, 60, 66-72, 78, 86, 89, 97, 99, 102-103, 107, 110, 113, 131, 138-139, 141, 143-145, 157, 159, 160, 173, 178-179, 194, 201-202, 204, 210, 213, 218
ブリクモン、ジャン　7, 8, 185-188, 193, 199
ヘーゲル、G・W・F　156-157, 160
ベンヤミン、ヴァルター　137
ボウイ、マルコム　183

ま行
マックスウェル、ジェイムズ　217
マッサーマン、ジュール・H　210
ミレール、ジャック＝アラン　203

や行

ヤコブソン、ローマン　135
ユゴー、ヴィクトル　137
ユング、カール・グスタフ　141, 212

ら行

ライオンズ、ラリー　8
ライクロフト、チャールズ　109
ライヒ、ヴィルヘルム　204
ラクー=ラバルト、フィリップ　102, 113-114, 119
ラッセル、バートランド　216
ラプランシュ、ジャン　189
ラブレー、フランソワ　54, 56, 143
リトル、マーガレット　26, 28, 79
ルクレール、セルジュ　189
ルーズベルト、フランクリン・D　88
レヴィ=ストロース、クロード　126, 156, 159-160, 203, 206, 218
レーベンシュタイン、ルドルフ　14, 63-96, 108
ロシュフーコー、フランソワ・ド・ラ　71
ローレンツ、ヘンドリック　217

著者略歴

ブルース・フィンク（Bruce Fink）

現在、デュケイン大学心理学部教授。『エクリ』の初めての完全版英訳者。翻訳に、『ラカン派精神分析入門』（中西之信、椿田貴史、舟木徹男、信友健志訳、誠信書房、2008年）、『精神分析技法の基礎』（椿田貴史、中西之信、信友健志、上尾真道訳、誠信書房、2012年）、『後期ラカン入門』（村上靖彦監訳、小倉拓也、塩飽耕規、渋谷亮訳、人文書院、2013年）がある。

訳者略歴

上尾真道（うえお・まさみち）

1979年福岡県生まれ。京都大学大学院人間・環境学研究科博士後期過程修了。博士（人間・環境学）。現在、立命館大学衣笠総合研究機構専門研究員。共訳書に、ランシエール『平等の方法』（航思社）、フーコー『悪をなし真実を言う ルーヴァン講義1981』（河出書房新社）、ロバン『モンサント』（作品社）など。論文に「精神分析実践とマゾヒズム」（『I.R.S』12号）、「ジャック・ラカン、理論の実践」（『人文学報』103号）など。

小倉拓也（おぐら・たくや）

1985年大阪府生まれ。大阪大学大学院人間科学研究科博士後期課程修了。現在、日本学術振興会特別研究員。共訳書に、ローズ『生そのものの政治学』（法政大学出版局）、フィンク『後期ラカン入門』（人文書院）。論文に、「担われなければならない肉」（『メルロ＝ポンティ研究』19号）、「出生外傷から器官なき身体へ」（『フランス哲学・思想研究』18号）、「ドゥルーズにおける「倒錯」の問題」（『年報人間科学』33号）、「ドゥルーズ哲学における「他者」の問題」（『フランス哲学・思想研究』16号）など。

渋谷亮（しぶや・りょう）

1979年福岡県生まれ。大阪大学大学院人間科学研究科博士後期課程修了。博士（人間科学）。現在、成安造形芸術大学講師。共訳書に、フィンク『後期ラカン入門』（人文書院）。論文に、「〈事後性〉の反発達論的な発達論：フロイトの〈心的装置〉と〈事後性〉について」（『教育哲学会』107号）、「フロイトの科学と終わりなき回帰」（『近代教育フォーラム』17号）、「フロイトの子ども論」（博士論文）など。

LACAN TO THE LETTER: Reading Écrits Closely
by Bruce Fink
Copyright © 2004 by the Regents of the University of Minnesota
Japanese translation published by arrangement with
Regents of the University of Minnesota through
The English Agency (Japan) Ltd.

「エクリ」を読む──文字に添って

2015年9月25日　初版第1刷印刷
2015年9月30日　初版第1刷発行

著　者　　B・フィンク
訳　者　　上尾真道
　　　　　小倉拓也
　　　　　渋谷　亮
発行者　　渡辺博史
発行所　　人文書院
〒612-8447　京都市伏見区竹田西内畑町9
電話075-603-1344　振替01000-8-1103

装幀　間村俊一
印刷所　亜細亜印刷株式会社
製本所　坂井製本所

© JIMBUN SHOIN 2015, Printed in Japan.
ISBN978-4-409-33052-4　C3011

http://www.jimbunshoin.co.jp/

・JCOPY　〈(社)出版者著作権管理機構 委託出版物〉
本書の無断複写は著作権法上での例外を除き禁じられています。複写される
場合は、そのつど事前に、(社)出版者著作権管理機構(電話03-3513-6969、
FAX03-3513-6979、e-mail：info@jcopy.or.jp)の許諾を得てください。

ブルース・フィンク

後期ラカン入門　ラカン的主体について
　　　　　　　　　　　　　　　　　　　　A5判　4500円

英語圏におけるラカン派精神分析の第一人者による，解説書の決定版。〈他者〉，主体，対象 a，性的関係，四つのディスクールなど，ラカンの後期思想における主要な概念を，一貫した展望のもとに明晰に，そして臨床からの視点を手放さず解説。巻末には「『盗まれた手紙』についてのセミネール」を詳細に読み解いた二つの補論を付す，充実の一書。「ついに，「ラカンへの回帰」を遂行する本がここに登場した」（スラヴォイ・ジジェク）．

ジェームズ・ストレイチー著／北山修監訳

フロイト全著作解説
　　　　　　　　　　　　　　　　　　　　A5判　6000円

フロイト理解の飛躍的変化を可能にし今なお輝きを放つスタンダード・エディション全23巻の解説部分を全訳し，加えて最新の知見と情熱を豊かに盛り込んだ，フロイト研究精鋭による渾身の翻訳成果．さらなる理解へと導くいま最も必要な「フロイト著作事典」．ストレイチーによる著作解説の全てを年代順に並べ直すとともに，人文書院版著作集，日本教文社版選集ほかのリファレンスを漏れなく追加，著作の日本語訳についての知り得るかぎりの情報を収録する．

フロイト著／北山修監訳

「ねずみ男」精神分析の記録
　　　　　　　　　　　　　　　　　　　　A5判　2700円

フロイトが遺した「ねずみ男」と呼ばれる唯一の精神分析記録の完全訳．一人の精神分析家が他人の人生に参加し，観察し，記録し，考え，生きるということはどういうことか．フロイトの技法的な細かな仕事ぶりを目の当たりにする，臨場感に満ち満ちた精神分析の真髄．初心者がテキストとしても活用できるよう，最前線のフロイト研究者による充実した解説と訳注を付す．

立木康介著

精神分析と現実界　フロイト／ラカンの根本問題
　　　　　　　　　　　　　　　　　　　　A5判　3200円

現実界，象徴界，シニフィアン，対象 a，死の欲動…．フロイト／ラカン精神分析の基礎をなす諸問題の精密きわまる読解．『夢判断』から100年余り，精神分析の真の開始を告げる本格的論考の誕生．才気溢れる気鋭による初の単著．

小林芳樹編訳

ラカン 患者との対話　症例ジェラール，エディプスを超えて
　　　　　　　　　　　　　　　　　　　　四六判　2500円

1976年2月，ラカンはパリ・サンタンヌ病院において，患者ジェラールと対話する．本書はその貴重な記録の，初めての邦訳である．ラカンによる具体的な臨床の手つきが伝わるとともに，自閉症との鑑別が重要な現代の軽症化精神病（普通精神病）に対するラカン派精神分析の原点が示される．生々しいドキュメント．十全な解説を施し，ラカン思想への入門としても最適．

表示価格（税抜）は2015年9月現在